U0944125

困境
赐予我的

梁晓声　著

中国青年出版社

（京）新登字 083 号

图书在版编目（CIP）数据

困境赐予我的 / 梁晓声著 .—北京：中国青年出版社，2015.6
（梁晓声作品珍藏系列）
ISBN 978-7-5153-3330-4

I. ①困… II. ①梁… III. ①散文集 – 中国 – 当代 IV. ① I267

中国版本图书馆 CIP 数据核字（2015）第 126580 号

困境赐予我的

梁晓声 著

封面摄影：魏德运
内文摄影：李钊平
责任编辑：李钊平 彭慧芝
装帧设计：后声 HOPESOUND
出版发行：中国青年出版社
社　　址：北京东四十二条 21 号
网　　址：www.cyp.com.cn
编辑中心：010-57350371
营销中心：010-57350370
印　　装：三河市君旺印务有限公司
经　　销：新华书店
规　　格：700mm × 1000mm 1/16
印　　张：23
字　　数：360 千字
版　　次：2015 年 6 月北京第 1 版
印　　次：2015 年 6 月河北第 1 次印刷
印　　数：1-12000 册
定　　价：39.00 元

如有印装质量问题，请凭购书发票与质检部联系调换 联系电话：010-57350337

目录

VI 生命的事

VII 时间的玫瑰

代序

感　激

有一种情愫叫作“感激”。

有一句话是“谢谢”。

我之所以频频回忆，实在是因为我内心里渐渐充满了感激。这感激是人间的温情从前播在一个少年心田的种子。我由少年而青年而中年，那些种子就悄悄地如春草般在我心田上生长……

我感激父母给我以生命。在我将孝而未来得及更周到地尽孝的年龄，他们先后故去，在我内心里造成很大的两片空白。这是任什么别的事物都无法填补的空白，这使我那么忧伤。

我感激我少年记忆中的陈大娘，她常使我觉得自己的少年曾有两位母亲。那个大院里，我们两家住在最里边，是隔壁邻居。她年轻时就守寡，靠卖冰棍拉扯两个女儿一个儿子长大成人。童年的我，甚至没有陈大娘家和我家是两户人家的意识区别。经常的，我闯入她家进门便说：“大娘，我妈不在家，家里也没吃的，快，我还要去上学呢！”

于是大娘一声不响放下手里的活，掀开锅盖说：“喏，就有俩窝窝头，你吃一个，给正子留一个。”——正子是他的儿子，比我大四五岁，饭量也比我大得多。那正是饥饿的年代，而我却每每吃得心安理得。

后来那个大院被动迁，我们两家分开了。那时我已是中学生，下午班。每提前上学，去大娘家。大娘一看我脸色，便主动说："又跟你妈赌气了是不是？准没在家吃饭！稍等会儿，我给你弄口吃的。"

仍是饥饿的年代，我照例吃得心安理得。少不更事，从不曾对大娘说过一个"谢"字。甚至，心中也从未生出过感激。

有次，在路口看见卖冰棍的陈大娘受恶青年的欺负，我像一条凶猛的狼狗似的扑上去和他们打，咬他们的手。我心中当时愤怒到极点，仿佛看见自己的母亲受到欺辱……那便算是感激的另一种方式，也仅那么一次。

我下乡后再未见到过陈大娘。我落户北京后她已去世。我写过一篇小说《长相忆》——可我多愿我表达感激的方式不是小说，不是曾为她和力不能抵的恶青年们打架，而是执手当面地告诉她——大娘……

由陈大娘于是自然而然地忆起淑琴姐。她是大娘的二女儿，是我们那条街上顶漂亮的大姑娘，起码在我眼里是这样。我没姐姐，视她为姐姐，她关爱我，也像关爱一个弟弟。甚至，她谈恋爱，去公园幽会，最初几次也带上我，充当她的小伴郎。淑琴姐之于我的人生的意义，在于使我对于女性从小培养起了自认为良好的心理。我一向怀疑"男人越坏，女人越爱"这种男人的逻辑真的有什么道理。淑琴姐每对少年的我说："不许学那些专爱在大姑娘面前说下流话的坏小子啊！你要变那样，我就不喜欢你了！”——男人对女人的终生的态度，据我想来，取决于他有没有幸运在少年时代就获得到种种非血缘甚至也非亲缘的女人那一种长姐般的、有益于感情质地形成的呵护和关爱，以及从她们那儿获得怎样的潜移默化的教育。我这个希望自己有姐姐而并没有的少年，从陈大娘漂亮的二女儿那儿幸运地都获得到过。似姐非姐的淑琴姐当年使我明白——男人对于女人，有时仅仅心怀爱意是不够的，而加入几分敬意是必要的。淑琴姐令我从小对女性的情感和心理是比较自然的，也几乎是完全自由的。这可谓幸运，又何尝不是幸福？

细细想来，我怎能不感激淑琴姐？她使少年的我对于女性情感呵护和关爱的需要，获得的既温馨，又饱满、健康。

后来，我下乡了。我感激我的同班同学杨志松。在班里他不是和我关系最好的同学，只不过是关系比较好的同学。我们是全班下乡的第一批，而且这第一批只我二人。我没带褥子，与他合铺一条褥子半年之久。亲密的关系是在北大荒建立的。有他和我在一个连队，使我有了最能过心最可信赖的知青伙伴。当人明白自己有一个在任何情况之下都绝不会出卖自己的朋友的时候，他便会觉得自己有了一份特殊的财富。实际上他年龄比我小几个月，我那时是班长。我不习惯更不喜欢管理别人。小小的权力和职责反而使我变得似乎软弱可欺，因为我必须学会容忍制怒。故每当我受到挑衅，他便往往会挺身上前，厉喝一句——“干什么？想打架吗？！”

我也感激我另外的三名同班同学——王嵩山、王志刚、张云河。他们是“文革”中的“散兵游勇”，半点儿也不关心当年的“国家大事”。下乡前我为全班同学做政治鉴定，我力陈他们其实都是政治上多么“关心国家大事”的同学，唯恐一句半句不利于肯定他们“政治表现”的评语影响他们今后的人生。为此我和原则性极强的年轻的军宣队班长争执得面红耳赤。他们下乡时本可选择去离哈尔滨近些的师团，但他们专执一念，愿望只有一个——我和杨志松在哪儿，他们去哪儿。结果被卡车在深夜载到了兵团最偏远的山沟里，见了我和杨志松的面，还都欢天喜地。

他们的到来，使我在知青的大群体中，拥有了感情的保险箱，而且，是绝对保险的。在我们之间，友情高于一切。时常，我脚上穿的是杨志松的鞋，头上戴的是王嵩山的帽子，棉袄可能是王玉刚的。而裤子，真的，我曾将张云河的一条新棉裤和一条新单裤都穿成旧的了。当年我知道，在某些知青眼里，我也许是个喜欢占便宜的家伙。但我的好同学们明白，我根本不是那样的人。他们格外体恤我舍不得花钱买衣服的真正原因——为了治好哥哥的病，我每月尽量往家里多寄点儿钱……

后来杨志松调到团部去了。分别那一天，他郑重嘱咐另外三名同学："多提醒晓声，不许他写日记，开会你们坐一块儿，限制他发言的冲动。"

再后来王嵩山和王玉刚调到别的师去了，张云河调到别的连当卫生员去了。

一年后杨志松上大学去了，我陷入了空前的孤独……

此时我有三个可以过心的朋友——一个叫吴志忠，是二班长；一个叫李鸿元，是司务长；还有一个叫王振东，是木匠。都是哈尔滨知青。他们对我的友情，及时填补了由于同班同学先后离开而对我的情感世界造成的严重塌方……

仅仅有友情是不够的，我是那类非常渴望思想交流的知青。思想交流在当年是很冒险的事。我要感激我们连队的某些高中知青，和他们的思想交流使我明白——我头脑中对当年现实的某些质疑，并不证明我思想反动，或疯了。如果他们中仅仅有一人出卖了我，我的人生将肯定是另外的样子——然而我不曾被出卖过。这是很特殊的一种人际关系，因为我与他们，并不像与我的四名同班同学一样，彼此有着极深的感情作为关系的前提和基础。在我，近乎人性的分裂——感情给我的同班同学，思想却大胆地仅向高中知青们坦言。他们起初都有些吃惊，也很谨慎。但是渐渐的，都不对我设防了。"九一三"事件以后，我和他们交流过许多对国家，当然也是对我们自身命运的看法。

真的，我很感激他们——他们使我在思想上不陷于封闭的苦闷……

1972 年我调到了团部。我感激宣传股的股长王喜楼。他是现役军人，十年前病故。他使宣传股像一个家，使我们一些知青报道员和干事如兄弟姐妹。在宣传股的一年半，对我而言几乎每天都是愉快的。如果不是每每忧虑家事，简直可以说很幸福。宣传股的姑娘们个个都是品貌俱佳的好姑娘，对我也格外友好。友好中包含着几分真挚的友爱。不知为什么，股里的同志都拿我当大孩子。仿佛我年龄最小，仿佛我感情最脆弱，仿佛我最需要时时予以安慰。这可能由于我天性里的忧伤，还可能由于我在个人生活方面一向瞎凑合。实事求是地说，我受到几位姑娘更多的友爱。友爱不是爱，友爱是亲情之一种。当年，那亲情营养过我的心灵，教会我怎样善待他人……

我感激当年兵团宣传部的崔干事。他培养我成为兵团的文学创作员，对于改变我的人生轨迹起重要的作用。他就是我的小说《又是中秋》中的“老隋”。

我感激木材加工厂的知青们——当我被惩处性地“精简”到那里，他们以友爱容纳了我。在劳动中尽可能地照顾我。仅半年内，就推荐我上大学。一年后，第二次推荐我。而且，两次推荐，选票居前。对于从团机关被“精简”到一个几乎陌生的知青群体的知青，这在一般情况下是根本没指望的。若非他们对我如此关照，我后来上大学就没了前提。那时我已患了肝炎，自己不知道，只觉身体虚弱，但仍每天坚持在劳动最辛苦的出料流水线上。若非上大学及时解脱了我，我的身体某一天肯定会被超体能的强劳动压垮……

我感激复旦大学的陈老师。这位生物系抑或物理系的老师的名字我至今不知。实际上我只见过他两面。第一次在团招待所他住的房间，我们之间进行了一个多小时的谈话，算是“面试”。第二次在复旦大学。我一入学就住进了复旦医务室的临时肝炎病房。我站在二楼平台上，他站在楼下，仰脸安慰我……

任何一位招生老师，都有最简单干脆的原则和理由取消一名公然嘲笑当年文艺现状知青入学的资格，陈老师没那么做。正因为他没那么做，我才有幸终于成了复旦大学的“工农兵学员”——而这个机会，对我的人生，对我的人生和文学的关系，几乎是决定性的。

如果说，我的母亲用讲故事的古老方式无意中影响了我对故事的爱好，那么——崔长勇，木材加工厂的知青们，复旦大学的陈老师，这三方面的综合因素，将我直接送到了与文学最近的人生路口。他们都是那么理解我爱文学的心，他们都是那么无私地成全我。如果说，在所谓人生的紧要处其实只有几步路这句话是正确的，那么他们是推我跨过那几步路的恩人。

我感激当年复旦大学创作专业的全体老师。1974 年至 1977 年，是中国政治风云变幻莫测的三年。我在这样的三年里读大学，自然会觉压抑。但于今回想，创作专业的任何一位老师其实都是爱护我的。翁世荣老师、秦耕老师、袁越老师又简直可以说对我关怀备至。教导员徐天德老师在具体一二件事上对我曾有误解，但误解一经澄清，他对我一如既往地友爱诚恳。这也是很令我感激的……

我感激我的大学同学杜静安、刘金鸣、周进祥。因为思想上的压抑，因为在某些事上受了点儿冤屈，我竟产生过打起行李一走了之的念头。他们当年都曾那么善意又那么耐心地劝慰过我。所谓“良言令人三月暖”，他们对我的友爱，当年确实使我倍感温暖。我和小周，又同时是入党的培养对象。而且，据说二取一。这样的两个人，往往容易离心离德，终成对头。但幸亏他是那么明事明理的人，从未视我为妨碍他重要利益的人。记得有一天傍晚，我们相约了在校园外散步。走了很久，谈了很多，从父母谈到兄弟姐妹谈到我们自己。最后，我们达成了这样的共识——天南地北走到一起，实在是一种人生的缘分，我们都要珍惜这缘分。至于其他，我们才不在乎！从那以后到毕业，我们彼此真诚，友情倍深……

我感激北影。我在北影的十年，北影文学部对我任职于电影厂而埋头于文学创作，一向理解和支持，从未有过异议。

我感激北影十九号楼的众邻居。那是一幢走廊肮脏的筒子楼，我在那楼里只有十四平方米的一间背阴住房。但邻居们的关系和睦又热闹，给我留下许多温馨的记忆……

我也感激童影。童影分配给了我宽敞的住房，这使我总觉为它做的工作太少太少……

我感激王姨——她是母亲的干姊妹。在我家生活最艰难的时日，她以女人对女人的同情和善良，给予过母亲许多世间温情，也给予过我家许多帮助……

我感激北影卫生所的张姐——在父亲患癌症的半年里，她次次亲自到我家为父亲打针，并细心嘱我怎样照料父亲……

我感激北影工会的鲍婶，老放映员金师傅，文学部的老主任高振河——父亲逝世后，我已调至童影，但他们却仍为父亲的丧事操了许多心……

我甚至要感激我所住的四号楼的几位老阿姨们。母亲在北京时，她们和母亲之间建立了很深的感情，给了母亲许多愉快的时光……

我还要感激我哥哥的初中班主任王鸣歧老师。她对哥哥像母亲对儿子一样。哥哥患精神病后，其母爱般的老师感情依然，凡三十余年间不变。每与人谈及我的哥哥，必大动容。王老师已于去年病逝……

我还要感激我的班主任孙荏珍老师，以及她的丈夫赵老师——当年她是我们的老师时才二十二三岁。她对我曾有厚望，但哥哥生病后，我开始厌学，总想为家庭早日工作，这使她一度对我特别失望。然恰恰是在“文革”中，她开始认识到我是她最有独立思想的学生，因而我又成了她最为关心的几个学生之一……

我还要感激哥哥的高中同学杨文超大哥。他现在是哈尔滨一所大学的教授。我给弟弟的一封信，家乡的报转载了。文超大哥看后说——“这肯定是我最好的高中同学的弟弟！”于是主动四处探问我三弟的住址，亲自登门，为我三弟解决了工作问题——事实上，杨文超、张万林、滕宾生，加上我的哥哥，当年也确是最要好的四同学，曾使他们的学校和老师引以为荣。同学情深若此，不枉“同学”二字矣！

还有许许多多许许多多我应该感激的人，真是不能细想，越忆越多。比如哈尔滨市委前宣传部长陈风珲，比如已故东北作家林予，都不但有恩德于我，也有恩德于我的家。

我回头向自己的人生望过去，不禁讶然，继而肃然，继而内心里充满一大片感动！——怎么，原来在我的人生中，竟有那么多那么多善良的好人帮助过我，关怀过我，给予过我持久的或终生难忘的世间友爱和温情吗？！

没有那些好人，我将是谁？我的人生将会怎样？我的家当年又会怎样？我这个人的一生，却实际上是被众多的好人，是被种种的世间温情簇拥着走到今天的啊！我凭什么获得着如此大幸运而长久以来麻木地似乎浑然不觉呢？亏我今天还能顿悟到这一点！这顿悟使我心田生长一派感激的茵绿草地！生活，我感激你赐我如此这般的人生大幸运！我向我人生中的一切好人深鞠躬！

我想——心有感激，心有感动，多好！因为这样一来，人生中的另外一面，比如嫌恶、憎怨、敌意、细碎介梗，就显得非常小器、浅薄和庸人自扰了……

再祝好人一生平安！

梁晓声

2015年6月16日

于北京

1905

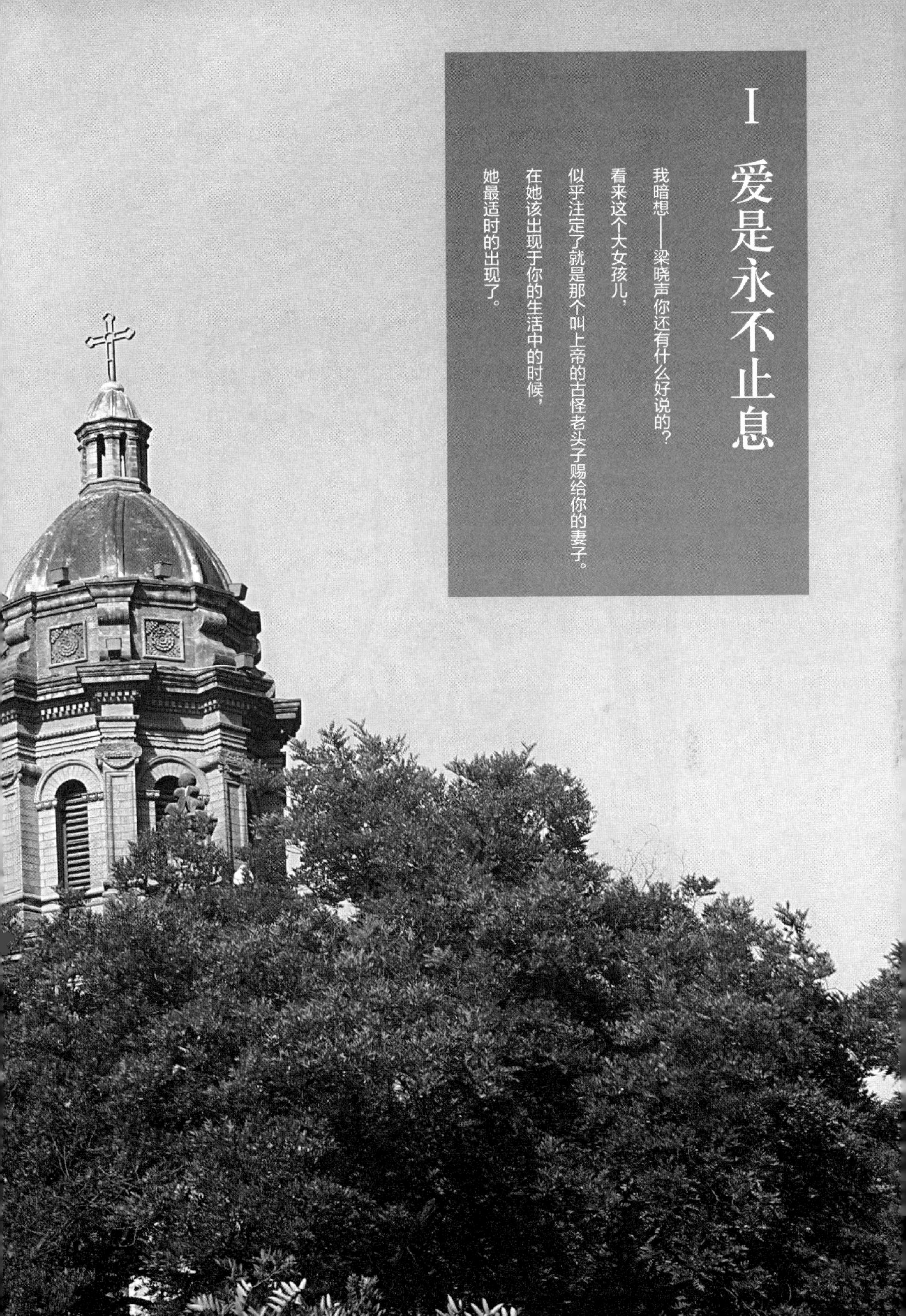

I 爱是永不止息

我暗想——梁晓声你还有什么好说的？
看来这个大女孩儿，
似乎注定了就是那个叫上帝的古怪老头子赐给你的妻子。
在她该出现于你的生活中的时候，
她最适时的出现了。

爱缘何不再动人

一

少年的我，对爱情之向往，最初由《牛郎织女》一则故事而萌发。当年哥哥高一的“文学”课本上便有，而且配着美丽的插图。

此前母亲曾对我们讲过的，但因并未形容过织女怎么好看，所以听了后，也未有过弗洛伊德的心思产生，倒是很被牛郎的那一头老牛所感动。那是一头多无私的老牛啊，活着默默地干活，死了还要嘱咐牛郎将自己的皮剥下，为能帮助牛郎和他的一儿一女乘着升天，去追赶被王母娘娘召回天庭的织女……

曾因那老牛的无私和善良落过少年泪，又由于自己也是属牛的，似乎更引起一种同类的相怜。缘此对牛的敬意倍增，并巴望自己快快长大，以后也弄一头牛养着，不定哪天它也开口和我说起话来。

常在梦里梦到自己拥有了那么一头牛……

及至偷看过哥哥的课本，插图中织女的形象就深深印在头脑中了。于是梦里梦到的不再是一头牛，善良的不如好看的。人一向记住的是善良的事、好看的人，而不是反过来。

以后更加巴望自己快快长大，长大后也能幸运地与天上下凡的织女做夫妻。不一定非得是织女姊妹中的“老七”，“老七”既已和牛郎做了夫妻，我也就不考虑她了，另外是她的姐姐和妹妹都成的。那么一来，不就和牛郎也沾亲了吗？少年的我，极愿和牛郎沾亲。

再以后，凡是在我眼里好看的女孩儿或同学，或邻家的或住一条街的丫头，少年的我，就想象她们是自己未来的“织女”。

于是常做这样的梦——在一处山环水绕四季如春的美丽地方，有两间草房，一间是牛郎家，一间是我家。有两个好看的女子，一个是牛郎的媳妇，一个是我媳妇，不消说我媳妇当然也是天上下凡的。有两头老牛，牛郎家的会说话，我家那头也会说话。有四个孩子，牛郎家一儿一女，我家一儿一女，他们长大了正好可以互相婚配……

我所向往的美好爱情生活的背景，时至今日，几乎总在农村。我并非一个彻底的城市文明的否定主义者，因而在相当长的一段时期，连自己也解释不清自己。有一天下午，我在社区的小公园里独自散步，终于为自己找到了答案之一：公园里早晨和傍晚“人满为患”，所以我去那里散步，每每于下午三点钟左右，图的是眼净。那一天下着微微的细雨，我想整个公园也许该独属于我了。不期然，在林中走着走着，猛地发现几步远处的地上撑开着一柄伞。如果不是一低头发现得早，不是驻步及时，非一脚踩到伞上不可！那伞下铺着一块塑料布，伸出四条纠缠在一起的腿，情形令我联想到一只触爪不完整的大墨斗鱼。莺声牛喘两相入耳，我紧急转身悄悄遁去……没走几步，又见类似镜头。从公园这一端走到那一端，凡见六七组矣。有的情形尚雅，但多数情形一见之下，心里不禁地骂自己一句：“你可真讨厌，怎么偏偏这时候出来散步？！”

回到家里遂想到——爱情是多么需要空间的一件事啊！城市太拥挤了，爱情没了躲人视野的去处。近年城市兴起了咖啡屋，光顾的大抵是钟情男女。咖啡屋替这些男女尽量营造有情调的气氛。大天白日要低垂着窗幔，晚上不开灯而燃蜡烛。又有些电影院设了双人座，虽然不公开叫“情侣座”，但实际上是。我在上海读大学时的20世纪70年代，外滩堪称大上海的“爱情码头”。一米余长的石凳上，晚间每每坐两对儿。乡下的孩子们便拿了些草编的坐垫出租。还有租“隔音板”的。其实是普通的一方合成板块，比现如今的地板块儿大不了多少。两对中的两个男人通常居中并坐，各举一块“隔音板”，免得说话和举动相互干扰，那久了也是会累的。当年使我联想到《红旗谱》的下部《播火记》中的一个情节——反动派活捉了朱老忠们的一个革命的农民兄弟，迫他双手高举一根苞谷秸。只要他手一落下，便拉出去枪毙。其举关乎性命，他也不过就举了两个多小时……

上海当年还曾有过“露天新房”——在夏季，在公园里，在夜晚，在树丛间，在自制的“帐篷”里，便有着男女合欢。戴红袖标的治安管理员常常“光顾”之前隔帐盘问，于是一条男人的手臂会从中伸出，晃一晃结婚证。没结婚证可摆晃的，自然要被带到派出所去……

如今许多城市的面貌日新月异。房地产业的迅猛发展，虽然相对减缓了城市人的住房危机，但也同时占去了城市本就有限的园林绿地。就连我家对面那野趣盎然的小园林，也早有房地产商在觊觎着了。并且，前不久已在一端破土动工，后来因为几位政协委员的强烈干预，才不得不停止。

爱情，或反过来说情爱，如流浪汉，寻找到一处完全属于自己的地方并不那么容易。白天只有一处传统的地方是公园，或电影院；晚上是咖啡屋，或歌舞厅。再不然干脆臂挽着臂满大街闲逛。北方人又叫“压马路”，香港叫“轧马路”，都是谈情说爱的意思。

在国外，也有将车开到郊区去，停在隐蔽处，就在车里亲爱的。好处是省了一笔开房间的钱，不便处是车内的空间毕竟有限。

电影院里太黑，歌舞厅太闹，公园里的椅子都在明眼处，咖啡屋往往专宰情侣们。于是情侣们最无顾忌的选择还是家。但既曰情侣，非是夫妻，那家也就不单单是自己的。要趁其他家庭成员都不在的时间占用，于是不免地有些偷偷摸摸苟苟且且……

城市人口的密度是越来越大了，城市的自由空间是越来越狭小了。情爱在城市里如一柄冬季的雨伞，往哪儿挂看着都不顺眼似的……

相比于城市，农村真是情爱的“广阔天地”呢！

情爱放在农村的背景里，似乎才多少恢复了点儿美感，似乎才有了诗意和画意。生活在农村里的青年男女当然永远也不会这么感觉，而认为如果男的穿得像绅士，女的穿得很新潮，往公园的长椅上双双一坐，耳鬓厮磨，或在咖啡屋里，在幽幽的烛光下眼睛凝视着眼睛，手握着手，那才有谈情说爱的滋味儿啊！

但一个事实却是——摄影、绘画、诗、文学、影视，其美化情爱的艺术功能，历来在农村，在有山有水有桥有林间小路有田野的自然的背景中和环境里，才能得以充分地发挥魅力。

艺术若表现城市里的情爱，可充分玩赏其高贵，其奢华，其绅男淑女的风度气质以及优雅举止。也可以尽量地煽情，尽量地缠绵，尽量地难舍难分，但就是不能传达出情爱那份可以说是天然的美感来。在城市，污染情爱的非天然因素太多太多太多，情爱仿佛被“克隆”化了。

麦秸垛后的农村青年男女的初吻，在我看来，要比楼梯拐角暗处搂抱着的一对儿“美观”些。村子外，月光下，小河旁相依相偎的身影，在我看来，比大饭店包房里的幽会也令人向往得多……

我当知青的时候，有次从团里步行回连队，登上一座必经的山头后，蓦然俯瞰到山下的草地间有一对男女知青在相互追逐。隐约的，能听到她的笑声。他终于追上了她，于是她靠在他怀里了，于是他们彼此拥抱着，亲吻着，一齐缓缓倒下在草地上……一群羊四散于周围，安闲地吃着草……

那时世界仿佛完全属于他们两个，仿佛他们就代表着最初的人类，就是夏娃和亚当。我的眼睛，是唯一的第三者的眼睛。回到连队，我在日记中写下了几句话：

天上没有夏娃，
地上没有亚当。
我们就是夏娃，
我们就是亚当。
喝令三山五岳听着，
我们来了！
……

这几句所篡改的，是一首“大跃进”时代的民歌。连里的一名“老高三”，从我日记中发现了说好，就谱了曲。于是不久在男知青中传唱开了。有女知青听到了，并且晓得亚当和夏娃的“人物关系”，汇报到连里。于是连里召开了批判会。那女知青在批判中说：“你们男知青都想充亚当，可我们女知青并不愿做夏娃！”又有女知青在批判中说：“还‘喝令三山五岳听着，我们来了！’来了又怎么样？想干什么呀……”一名男知青没忍住笑出了声，于是所有的男知青都哈哈大笑。

会后指导员单独问我——你那么篡改究竟是什么意思嘛？我说——唉，我想，在这么广阔的天地里不允许知青恋爱，是对大自然的一种白白浪费。

二

爱情或曰情爱乃是人类最古老的表现，我觉得它是那种一旦框在现代的框子里就会变得不伦不类似是而非的“东西”。城市越来越是使它变得不伦不类似是而非的“框子”，它在越接近着大自然的地方才越与人性天然吻合。酒盛在金樽里起码仍是酒，衣服印上商标起码仍是衣服，而情爱一旦经过包装和标价，它天然古朴的美感就被污染了。城市杂乱的背景上终日流动着种种强烈的欲望，情爱有时需要能突出它为唯一意义的时空，需要十分单纯又恬静的背景。需要两个人像树、像鸟儿、像河流、像云霞一样，完全回归自然又享受自然之美的机会。对情爱，城市不提供这样的时空、背景和机会。城市为情爱提供的唯一不滋扰的地方叫作“室内”。而我们都知道，“室内”的门刚一关上，情爱往往迫不及待地进展着什么——情爱在城市里几乎成了一桩必须忙里偷闲的事情，一件仓促得粗鄙的事情。

我常想，农村里相爱着的青年男女，有理由抱怨贫穷，有理由感慨生活的艰辛。羡慕城里人所享有的物质条件的心情，也当然是最应该予以体恤的。但却应该在这样一点上，明白自己们其实是优于城里人的，那就是——当城里人为情爱四处寻找叫作“室内”的那一种地方时，农村里相爱着的青年男女们却正可以双双迈出家门。那时天和地几乎都完全属于他们的好心情，风为情爱而吹拂，鸟儿为情爱而唱歌，大树为情爱而遮阴，野花为情爱而芳香……

那时他们不妨想象自己们是亚当和夏娃，这世界除了相爱的他们还没第三者诞生呢。

我认识一个小伙子，他和一个姑娘相爱已三年了。由于没住处，婚期一推再推。他曾对我抱怨：“每次和她幽会，我都有种上医院的感觉。”我困惑地问他为什么会产生那么一种奇怪的感觉？他说：“你想啊，总得找个供我俩单独待在一起的地方吧？”我说：“去看电影。”他说：“都爱了三年了！如今还在电影院的黑暗里……那像干什么？不是初恋那会儿了，连我们自己都感到下作了……”我说：“那就去逛公园，秋天里的公园正美着。”他说：“还逛公园？三年里都逛了一百多次了！北京的大小公园都逛遍了……”我说：“要不就去饭店吃一顿。”他说：“去饭店吃一顿不是我们最想的事！”我说：“那你们想怎样？”他说：“这话问的！我们也是正常男女啊！每次我都为找个供我俩单独待的地方发愁。一旦找到，不管多远，找辆‘的’就去。去了就直奔主题！你别笑！实事求是，那就是我俩心中所想嘛！一完事儿就彼此瞪着发呆。那还不像上医院吗？起个大早去挂号，排一上午，终于挨到叫号了，五分钟后就被门诊大夫给打发了……”

我同情地看了他片刻，将家里的钥匙交给他说：“后天下午我有活动，一点后六点前我家归你们。怎么样？时间够充分的吧？”不料他说：“我们已经吹了，彼此腻歪了，都觉得没劲透了……”在城市里，对于许多相爱的青年男女而言，“室内”的价格，无论租或买，都是极其昂贵的。求“室内”而不可得，求“室外”而必远足，于是情爱颇似城市里的“盲流”。

人类的情爱不再动人了，还由于情爱被“后工业”的现代性彻底地与劳动“离间”了。

情爱在劳动中的美感最为各种艺术形式所欣赏。

如今除了农业劳动，在其他一切脑体力劳动中，情爱都是被严格禁止的，而且只能被严格禁止。流水线需要每个劳动者全神贯注，男女混杂的劳动情形越来越成为历史。

但是农业劳动还例外着，农业劳动依然可以伴着歌声和笑声。在田野中，在晒麦场上，在磨坊里，在菜畦间，歌声和笑声非但不影响劳动的质量和效率，而且使劳动变得相对愉快。

农业劳动最繁忙的一项乃收获。如果是丰年，收获的繁忙注入着巨大的喜悦。这时的农人们是很累的，他们顾不上唱歌也顾不上说笑了。他们的腰被收割累得快直不起来了，他们的手臂在捆麦时被划出了一条条血道儿，他们的衣被汗水湿透了，他们的头被烈日晒晕了……

瞧，一个小伙子割到了地头，也不歇口气儿，转身去帮另一垄的那姑娘……

他们终于会合了。他们相望一眼，双双坐在麦铺子上了。他掏出手绢儿替她擦汗。倘他真有手绢儿，那也肯定是一团皱巴巴的脏手绢儿。但姑娘并不嫌那手绢儿有他的汗味儿，她报以甜甜的一笑……

几乎只有在农业劳动中，男人女人之间才能传达出这种动人的爱意。这爱意的确是美的，又寻常又美。

我在城市里一直企图发现男人女人之间那种又寻常又美的爱意的流露，却至今没发现过。

有次，我在公园里见到了这样的情形——两拨小伙子为两拨姑娘们争买矿泉水，他们都想自己买到的多些，于是不但争，而且相互推挤，相互谩骂，最后大打出手，直到公园的巡警将他们喝止住，而双方已都有鼻子嘴流血的人了。我坐在一张长椅上望到了那一幕，奇怪，他们一人能喝得了几瓶冰镇的矿泉水吗？后来望见他们带着那些冰镇的矿泉水回到了各自的姑娘们跟前。原来由于天热，附近没水龙头，姑娘们要解热，所以他们争买矿泉水为姑娘们服务……

他们倒拿矿泉水瓶，姑娘们则双手捧接冰镇矿泉水洗脸。有的姑娘费用了一瓶，并不过瘾，接着费用第二瓶。有的小伙子，似觉仅拿一瓶，并不足以显出自己对自己所倾心的姑娘比同伴对同伴的姑娘爱护有加，于是两手各一瓶，左右而倾……

公园里许多人远远地驻足围观着那一幕，情爱的表达在城市，在我们的下一代身上，往往便体现得如此简单，如此容易。

我望着不禁想到，当年我在北大荒，连队里有一名送水的男知青，他每次挑着水到麦地里，总是趁别人围着桶喝水时，将背在自己身上的一只装了水的军用水壶递给一名身材纤弱的上海女知青。因为她患过肝炎，大家并不认为他对她特殊，仅仅觉得他考虑得周到。她也那么想。麦收的一个多月里，她一直用他的军用水壶喝水。忽然有一天，她从别人的话里起了疑点，于是请我陪着，约那名男知青到一个地方当面问他：“我喝的水为什么是甜的？”

“我在壶里放了白糖。”

“每人每月才半斤糖，一个多月里你哪儿来那么多白糖往壶里放？”

“我用咱们知青发的大衣又向老职工们换了些糖。”

“可是……可是为什么……”

“因为……因为你肝不好……你的身体比别人更需要糖……”

她却凝视着他喃喃地说：“我不明白……我还是不明白……”

而他红了脸背转过身去。

此前他们不曾单独在一起说过一句话。

我将她扯到一旁，悄悄对她说：“傻丫头，你有什么不明白的？他是爱上你了呀！”

她听了我这位知青老大哥的话，似乎不懂，似乎更糊涂了，呆呆地瞪着我。我又低声说：“现在的问题是，你得决定怎么对待他。”

“他为什么要偏偏爱上我呢……他为什么要偏偏爱上我呢……”她有些茫然不知所措地重复着，随即双手捂住脸，哭了，哭得像个在检票口前才发现自己丢了火车票的乡下少女。

我对那名男知青说：“哎，你别愣在那儿，哄她该是你的事儿，不是我的。”

我离开他们，走了一段路后，想想，又返回去了。因为我虽比较有把握地预料到了结果，但未亲眼所见，心里毕竟还是有些不踏实。

我悄悄走到原地，发现他们已坐在两堆木材之间的隐蔽处了——她上身斜躺在他怀里，两条手臂揽着他的脖子。他的双手则扣抱于她腰际，头俯下去，一边脸贴着她的一边脸。他们像是那样子睡了，又像是那样子固化了……

同样是水，同样与情爱有关，但似乎有着质的区别。

三

在中国，在当代，爱情或曰情爱之所以不动人了，也还因为我们常说的那种“缘”，也就是那种似乎在冥冥中引导两颗心彼此找寻的宿命般的因果消弭了。于是爱情不但变得简单、容易，而且变成了内容最浅薄、最无意味可言的事情。有时浅薄得连“轻佻”的评价都够不上了。“轻佻”纵使不足取，毕竟还多少有点儿意味啊！

一个靓妹被招聘在大宾馆里做服务员，于是每天都在想：我之前有不少姐妹被洋人被有钱人相中带走了，但愿这一种好运气也早一天向我招手……

而某洋人或富人，住进那里，心中亦常动念：听说从中国带走一位漂亮姑娘，比带出境一只猫或一只狗还容易，但愿我也有些艳福……

于是双方一拍即合，相见恨晚，各自遂心如愿。

这是否也算是一种“缘”呢?

似乎不能偏说不算是。

是否也属于情爱之“缘”呢?

似乎不能偏说不配。

本质上相类同的“缘”，在中国比比皆是地涌现着。比随地乱扔的糖纸冰棒签子和四处乱弹的烟头多得多。可谓之曰“缘”的“泡沫”现象。

而我所言情爱之“缘”，乃是那么一种男人和女人的命数的“规定”——一旦圆合了，不但从此了却男女于情于爱两个字的种种惆怅和怨叹，而且意识到似乎有天意在成全着，于是满足得肃然，幸福得感激，即或未成眷属，也终生终世回忆着，永难忘怀。于是其情其爱刻骨铭心，上升为直至地老天荒的情愫的拥有，几十年如一日深深感动着你自己。美得哀婉。

这一种“缘”，不仅在中国，在全世界的当代，是差不多绝灭了。

唐开元年间，玄宗命宫女赶制一批军衣，颁赐边塞士卒。一名士兵发现在短袍中夹有一首诗：

沙场征戍客，寒苦若为眠。
战袍经手作，知落阿谁边?
蓄意多添线，含情更着绵。
今生已过也，重结后身缘。

这位战士，便将此诗告之主帅。主帅吟过，铁血之心大恸，将诗上呈玄宗。玄宗阅后，亦生同情，遍示六宫，且传下圣旨：“自招而朕不怪。”

于是有一宫女承认了诗是自己写的，且乞赐离宫，远嫁给边塞的那名士兵。玄宗不但同情，而且感动了。于是厚嫁了那宫女。二人相见，宫女噙泪道：“诗为媒亦天为媒，我与汝结今身缘。”边塞三军将士，无不肃泣者。

试想，若主帅见诗不以为然，此“缘”不可圆；若皇上龙颜大怒，兴许将那宫女杀了，此“缘”亦成悲声。然诗中那一缕情，那一腔怜，又谁能漠视之轻蔑之呢？尤其“蓄意多添线，含情更着绵”二句，读来令人愀然，虽铁血将军而不能不动儿女情肠促成之，虽天子而不能不大发慈悲依顺其愿……

此种“缘”不但动人、感人、哀美，而且似乎具有某种神圣性。

而诗人顾况与一宫女的“缘”就没那么圆满了。有次他在洛阳乘门泛舟于花园中，随手捞起一片硕大的梧桐叶子，见叶上题诗曰：

一入深宫里，年年不见春。
聊题一片叶，寄与有情人。

第二天他也在梧桐叶上题了一首诗：

花落深宫莺亦悲，上阳宫女断肠时。
帝城不禁东流水，叶上题诗欲寄谁？

带往上游，放于波中。十几日后，有人于苑中寻春，又自水中得一叶上诗，显然是答顾况的：

一叶题诗出禁城，谁人酬和独含情？
自嗟不及波中叶，荡漾乘春取次行。

顾况得知，忧思良久，仰天叹曰：“此缘难圆，天意也。虽得二叶，亦当视如多情红颜。”据说他一直保存那两片叶子至死。情爱之于宫女，实乃精神的奢侈。故她们对情爱的珍惜与向往，每每感人至深。

情爱之于现代人，越来越变得接近着生意。而生意是这世界上的人们每时每刻每处都在忙忙碌碌地做着的。情爱更像股票、像期货、像债券、像地摊儿交易、像拍卖行的拍卖，投机性、买卖性、速成性，越来越公开、越来越普遍、越来越司空见惯。而且，似乎也越来越等于情爱本身了。于是情爱中那一种动人的、感人的、美的、仿佛天意般的“缘”，也越来越被不少男人的心女人的心理解为和捡钱包、中头彩、一锹挖到了金脉同一种造化的事情了。

四

我在中学时代，曾读过《聊斋》中的一篇故事——有一位落魄异乡的读书人，皇试之期将至，然却身无分文，于是怀着满腹才学，沿路乞讨向京城而去。一日黄昏，至一镇外，饥渴难耐，想到路途遥遥，不禁独自哭泣。有一辆华丽的马车从他面前经过而又退回，驾车的绿衣丫鬟问他哭什么？他如实相告。于是车中伸出一只纤手，手中拿着一枚金钗，绿衣丫鬟接了递给他说："我家小姐很同情你，此钗值千金，可卖了速去赶考。"

第二年，还是那个丫鬟驾着那辆车，又见着那读书人，仍是个衣衫褴褛的乞丐，很是奇怪，便下车问他是不是去年落榜了？他说不是的啊，以我的才学，断不至于榜上无名的。又问：那你为什么还是这般地步呢？答曰：路遇而已，承蒙怜悯，始信世上有善良。便留着金钗作纪念，怎么舍得就卖了去求功名啊。

丫鬟将话传达给车内的小姐，小姐便隔帘与丫鬟耳语了几句。于是那车飞驰而去，俄顷丫鬟独自归来，对他说：我家小姐亦感动于你的痴心，再赠纹银百两，望此次莫错过赴考的机会……

而他果然中了举人，做了巡抚。于是府中设了牌位，每日必拜自己的女恩人。

一年后，某天那丫鬟突然来到府中，说小姐有事相求——小姐丫鬟，皆属狐类。那一族狐，适逢天劫，要他那一身官袍焚烧了，才可避过灭族大劫。没了官袍，官自然也就做不成。更不要说还焚烧了，那将犯下杀头之罪。

狐仙跪泣曰：小小一钗区区百银，当初助君，实在没有图报答的想法。今竟来请求你弃官抛位，而且冒杀头之罪救我们的命，真是说不出口哇。但一想到家族中老小百余口的生死，也只能厚着脸面来相求了。你拒绝，我也是完全理解的。而我求你，只不过是尽一种对家族的义务而已。何况，也想再见你一面，你千万不必为难。死前能再见到你，也是你我的一种缘分啊……

那巡抚听罢，当即脱下官袍，挂了官印，与她们一起逃走了……

不禁想起金人元好问《迈陂塘》中的词句："问世间，情是何物？直教生死相许。"

“直教”二字，后人们一向白话为“竟使”。然而我总固执地认为，古文中某些词句的语意之深之浓之贴切恰当，实非白话所能道清道透道详道尽。“直教生死相许”中的“直教”二字，又岂是“竟使”二字可以了得的呢？好一个“直教生死相许”，此处“直教”得沉甸甸不可替代啊！

现代人的爱情或曰情爱中，早已缺了这分量，其爱其情掺入了太多太多的即兑功利。“情难禁，爱郎不用金”——连这一种起码的人性的洒脱，现代人都不太能做到了。钓金龟婿诱摇钱女的世相，其经验其技巧其智谋其逻辑，“直教”小说家戏剧家自叹虚构的本事弗如，创作高于生活的追求，“难于上青天”也。

进而想到，若将以上一篇《聊斋》故事放在现实的背景中，情节会怎么发展呢？收受了金钗的男子，哪里会留作纪念不忍卖而竟误了高考呢？卖了而不去赴考，直接投作经商的本钱注册个小公司自任小老板也是说不定的。就算也去赴考了，毕业后分到了国家机关，后来当上了处长局长，难道会为了报答当初的情与恩而自断前程吗？

如此要求现代人，不是有点儿太过分了吗？

依顺了现代的现实性，爱情或曰情爱的“缘”的美和“义”的美，也就只有在古典中安慰现代人叶公好龙的憧憬了。

这就是为什么《简·爱》、《红字》、《梁山伯与祝英台》、《白蛇传》，以及《牛郎织女》那样淳朴的民间爱情故事等，仍能成为文学遗产的原因。

在当代的影视戏剧小说中，爱可以自成喜剧、自成闹剧、自成讽刺剧、自成肥皂剧，爱可以伴随着商业情节、政治情节、冒险情节一波三折峰回路转……

但，的的确确，爱就是不感人了，不动人了，不美了。

有时，真想听人给我讲一个感人的、动人的、美的爱情故事呢！不论那是现实中的真人真事，抑或纯粹的虚构，都想听呢……

姻　缘

一

屈指算来，为人夫十三载矣。

人生真是匆匆得令人恐慌。

十七年前，我从上海复旦大学毕业，成为北京电影制片厂文学部最年轻的编辑，曾受到过许多关注的目光。十年“文革”在我的同代人中遗留下了一大批老姑娘，每几个家庭中便有一个。一名二十八岁的电影制片厂的编辑，还有“复旦”这样的名牌大学的文凭（尽管不是正宗的），看去还斯斯文文，书卷气浓，了解一下品德——不奸不诈，不纨绔不孟浪，行为检束，于是同事中热心的师长们和“阿姨”们，都觉得把我“推荐”给自己周围的某一位老姑娘，简直就是一件义不容辞的历史责任……

然而当年我并不急着结婚。

我想将来成为我妻子的那个姑娘，必定是我自己在某种“缘”中结识的。

我期待着那奇迹，我想它总该多多少少有点儿浪漫色彩的吧？……

也觉得组建一个小家庭对我而言条件很不成熟。我毫无积蓄，基本上是一个穷光蛋。每月四十九元工资，寄给老父老母二十元，所剩也只够维持一个单身汉的最低生活水平。平均一天还不到一元钱。

结婚之前总得“进行”恋爱，恋爱就需要一些额外的消费。但我如果请女朋友或曰“对象”吃一顿饭，那一个月肯定就得借钱度日。而我自己穷得连一块手表都没有。兵团时期的手表大学毕业前卖了，分配到北影一年后还买不起一块新表。

当然，我不给老父老母寄钱，他们也能吃得上穿得上。他们也一而再、再而三地叮嘱我，为自己结婚积蓄点儿钱吧！但我每月照寄不误。我自幼家贫，二十八岁时家里仍很穷，还有一个生病的哥哥常年住在医院里。我觉得我可以三十八岁时再结婚，却不能不在二十八岁时以自己的方式报答父母的养育之恩。对老父亲老母亲我总有一种深深的负疚感——总认为二十八了才开始报答他们（也不过就是每月寄给他们二十元钱）已实在是太晚了，方式也太简单了……

在期待中我由二十八岁而三十二岁，奇迹并没有发生，“缘”也并没到来。我依然的行为检束，单身汉生活中没半点儿浪漫色彩。

四年中我难却师长们和“阿姨”们的好意，见过两三个姑娘，她们的家境都不错，有的甚至很好。但我那时忽然生出想调回哈尔滨市，能近在老父母身旁尽孝的念头，结果当然是没“进行”恋也没“进行”爱……

念头终于打消，我自己为自己“相中”了一个姑娘，但由于缺乏“自由恋爱”的实践经验，从开始到结束前后不到半个小时。人家考验我而我不能理解为什么对我还需要考验（又不是入党）。误会在半小时内打了一个结，后来我知道是误会，却已由痛苦而渐渐索然。这也足见“自由”是有代价的这话有理。

二

于是我现在的妻子某一天走入了我的生活。她单纯得很有点儿发傻，二十六岁了决然地不谙世故。说她是大姑娘未免“抬举”她，充其量只能说她是一个大女孩儿。也许与她在农村长到十四五岁不无关系。她是当年我们文学部一位党支部副书记“推荐”给我的。那时我正写一部儿童电影剧本，我说悠悠万事唯此为大，待我写完了剧本再考虑。

一个月后我把这件事都淡忘了，可是“党”没有忘记，毅然地关心着我呢。

某天“党”郑重地对我说：“晓声啊，你剧本写完了，也决定发表了，那件事儿，该提到日程上来了吧？”

倏忽的我觉得我以前真傻。“恋爱”不一定非要结婚嘛！既然我的单身汉生活里需要一些柔情和女性带给我的温馨，何必非拒绝“恋爱”的机会呢！……

这一闪念其实很自私，甚至也可以说挺坏。

于是我的单身汉宿舍里，隔三日岔五日的，便有一个剪短发的、大眼睛的大女孩儿“轰轰烈烈”而至，“轰轰烈烈”而辞。我的意思是——当年她的生气勃勃，走起路来快得我跟不上。我的单身宿舍在筒子楼，家家户户走廊里做饭。她来来往往于晚上——下班回家绕个弯儿路过。一听那上楼的很响的脚步声，我在宿舍里就知道是她来了。没多久，左邻右舍也熟悉了她的脚步声，往往就向我通报——哎，你的那位来啦！……

我想，“你的那位”不就是人们所谓之“对象”的别一种说法吗？我还不打算承认这个事实呢！

于是我向人们解释——那是我“表妹”，亲戚。人们觉得不像是“表妹”，不信。我又说是我一位兵团战友的妹妹，只不过到我这儿来玩的。人们说凡是“搞对象”的，最初都强调对方不过是来自己这儿玩玩的……

而她自己却俨然以我的“对象”自居了。邻居跟她聊天儿，说以后木材要涨价了，家具该贵了。她听了真往心里去，当着邻居的面儿对我说——那咱们凑钱先买一个大衣柜吧！

搞得我这位“表哥”没法儿再窘。

于是的，似乎从第一面之后，她已是我的“对象”了。非但已是我的“对象”了，简直就是我的未婚妻了。

有次她又来，我去食堂打饭的一会儿工夫，回到宿舍发现，我压在铺桌玻璃板下的几位女知青战友、大学女同学的照片，竟一张都不见了。

我问那些照片呢？

她说她替我“处理”了，说下次她会替我带几张她自己的照片来……而纸篓里多了些“处理”的碎片……

她吃着我买回的饺子，坦然又天真。显然的，她丝毫也没有恶意。仿佛只不过认为，一个未来家庭的未来的女主人，已到了该在玻璃板下预告她理所当然的地位的时候了。

我想，我得跟她好好地谈一谈了。

于是我向她讲我小时候是一个怎样的穷孩子，如今仍是一个怎样的穷光蛋，以及身体多么不好，有胃病、肝病、早期心脏病等等。并且，我的家庭包袱实在是重哇！而以为这样的一个男人也是将就着可以做丈夫的，意味着在犯一种多么糟糕多么严重的大错误啊。一个女孩子在这种事上是绝对将就不得、凑合不得、马虎不得的。但是嘛，如果做一个一般意义上的好朋友，我还是很有情义的。当时的情形恰如一首歌里唱的——

我向她讲起了我的童年，
她瞪着大而黑的眼睛，
痴痴地呆呆地望着我……

我曾以这种颇虚伪也颇狡猾的方式，成功地吓退过几个我认为与我没“缘”的姑娘。

然而事与愿违。她被深深地感动了，哭了。仿佛一个善良的姑娘被一个穷牧羊人的命运感动了——就像童话里所常常描写的那样……

她说：“那你就更需要一个人爱护你了啊！……”

于是我明白——她正是从那一时刻开始真正爱上了我。

我一向期待的所谓“缘”，也正是从那一时刻显现了面目，促狭地向我眨眼的……

三个月后到了年底。

某天晚上她问我：“你的棉花票呢？”

我反问：“怎么，你家需要？”

翻出来全给了她。

而她说：“得买新被子啦。”

我说："我的被子还能盖几年。"

她说："结婚后就盖你那床旧被呀？再怎么不讲究，也该做两床新被吧？"

我瞪着她一时发愣。

我暗想——梁晓声你还有什么好说的？看来这个大女孩儿，似乎注定了就是那个叫上帝的古怪老头赐给你的妻子。在她该出现于你生活中的时候，她最适时地出现了……

十个月后我们结婚了。我陪我的新娘拎着大包小包乘公共汽车光临我们的家。那年在下三十二岁。没请她下过一次"馆子"。

她在我十一平方米的单身宿舍里生下了我们的儿子。三年后我们的居住条件有所改善，转移到了同一幢筒子楼的一间十三平方米的住室里……

三

妻子曾如实对我说——当年完全是在一种人道精神的感召下才决定了爱我。当年她想——我若不嫁给这个忧郁的男人还有哪一个傻女孩儿肯嫁给他呢？如果他一辈子讨不上老婆，不成了社会问题？

我相信她的话。相信她当年肯定是这么想的。细思忖之，完全可能像她说的那样。当年肯真心爱这样的一个穷光蛋，并且准备同时能做到真心地视我的老父老母弟弟妹妹为自己亲人的，除了她，我还没碰着。

她是唯一没被我的"自白"吓退的姑娘……十三年间我的工资由四十九元而五十几元而七十几元而八十几元、九十几元……

1992 年年底，我的基本工资升至一百二十五元至今……

十三年间她的工资由五十几元而六十几元、七十几元、八十几元渐次升至一百多元……

1992 年以前她的工资始终高于我的工资十几元。

1992 年我们的工资一度接近，但她有奖金，我没有奖金，实际收入仍比我高。

现在，她的单位经济效益不错，实际收入则比我高得多了。

我有稿费贴补，生活还算小康。而我们的起点，却是从一穷二白开始的。着实过了五六年拮据日子呢！

十三年内，我几乎整个儿影响了她——我不喜欢娱乐，尤其不喜欢户外娱乐，故我们这三口之家，是从来也不曾出现在娱乐场所的。最传统的消遣方式，也不过就是于周末晚上，借一盘或租一盘大人孩子都适合看的录像带，聚一处看个小半通宵。我对豪奢有本能的反感——所以我的家是一个俭约的家，从大到小，没一样东西是所谓名牌。我们结婚时的一张木床，当年五十七元凭结婚证买的，直至去年才送给了乡下来的传达室师傅。我不能容忍一日三餐浪费太多的时间精细操作，一向强调快、简、淡的原则。而她是喜欢烹饪的，为我放弃爱好，练就了一种能在十几分钟内做成一顿饭的本事。她常抱怨自己变成了急行军中的炊事员。我还不许她给我买衣服，买了也不穿。我的衣服鞋子，大抵是散步时自己从早市上买的。看着自己能穿，绝不砍价，一手钱，一手货，买了就走，仿佛自己买的，穿起来才舒适。大上其当的时候，也无悔，不在乎。有时她见我穿得不土不洋，不伦不类，枉自叹息，却无可奈何。而在这一点上至今我绝不让步。我偏执地认为，一个男人为买一件自己穿的衣服而逛商场是荒诞不经的。他的老婆为他穿的衣服逛商场也是不可原谅的毛病。因为那时间从某种意义讲已不完全属于她，而属于他们。现代人的闲暇已极有限，为一件衣服值得吗！她当然也因她当妻子的这一种“特权”被粗暴取消与我争执过，但最终还是屈从于我，彻底放弃了“特权”，不得不对我这个偏执的丈夫实行“无为而治”……

儿子一天天长大了，渐渐地我觉得自己老之将至了，精力早已大不如前。每每看妻子，似乎才于不经意间发现似的——她也早已不是十三年前的大女孩儿，脸上有了些许女人的岁月沧桑的痕迹……

我最感激的，是我老父亲老母亲住在北京的日子里，她对他们的孝心。我老父亲生病时期，我买了一辆三轮车，专为带老父亲去医院。但实际上，因为我那时在厂里挂着行政职务，倒是她经常蹬着三轮车带我老父亲去医院。不知道老人家是我父亲的，还以为是她父亲呢。知道了却原来是我的父亲，无不感慨多多。如今，将公公当自己的父亲一样孝顺的儿媳，尤其年轻的儿媳们，不是很多的……

我最感到安慰的，是我打算周济弟弟妹妹们的生活时，她一向是理解的，支持的。我的稿费的一半左右有计划地用于周济弟弟妹妹们的生活。我总执拗地认为我有这一义务，能尽好这一义务便感到高兴。在各种社会捐助中，尤其对穷人，对穷人孩子的捐助，倘我哪一次错过，下一次定加倍补上。不这么做，我就良心不安。贫困在我身上留下的印痕太深，使我成为一个本能的毫无怨言的低消费者。旧的家具、旧的电视机，不一定非要换成新的，换成名牌。几千元我拿得出来的情况下，倘我无动于衷，我便会觉得自己未免“为富不仁”了。尽管我不是“大款”，几千元不知凝聚着我多少“爬格子”的心血。没有一个在此方面充分理解我对穷人的思想感情并支持我的妻子，那么家里肯定经常吵闹无疑……

好丈夫是各式各样的。除了吸烟我没有别的坏毛病。除了受过两次婚外情感的渗透我没什么“过失”。我非是“登徒子”式的男人，也从不“拈花捻草”、“招蜂惹蝶”。事实上，在男女情感关系中我很虚伪。如果我不想，即或与女性经年相处，同行十万八千里，她们也是难以判断我究竟喜爱不喜爱她们的。我自认为，我在这一方面常显得冷漠无情。并且，我不认为这多么好。虚伪怎么会反而好呢？其实我内心里对女性是充满温爱的。一个女性如果认为我的友爱对她在某一时期某种情况之下极为重要，我今后将不再自私。

最重要的，我的妻子赞同我对友爱与情爱的理解。在这一前提下，我才能学做一个坦荡男人。我不认为婚外恋是可耻之事，但我也不喜欢总在婚外恋情中游戏的一切男人和女人。爱过我的都是好女孩儿和好女人，我对她们的感激是永远的。真的，我永远在内心里为她们的幸福祈祝着……

我对妻子坦坦荡荡毫无隐私。我想这正是她爱我的主要之点。我对她的坦荡理应获得她对我的婚外情感的尊重。实际上她也做到了。她对我“无为而治”，而我从她的“家庭政策”中领悟到了一个已婚男人怎样自重和自爱……

好妻子也是各式各样的。十三年前的那个大女孩儿，用十三年的时间充分证明了她是一个好妻子——最适合于我的“那一个”。

我给未婚男人们的忠告是——如果你选择妻子，最适合你的那一个，才是和你最有“缘”的那一个。好的并不都适合。适合的大抵便是对你最好的了……

信不信由你！

此爱如钰

最感动当代人的爱情故事，必是发生在当代的爱情故事。

一

我在上大学时，曾听说过这样一件事。

上海市的郊区，一对男女青年自幼暗暗相爱，因其中一方的家庭出身是富农，而另一方的父亲是村党支部书记，他们的爱情当然不被现实所允许。于是他们双双留下遗嘱，服毒死于野外。当夜大雪，南方很少下那么大的雪。当年我的上海同学们，都言那是近三十年内不曾有过的南方冬景。大雪将那一对男女青年的尸体整整覆盖了九天。而据说，按照当地的习俗，一对新人婚后的九天内是不应受到任何贺客滋扰的。这当然是巧合。但有一点人人都说千真万确——他们身上共盖着一张旧年画。年画上是梁山伯与祝英台。那是女青年从小喜欢的一张年画，"破四旧"时期私藏着保存了下来……

大约在九月份，朱时茂派他的下属将我接到他的公司，让我看一则报上剪下来的通讯报道。不是什么连载小说之类，而是实事。

“文革”前一年，一个农村少女，暗恋上了县剧团的一名男演员。一次看他演出，在他卸妆后偷走了他的戏靴。当然地引起了非议，也使他大为恼火。她父母问她为什么要那样做？她说她爱上他了，今后非他不嫁，而她才十六岁。

以后县剧团再到附近演戏，她父亲便捆了她的手脚，将她锁在仓房。她磨断绳子，撬断窗棂，又光着脚板跑出十几里去看他演戏。

她感动了她的一位婶婶。后者有次领着她去见他，央求他给她一张照片。他没有照片给她，给了她一张毛笔画的拙劣的海报，签上了他的名字，海报上是似他非他的一个戏装男人。

他二十六七岁，是县剧团的“台柱子”。在他眼里，她不过是一个情感有点儿偏执的小女孩儿。

后来就“文革”了，他被游斗了。一次游斗到她那个村，她发了疯似的要救他，冲入人群，与游斗者们撕打，咬伤了他们许多人的手。她没救成他，反而加重了他的罪，使他从此被关进了牛棚。

一天夜里，她偷偷跑到县里去看他，没见着。看守的一个“造反派”头头当然不许他们见，但调戏她说，如果她肯把她的身子给他一次，他将想办法早点儿“解放”她所爱的人。她当夜给了。

不久她又去县里探望她爱的人，又没见着。为所爱之人，又将自己的身子给了“造反派”一次。

而这一切，她爱之人一无所知。

东窗事发，“丑闻”四播。她的父母比她更没脸见人了，于是将她跨省远嫁到安徽某农村。丈夫是个白痴。

十余年转眼过去。“文革”后，她所爱的人成了县剧团团长。一次又率团到那个村去演出，村中有人将她的遭遇告诉了他。他闻言震惊，追问她的下落，然而她父母已死，婶婶也死了。村中人只知她远嫁安徽，嫁给一个白痴。他当时正要结婚，于是解除婚约，剧团团长也不当了，十余次下安徽，足迹遍布安徽全省农村，终于在同情者们的帮助下，寻访到了她的下落。

他亲自开着一辆吉普车前去找她，要带走她，要给她后半生幸福。而她得到妇联方面的预先通知，从家中躲出去了，不肯见他。他只见着了她的傻丈夫，一个又老又傻的男人，和一对傻儿子，双胞胎。三个傻子靠她一个女人养活，家里穷得可以想象。他还看见一样东西——他当年签了名送她的那张海报，用塑料薄膜罩在自制的粗陋的相框里，挂在倾斜的土墙上。她一定希望有一个她认为配得上那海报的相框，却分明是买不起。

他怅然地离开了她的家。半路上，他的车陷在一个水坑里。正巧有一农妇背着柴从山上下来。他请她帮忙。那憔悴又黑瘦的农妇，便默默用自己的柴垫他的车轮。

那农妇便是当年爱他的少女。他当然是万万想不到也认不出她来的，而她却知道眼前正是自己永爱不泯的男人。但是她一句话都没说。她当时又能说什么呢？看着他的车轮碾着她的柴转出水坑，她只不过重新收集起弄得又是泥又是水的柴，重新背起罢了。他是那么地过意不去，给了她一百元钱作为酬谢。那一百元钱当然是她的生活所非常需要的，但她竟没接。她默默对他鞠了一躬，背着柴捆，压得腰弯下去，一步一蹒跚地走了……

他们之间这一段相见的情形，是记者分头采访了他们双方才使世人知道的。

当地妇联有意成全他们，表示要代为她办理一切离婚事宜。

她说：“那我的两个儿子怎么办？他们虽然傻，但是还没傻到不认我这个娘的地步。我抛弃了他们，他们一定会终生悲伤的。”

他给她写信，表示愿意为她的两个儿子承担起一个父亲的责任和义务。

她没给他回信，通过当地妇联转告他——他才五十来岁，重新组建一个幸福家庭还来得及。娶一个像她这样的女人，对于他已不可能有爱可享。再被两个并非他的血脉的傻儿子拖累，他的后半生也将苦不堪言。这对他太不公平。他不忘她，她已知足了……

他便无奈了。

不久他因悲郁而患了癌症，希望自己死后埋在她家对面的山坡上，希望单位能破例保留他的抚恤金并转在她名下……

朱时茂请我去打算将此事改编为电影剧本，当时我和他都极为那一篇报道所感动，但是后来电影局有关同志转告了一个意见——太悲伤了，涉及“文革”，不要搞了。

于是我们作罢。

二

麦兴志和王茜是一对年轻的夫妻——他们的名字一直深深地感动着我。

我与这对四川青年素昧平生，是凤凰卫视的鲁豫使我牢牢记住了他们的名字。确切地说，是鲁豫所主持的节目。这对年轻的夫妻之间的爱情使我心震颤。

小麦和小王是高中时的同学。也许，初中时也是，我不敢断定。总而言之，高中时他们恋爱了。后来他们双双考上了警官学校。再后来他们成了交警系统的同事。饱满的爱情期待着一个幸福的形式，人世间即将有一扇门成为他们的新房之门……

但就在那一年，小王被诊断出患上了红斑狼疮，世界上患这种病的比例是十万分之一。小王的家人和小麦都对她隐瞒着她的病情。小王接下来不能上班了，小麦决定提前和她结婚。

小王的病首先反映在脸上。以后，几乎将注定了要渐渐地，进而彻底地损坏她那张年轻又秀丽的脸。世界上并没有被红斑狼疮损坏过容颜的脸，似乎至今还没有过记载。而小王的病情一经确诊便来势凶猛，短短几天全身便出现了溃疡现象。

而小麦对小王说：“我们现在就结婚吧，结婚了我照顾起你来才能更周到。”于是一个当代小伙子对一个他爱的女孩儿承担起了爱的责任和义务——在她最需要关怀和呵护的时候。

我想小麦他不可能不明白——自己所爱的可爱的女孩儿，在成为他的妻子以后，原先的可爱很快就会变成另一种样子。但是他认为他义不容辞，义无反顾。

义——这一个汉字中笔画少而又含意多因而歧义也多的字，向来是一个争论不休的字。我至今固执己见：当它与“仁”字组合为“仁义”一词时，理解力正常者，谁能否认该词对我们人性品质是显然的提升呢？

从此小麦对他所爱的人儿，不但义得无怨无悔，而且仁得心甘情愿。诚所谓仁至义尽。于是一个当代小伙子对一个当代女孩儿的爱，一个当代中国丈夫对一个当代中国妻子的爱，发乎于情而止乎其行，使我联想到了那两句耳熟成诵的诗：“曾经沧海难为水，除却巫山不是云。”

命运仿佛不但要加倍考验小王承受突如其来的攻击的意志，也要加倍考验小麦的一往情深，分明地，还要加倍考验他们的爱的韧度。

不久小王又被诊断出患了皮肌炎，那是一种概率百万分之一的恶疾。于是，十万分之一和百万分之一两种概率的病魔，如同两只无形的手，一齐扼住了已成为小麦妻子的王茜的颈，非要夺去她的生命不可。像是黑白无常，日日夜夜瞪着小王，不达目的，誓不罢休。它们蛰伏在小麦的背后，单等他的爱心稍显悔怠，便一跃而起扑向小王……

然而小麦对小王的爱还是那么温柔而又细微。

想想吧，那么娇小的一个小女子的身体，最病弱时减重五六十斤，而且呈现一百几十处的溃疡！每天要用棉签蘸着酒精擦尽几遍，除了一个深爱自己的人，谁还能对小王护理得更好？而且是怀着柔情似水的爱心进行的？金钱固然也能雇用到那一种“工作”者，但是爱心呢？即使连爱心也能保证，谁又能定出那爱心何价？非是彼此深爱之人，金钱又怎能从别人心里唤出和小麦同等的爱心来？

此后一家又一家医院对小王先后发出了九次病危通知书，真乃九死而后九生也！那么年轻的一对小夫妻，那么普通的两个百姓人家的儿女，他们齐心协力九次战胜死神的“武器”，说到底，也无非就是彼此之间的那一份爱。

在与死神进行第九次搏斗时，连小王自己都认为，自己怕是熬不过当天的夜里了。

用她自己的话说：“我觉得我被鲜花埋住了。”

到病房去探视她的同事们，都已经不忍看她一眼了。他们都是一言不发，放下鲜花，转身就含着悲泪赶快走了，都怕当着她的面哭出声来。

用她自己的话说：“我一闭上眼睛，满眼都是金子。”

那样的高烧是很容易将人的双眼烧瞎的。

用她自己的话说："但是我心里想我不能死，我丈夫为我付出了那么多，我这么轻易地就死了对他太不公平。"

对于小麦和小王，他们的爱，那时简直可以说已然具有宗教般的意味。他们所坚持的仿佛是一场爱的圣战。他们实际上已成为一对年轻的圣斗士。面对的是毫无恻隐之心的死神，共同的武器是相互之间的爱，唯一属于他们自己的武器，一份唇亡齿寒的爱。正所谓，不愿齿寒，唇不忍亡。正所谓，虽不曾以生死相许，然以爱许以生也。故生在也，爱在也；故为爱在，生岂肯成死也？……

临床医生以为小王已经失去意识。然而她一息尚存，便顽强地保持着意识。她甚至听到了医生对围在自己病床旁的实习生们说："这个人已经无法救治……"

然而小王第九次活了过来……

在与病魔进行了整整六年的生死战后，小王坐在了"鲁豫有约"的演播室里。她的身旁，是她质朴憨厚的丈夫小麦。我掐指一算，他们的年龄，至今大约都还没有超过三十岁吧？

六年里，一切听说过的民间偏方，小麦都为小王弄到过了，小王也都吃过了。她最多时一天服过九十几粒药。用她自己的话说："刚服下西药又喝汤药，胃里都没地方装一点儿饭了。"

六年里，小麦背着小王上下楼的次数，大约已近万次。而小麦在楼梯上累了的时候，会把住扶手侧转头柔情似水地说："亲爱的，给我一点儿力量吧！"这像诗句呀！小王就在他脸颊上轻轻吻一下……

小王也真的写下过一首长诗《你的背》，诗的第一句乃是："你的背平坦又安稳。"

真的，比起那些一生只渴望一个男人在自己疲惫时让自己靠一靠肩头的女人，小王太幸运了，也太幸福了。尽管她曾患过的两种病都是那么可怕。

当鲁豫问小王："如果有来生，你和小麦之间还会有一个人被病魔纠缠，那么你愿意反过来由自己来照顾小麦呢？还是仍愿意生病的是自己，再让小麦来照顾你？"

小王想了想，郑重地回答："还是让他来照顾我感觉好一些……"之后，她微微笑了一下。

“感觉好一些”，淡淡的一种口吻，绝对信赖的一种口吻，还有着一种温柔的弦外之音——我怎么舍得让我的丈夫，也经受一次我所经受过的苦楚？

“感觉好一些”，天下女子之多情语，莫过于此也！

人们从电视里看到的王茜，脸儿是那么的白皙、洁静，比婚前的她，比照片上的她，看上去更秀丽了。爱情在她身上创造了奇迹。

我想，对于小王，她的丈夫小麦，当是她在这世上的“最爱”无疑了。作为一个女人，一个妻子，她的心，肯定最能理解什么才是真爱，以及真爱的无价。

然而我之感动，还不仅仅因了他们的爱，也还因了他们的年轻。他们所共同经历的六年，依我想来，真可与某些令我肃然起敬的患难夫妻的几十年风雨同舟的经历相提并论。并且，使那些在我们的电视中正热播着的所谓“情爱版”的国产剧或韩剧黯然失色。

相对于他们的年轻，相对于当代的爱的质地的脆薄，相对于我们中国最年轻一代人普遍的人生承受力的乏弱，他们所共同经历的六年，简直可以说是一种难能可贵的压缩了的质与量！

感谢鲁豫，使我的眼从我们的年轻一代身上，看到了另一种了不起！虽然谈不上伟大，也难以用崇高来形容，但是，于年轻的人性考验中，体现出了足可骄于像我这样不再年轻了的人的人生韧性和超乎寻常的镇定，所以了不起。

小麦，我所敬之年轻人也，小王，亦我所敬也。我敬前者无怨无悔的六年如一日的责任感，我敬小王的坚毅。依我想来，冥冥之中倘有神明，或也肃然起敬了吧？否则，何以在这世上，终于有了两种恶疾用了九次攻击也不能击倒的一个小女子？

爱在斯，仁义在斯；仁义在斯，其爱如诗。

男人的嫉妒

世人认为嫉妒是女人的本能。

我认为多数的男人，甚至更多的男人，也都是非常有嫉妒之心的，都曾被嫉妒啮疼过灵魂。事实上，摆脱不了嫉妒心的男人，一点儿不比摆脱不了嫉妒心的女人少。男人的嫉妒，一点儿不比女人之嫉妒微小。嫉妒在通常情况下，使大多数女人们自己备受心理折磨，而在相当多的情况下，使男人们行坏女人们才行的勾当。

阿伽门农说："嫉妒的毒一旦深入心灵，便使患此病的人加倍地患病。"难道我们不是常常当遭我们所妒的人转身去，就不失时机地进行贬损吗?

仅止于此，则罢了。而有些男人往往做得使我们感到羞耻得无地自容——贬损几声无济于事，则反过来向所妒之人做叭儿状。

细微观察生活我们会发现，大多数女人并不这样。一般来说她们远离她们所妒之人。而且，当她们所妒之人遭到某种厄运，比如一美丽的女人由于横祸而损毁了容颜，她们的嫉妒往往转化为同情。她们甚至会因她们的嫉妒而忏悔。女人的心十分容易产生嫉妒。女人的心十分容易在男人认为不足论道的小事方面产生嫉妒。但女人的心十分容易消除嫉妒，或较快地悄悄地转移它。嫉妒一旦在男人的心内萌芽，则往往如迅速盛大的毒藤。女人的嫉妒通常情况下导致女人的自卑。男人的嫉妒通常情况下导致男人的隐恨，他们便会铤而走险，以报复现实来平衡倾斜的心理。

报载某偏远乡村，几个未婚男青年，合谋杀害了自愿到那里当小学教师的一位大学毕业生，然后一起自首。他们的杀人动机简单得令审讯者震惊——他们对被他们所杀害的小学教师不但无冤无仇而且颇怀敬意，只是不能忍受村里的姑娘们对小学教师的普遍好感。

“你们不知道杀人是犯法的吗？”

“知道。所以我们来投案自首。我们偿命就是了嘛！我们几条命还抵不上他一条命吗？”

“因为他来了，姑娘们才开始看不起我们，议论我们没文化。我们愿意没文化吗？我们不杀他杀谁？”

如果说女人的嫉妒之陪衬物常常是眼泪，那么男人的嫉妒之陪衬物却极可能是鲜血。

亚里士多德对嫉妒做过很直白的说明——“我们嫉妒那些在时间、空间、年龄或声望方面接近我们的人，也嫉妒与我们竞争的对手。我们不会嫉妒那些生活在一百年以前的人，那些未出生的人，那些死人，那些在我们或他人看来，远低于或远高于我们的人。我们恰恰嫉妒那些和我们有相同奋斗目标的人。总之是那些和我们追求同样东西的人。”

我们真的嫉妒或确曾嫉妒过那些和我们有相同奋斗目标的人和我们追求同样东西的人吗？果真如此的话，生活多么可悲，而我们自己又多么可憎呢？

亚里士多德的话，也主要是针对男人而言的。这位古希腊哲学家从精神上对女人的直言不讳的歧视和轻蔑，在他生活的那个世纪对男人们具有很大的影响。出现在他的一切论说中的我们，基本上专指的是男人们。何况，在那个世纪，除了女王，女人几乎只能在情场上成为她们自己互相嫉妒的对象。所以，连嫉妒的内容和性质，也是大大地逊于男人。

男人之间的嫉妒，有时足以令人瞠目结舌。

20 世纪美国有两个杀人不眨眼的强盗。他们的罪行使他们成为新闻媒介的热点。他们神通广大，令警方形象难堪。后来警方中一个足智多谋、对男人心理颇有独到研究的老警员献计献策，巧妙利用新闻媒介，大肆渲染一个强盗如何身手不凡，仿佛超人，引起了多少多少女性的关注甚至崇拜。对另一个强盗却很少提及，如附带一句话，用的也是讥诮之词。于是另一个强盗出于嫉妒杀死了同伙。作为孤家寡人的这个强盗很快被捕归案。

女人在没有参与社会事务没有成为社会人以前的漫长世纪，她们的嫉妒通常不过表现在情感方面。而男人们却早就开始为权力、为荣誉，甚至仅仅为了争凶斗狠而互相残杀。女人不太会由于嫉妒男人的权力和荣誉而杀人。但男人却会，而且会因此产生杀女人的念头。这比因情感缘故而杀她们更为丑恶。现代社会使女人开始向一切原先仅只属于男人的事业进军。她们的成功系数一点儿也不比男人小。男人们在她们尚未成功的时候，往往虚伪地鼓舞她们，怂恿她们。在她们成功之后，她们便注定成了男人嫉妒的对象。除非她们的成功也标志着某些男人们自己的成功，足以使他们心安理得地分享她们的喜悦、骄傲和荣誉。

成功的女人不但在女人们的嫉妒半径以内，往往也处在男人人嫉妒的阴霾之下。现代社会里，男人们开始认为女人对他们不无危险。而事实上，男人们对女人们太危险了。他们可能由于她们的容貌而诱猎他们，也可能由于他们的成功而企图毁灭她们的事业，乃至她们的肉体。

一次，我问一位美国朋友她对中国男人的印象如何?

她说了一些褒话，余下的就是关于“嫉妒”。她说:“梁先生，其实我对中国人并无成见。国际上十分重视嫉妒对人的心理危害，以种种科学方法加以证明，并将其不良结果告诉人们。而你们的某些报刊，却要公开宣扬嫉妒的好处，并要十二亿中国人都相信，嫉妒也是促使人类进取的某种动力。”

我默然。我似乎明白了我应该为占世界人口四分之一的中国人做些什么。尽管我个人的力量是微不足道的，但我仍应该这样去做。

关于爱

爱这个字，在语言中，有时处于谓语的位置，有时处于主语的位置。前面加“做”、加“求”、加“示”、加“乞”，“爱”就处在谓语的位置，“做爱”、“求爱”、“示爱”、“乞爱”，皆行为动词也。

“做爱”乃天伦之乐，乃上帝赐予一切男女的最普遍的权利，是男人和女人最赤裸裸的行为。那一时刻，尊卑贵贱，无有区分。行为本质，无有差别。很难说权大无限的国王，与他倾国倾城的王后，或总统与总统夫人的那一时刻，一定比一个年轻的强壮的农民，与他年轻健康的爱妻在他们的破屋土炕上发生的那一时刻更快活些。也许是一样的。也许恰恰反过来。

“求爱”乃是一种手段，其目的为了婚姻，有时为了一次或几次“做爱”的许可。传统上是为了婚姻。在反传统的男女们那儿，往往是为了做爱的许可。当然，那许可证，一般是由男人所求，是由女人“签发”的。无论为了婚姻之目的，还是为了一次或几次“做爱”之目的，这个过程都是必不可少的。省略了，婚姻就是另外性质的事了，比如可能被法律判定为抢婚。“做爱”也可能是另外性质的事了，比如可能被法律判定为强奸。

“求爱”既曰手段，古今中外，自然都是讲究方式方法的。因而也最能显出尊卑贵贱的区分，以及贫富俗雅的差别。这些，乃是由人的社会地位、经济基础、文化背景、门第高低、心性追求的不同造成的。

在我看来，“尊”者“贵”者“求爱”的方式方法未见得就“雅”，未见得就值得称道。“卑”者“贱”者“求爱”的方式方法未见得就“俗”，未见得就理应轻蔑。比如某些“大款”，一掷万金十万金几十万金，俨然是当今之世的“贵”者似的了。他们“求爱”的方式方法，横竖不过便是赠女子以洋房、别墅、名车、金钻珠宝。古今中外，老一套，基本上不曾改变过的，乃是俗得很的方式方法。而民间百姓的一些传统的“求爱”的方式方法，尤其一些少数民族的“求爱”的方式方法，比如对山歌以定情，在我看来，倒是美好得很。

献一枝玫瑰以“求爱”是雅的方式方法。

而动用飞机，朝女人的家宅自空中播下几亩地的玫瑰，在我看来就不但俗不可耐，而且简直就是做作到家的“求爱”的表演了。

我至今认为，以书信的方式方法“求爱”，虽然古老，却仍不失为最好的方式方法之一。倘我还是未婚青年，一定仍以此法向我所钟情的姑娘“求爱”。不消声明，我的目的当然是为了和她结婚，而非像流行歌曲唱的——“只求此一刻互相拥有”。

至于以情诗的方式方法“求爱”，那就不但古老，而且非常之古典了。毋庸讳言，我是给我所初恋的姑娘写过情诗的。我们最终没有成为夫妻。不是我当年不想，而实在是因为不能。以情诗的方式方法“求爱”，是我最为欣赏的方式方法。现代社会“求爱”的方式方法五花八门，古典意味儿却几乎丁点儿全无了。这是现代社会的遗憾，也是现代人的悲哀。在我看来，这使爱情从一开始就不怎么值得以后回忆了！现代人极善于将自己的家或某些大饭店小餐馆装修得很古典，也极善于穿戴得很古典。我们越是煞有介事地外在地体现得很古典，越证明我们心灵里太缺少它了。心灵里缺少的，爱情中便也注定了缺少。爱情中缺少了古典的因素，好比乐章中缺少柔情浪漫的音部……

“示爱”是“求爱”的序曲，也是千差万别的。古今中外，“求爱”总是难免多少有点儿程式化的，“示爱”却往往是极其个性化的，有的含蓄，有的热烈，有的当面殷勤，有的暗中呵护。但有一点是肯定的——就大多数而言，少女们对意中人的“示爱”，在我看来是最为美好动人的。因为她们对意中人的“示爱”，往往流露于自然。哪怕性情最热烈的她们，那时刻也是会表现出几分本能的羞涩的。羞涩使她们那一种热烈很纯洁，使她们那一时刻显得尤其妩媚。丧失了羞涩本能的少女是可怕的。她们的“示爱”无异于娼妓的卖俏，会被吸引的则往往是类似嫖客的男人。或者，是理性太差，一点儿也经不起诱惑的男人。丧失了羞涩本能的少女，其实是丧失了作为少女最美最美的年龄本色，她们不但可怕，也很可怜。

对于成年男女，“示爱”已带有经验性，已无多少美感可言，只不过是相互的试探罢了。以含蓄为得体，以不失分寸为原则。含蓄也体现着一种自重，只有极少数的男人会对不自重的女人抱有好感。不失分寸才不使对方讨厌。反过来，男人对女人也一样。不管不顾，不达目的不罢休，一味地大献殷勤，其实等于是一种纠缠，一种滋扰，一种侵犯。不要误以为对方的冷淡反应是不明白，或是一种故作的姿态。这两种情况当然也是有的，但为数实在极少。与其推测对方不明白，莫如分析自己为什么装糊涂。与其怀疑对方故作姿态，莫如问问自己是否太一厢情愿强求缘分。

在所有一切“爱”这个字处于谓语位置的行为中，依我看来——“乞爱”是最劣等的行为。于男人是下贱，于女人是卑贱。倘人真的有十次命的轮回，我再活九次，也绝不“乞爱”一次。我想，必要之时，我对于一切我非常想要获得的东西，都是肯于放弃斯文不妨一乞的。比如在饥寒情况下乞食乞衣，在流落街头无家可归的情况下乞宿乞钱，在遭受欺辱的情况下乞怜乞助……但绝不“乞爱”。

我认为——如前所言，“爱”是可能会乞到一两次的，但爱情是乞不到的。一时如愿以偿，最终也必竹篮打水一场空……

现在，我们谈到“爱情”了……

男人是女人的镜子

男人是女人的镜子。通过她所爱的男人，可以判断她大抵属于哪一类女人。不爱而做了某一男人妻子的，不在此例。错误的，将错就错，遗憾的，遗憾而无法改变的婚姻过去有，现在有，将来还有。正如不幸之永远不能避免。

其实中国人的婚姻观念，自古并不彻底封建。比如《汉书·孙光传》中即云——“夫妇之道，有义则合，无义则离。”本意指感情的真伪，但也包含着“无义”则“散伙”的主张。北刘·颜之推《颜氏家训·止足篇》云——“婚姻勿贪势家。”而隋朝的王通《文中子》一针见血地指出——“婚姻论财，夷虏之道。”斥为未开化民族的勾当。《水浒传》第二十五回，有句话是——“初嫁从亲，再从身”说得相当明白，第一遭依了父亲，第二遭就依不得任何人，要依自己了。足见自古并不万众一心地认为嫁鸡随鸡，嫁狗随狗是合乎礼法的。

男人是各式各样的。时代的文明使男人的行色多起来。若取一种笼统的划分法，无非也这么几类：只能当官的、也能当官的、不能当官的、不愿当官的。都是女人的镜子。

“服官政”其实是正当的“行业”。能当官的也是“一技之长”。但中国的问题在于，“只能”当官的男人太多了。这是男人的退化，也是男人悲哀。同时是中国女性面临悲哀现实之一种。由于当官和“干革命”似乎连在一起，便使“只能”当官的男人不愿正视这一悲哀，更不愿将“只能”归于“物种”的退化。似乎当到老便意味着革命到老，当到死便意味着终生革命。并且，制造似乎“革命”的理论维护自己的利益，使很多当妻子的既迷惘又迷惑。早期的男性革命家大抵并非“只能”当官，他们有的可以从文，有的可以从艺，有的可以当教书先生或大学教授，有的可以当木匠、瓦匠，乃至农民。如今“只能”当官的男人，那真是“只能”一条道路到黑。你不让他当了，他便几乎就是废人一个了。据说在一次什么会上，有一种形成舆论的情绪色彩很强烈的“抗议之声”——认为干部六十岁便退休，未免太早了。要求起码延到六十五岁，延到七十岁更好。主张修正干部离休制的年限。我十分怀疑便是“只能”当官的一些男人们委屈。

所以我对未婚女性们的忠告是——择夫时，对“只能”当官的男人，须敬而远之。

经济体制的改革，最终必将带动中国政治体制的改革。终身“服官政”的男人的仕途之路将被堵塞，他想一条道跑到黑也不行。我们冷静观察生活，三十来岁四十多岁的男人中，正在退化的男人着实不少。他们大概是心甘情愿地乐在其中地退化。我从两个过去的知青伙伴身上便看到了这一咄咄逼人的可悲现象。不过是个处级，一旦这处级受到动摇，惶惶然不可终日之状令人哂笑。四方登门，八面奉迎，好比久病乱投医。后又眉舒目朗渐渐地活转来，乃因终于又谋求到了一个比处级大一点儿的职务。且因高了名不正言不顺的那“一点儿”沾沾自喜。但在这谋求的过程中失去了什么，却似乎毫不在乎。我不仅替他，也替他的妻子感到活得累。一旦再从那“一点儿”上动摇下来，他可怎么活呢?

也能当官的男人显然应该比只能当官的男人活得从容些，活得踏实些。我在“比”前加上“应该”两个字，意在强调从逻辑上讲是这样，但实际情况并不尽然。也能当官的男人们是些幸运的男人，大抵属于知识分子一类。如医生、律师、高等教育工作者、科研工作者、工程师、科学家、艺术家、文学家等等。他们的职业较“服官政”的男人们相对长久得多，几乎可以成为终生的。并且不像普通劳动者们，工作水平受到年龄和体质的限制。所谓一技在身，终身所依。其中又尤以医生和律师更为优越，越老越有威望，职业经验也越丰富。医院的院长、大学的校长、科研单位的领导者，大抵是从他们中产生的。他们对自己的职业专长越自信，越不情愿当官。当上了也不将“乌纱帽”看成怎么一档子事。需要我当，我便当；不需要我当了，八仙归位。也有为了解决房子问题、夫妻两地生活问题，讲好一个条件，“下海”三年五载的。女人爱他们的同时，意味着培养了对某一职业的情感，而非对权势的偎傍。但这些男人，在中国始终是不断分化着的社会群体。一所名牌大学可有一百多教授，但只能有一位校长。将专门的人才异变为庸官，是中国的弊端之一。既不但是某些男人的退化，其实也是时代的退化现象。既不但是某些男人的悲哀，其实也是国家的悲哀。

贤明的女人，对于如此这般的丈夫，总是要时时提醒——别忘了你原本是怎样的人，别到头来成了“只能”当官的人。使他们于迷津中常有所省悟，在还没到“只能”的地步，回头是岸。

目光短浅的女人，却总是对她们的丈夫大加怂恿，向他们吹送万般皆粪土、唯有当官高的枕边风。所以他们的异变，的的确确也是某些女人们的过错。有时听到这样的夫妻争吵，很是耐人寻味。男人愤愤然说：“我早就要不当，你偏不同意！现在好，让我去干什么？”女人亦愤愤然说：“谁长那前后眼来，想到你会半途而废！”

中国目前仍是一个尚未矫正官本位的国家，她们是时代的产物，她们的懊悔不及的丈夫是她们的副产品。她们和他们的争吵，乐观点儿估计，还要继续一二十年。

不能当官的男人不是绝对没有当官能力的男人。他们是各行各业的劳动者。劳动者中有不少聪明的人，智慧的人，干练的人，他们的能力往往被埋没。中国是一个有十一亿人口的泱泱大国，不埋没人才是根本不可能。他们当官的能力有时恰恰在刚显示出来的时候，便被周围的人挫顿或彻底扼杀了。其中幸运者，偶被上司赏识，委以微职，便往往誓心以报了。一位小百货公司的头头，未必在能力上远远不及一位大商场的经理。一位商场的经理，未必不能当商业局局长。但能不能当官，是相当复杂的事。诚如老百姓总结的——“说你行你就行，不行也行；说你不行就不行，行也不行。”在中国这一现象你不服不行。于是劳动者中那些聪明的人，智慧的人，干练的人，大抵臣服于现实，其能力不是向外伸延，而往往谨慎收缩。以自己的小家庭画一个圆，在极有限的圆周内显示。他们的家庭便是他们的事业，他们的工作只不过是他们的工作。在他们的家里，从各方面可观察到他们的理财能力、治家能力、巧妙改善生活环境的能力和丰富生活内容的能力，以及培养子女所花的精力和心血。他们精打细算，他们一人多能，堪称各类工匠。一言以蔽之，他们是些生活能力极强的男人。而且，他们完善自身的愿望也是动人的。他们其实多才多艺，有能诗会画的，有爱根雕的，有爱收藏的，有爱书法的。与“只能”当官的男人和从“也能”当官的男人中分划出去继而异变的男人相比，他们更是合格的男人。在困难艰险的条件下，有些男人会束手无策，他们不会。在外国，有些中国男人会饿死，他们不会。与有些知识分子对生活的索然心态相比，他们显得分外热爱生活，热爱生命。

他们以前曾被很不公正地一概贬之曰“小市民”。

其实，为男人，他们具有新的时代性的启示和意义。

我若是未婚的女人，我会将自己择夫的视野拓放得更宽广些。我绝不将目光盯在那些“只能”当官的男人身上。和他们生活在一起，总有一天会明白是很“懊糟”的事。也绝不将目光聚在从“也能”往“只能”异变的男人们身上。这二者在我看来都是没出息的。我倒宁肯选择劳动者中那些聪明的、智慧的、干练的男人。

这个时代“生产”出了太多太多除了文凭和学历其他一切方面太差太差的男人。科举时代早已过去，时代需要的是不但有文凭有学历而且有实际能力的男人。女人们也是。总有一天时代将宣布，它不需要太多太多的“书生”，他们过剩了。而女人们也将宣布，她们看重的不只是男人的文凭和学历。

男人是女人的镜子，女人是男人的学校。反过来不成立。女人并非男人的镜子。男人选择女人的内容要较女人选择男人的内容肤浅得多，不易全面映照出他的生活观念。男人也并非女人的学校。男人可以舍得花钱“包装”他所爱的女人，可以用他自己的生活观念改变女人的生活观念，可以用他的思想方法影响女人的思想方法。但他无法教会女人如何更女性化。因而男人对女人从本质上说没有塑造力。当代女人选择男人的困难比任何时代都大得多了。这个时代注定了是女性的大苦闷时代。但愿我的这些闲言碎语，道破一些简单的生活表象，捅穿男人们的一层糊窗纸，对妻子们重新认识自己的丈夫，对未婚女性选择丈夫，有那么一点点参考价值……

女人不是残缺不全的男人

“女人是残缺不全的男人。”

两千多年前，有个男人这么说。

他是伟大的男人，名字叫亚里士多德。

他的话被许多男人所信奉，而且尽是些有文化教养的男人。没有文化教养的男人不把亚里士多德当一回事，也就根本谈不上信奉他的话。

于是便有一个叫美狄亚的女人曾哀叹：“在一切有理智、有灵性的生物当中，女人是最不幸的。”

而上帝在亚里士多德和美狄亚之间，无疑是偏袒亚里士多德的。从《旧约全书》中可以看到。因为上帝也是男的。因为上帝觉得女人不过是他用男人的一根肋骨造就的，是他赐予男人的“配偶”。

女人在男人眼里，一直不过是他们的配偶，包括一切杰出的女人在内。

大概连上帝也意识到了自己对男人的偏袒，所以他又说——“谁能找到一个有德行的妇女，她的价值远胜过珍珠。”——以此表明自己对女人的礼赞。

但上帝毕竟是男的。他对女人礼赞的时候，他的逻辑也不能超出女人是男人的“配偶”这一纯粹男人的观点。

上帝从来也没有这么说过——谁能找到一个有德行的男人，他的价值远胜过珍珠。

尽管上帝从来没这么说过，但有德行的女人一直在苦苦寻找有德行的男人们。找到了有德行的男人们的女人们，远比找到了美貌的女人的男人们少。

这应该是男人们的很大悲哀。

上帝还说过："让女人默默地、完全顺服地学习。我不许女人讲道，也不许她管男人。只要她沉静。因为先造的是亚当，然后才是夏娃。"

有一个男人不赞同上帝的话，他说："男人，有的平静，有的好斗，但是每个女人都是生活的女王。"

他的名字叫蒲伯。

现在对于女人公正评价的男人是越来越多了，因为现在只能做女人的配偶的男人是越来越多了，因为现在不甘于只能做男人的配偶的女人是越来越多了，于是世界变得更加生气勃勃了！于是世界在许多判断方面改变了！

事实上，女人乃一个家庭、一个民族、一个国家的镜子。事实上，女人对男人的影响与男人对女人的影响对一个家庭、一个民族、一个国家来说同样巨大而且重要。事实上，女人从来不是残缺不全的男人。事实上，女人一旦觉悟到她们不是残缺不全的男人，则她们在人类生活的各个方面，都有可能比男人们表现得更为出色。事实上，本身残缺不全的男人，要比本身残缺不全的女人多得多。残缺不全的男人太多了，一个民族就不振，一个国家就衰败。中华民族之女性们的觉悟，预示着不管怎样我们民族明天的历史将比昨天和今天书写得更多彩。

在男人们普遍"疲软"——当然也包括我自己——的这一个时代，如果女人们仍甘于只能做男人的配偶，那我们民族的男人和女人，恐怕也只有叹息——哦，上帝啊……

敬意正源于并非如此的根据。我常困惑我们的民族是怎么了。看上去很健朗的男人们尽在唱"一无所有"，凄凄哀哀地央求一个女人握住他的手，这就跟他走（绝不包含有对崔健的讽意。事实上我既喜爱他也喜爱他这首歌，我只不过将这首歌当作男人们的自白）……

而女人们却在苍凉地引吭高歌——我的故乡并不美，低矮的草房苦涩的井水。一片贫瘠的土地上，收获着微薄的希望，住了一年又一年，生活了一辈又一辈。我要用真情和汗水，把你变成地也肥来水也美。

而女人们却在苍凉地引吭高歌——我家住在黄土高坡，大风从坡上刮过……不管过去了多少岁月，祖祖辈辈留下我，留下我一望无际唱着歌，还有身边这条黄河。不管是八百年还是一万年，都是我的歌……

那一种苍凉之中穿透历史的充满生命力的遒劲和刚毅啊，常使我听来泪如泉涌！我仿佛看到在古老的黄河岸畔，迎高原大风屹立着的脚腕儿黧黑的女人……于是我便联想到了那幅著名的油画《巴黎的母亲》……那些女人们苍凉而遒劲的歌出自西北女人的自白，不正是中华民族的自白吗？那么，能唱出这样的歌的女人，请接受一个男人虔诚的敬意吧！每每在这样的时刻，我更加意识到什么样的男人，才配是炎黄子孙，才配是我们中华民族的热血男儿。同时更加意识到，我自己残缺不全的是什么，以及我们民族残缺不全的是什么……

女性共同拥有什么？

常有报刊、电台、电视台的记者（多为女性记者）正式或非正式地向我提问——你认为 20 世纪 90 年代以来的女性与以往各时代的女性相比有哪些区别？

我总是被问得发怔，一时不知怎么回答。被问的次数多了，也就不免想想了。

我以为，在今天，在中国，“当代女性”四个字，越来越是模糊不清的，甚至每每显得暧昧的概括。以至于如果我们不是较具体地就各类不同的女性，比如工人女性、农民女性、白领女性、中小知识者女性、演艺界女性、科技型女性、党政官员型女性等等——去分别谈论她们，则我们几乎不可避免地陷入懵懂的尴尬。因为她们之间的种种当代现状分野实在是太大了，笼统摆放一起，是根本无法相提并论的。除了性别，她们之中的任何一类，几乎无法在其他诸方面代表同性的姐妹们。

但是尽管如此，我们依然不能否认这样一个事实，自改革开放以来，尤其 90 年代以来，总体而言，当代女性与以往年代的女性相比，区别是明显的，这体现在以下诸方面：妇女受高等教育的机会多了，人数也大大增加了；随着商业时代的特征越来越明显，相当一部分青年女性，开始从事如服装模特、公关小姐、美容师、节目女主持人、外国商务代办等职业；女性越来越受到法律的充分关怀和保护，法律自卫意识普遍提高；女性的爱美之心空前生动积极，她们已不但为“悦己者容”，而且为“悦己”而“容”了；在各行各业中，女人们不但与女人们，也与男人们进行着有时是相当激烈的才干竞争；女性文化空前活跃，男性世界的方方面面，越来越经常地被置于女性文化的评论乃至批评和批判视野了……

而最主要的区别是，女性对婚姻质量的要求普遍提高了，不再甘于“嫁鸡随鸡，嫁狗随狗”。“离婚”二字，以往的年代，惯是男人威胁妻子的话，现在她们听了往往不再惧怕了。“离就离！”——一句话就把丈夫们顶得哑口无言。男人在家庭生活中是女人的“天”的历史地位，应该承认基本上被女人们颠覆塌了，并且绝对地不可能再重建起来了。以往的时代，一个不幸的忍气吞声受丈夫欺压的妻子，最能获得她的同性姐妹们的同情。现在，她们施予同情时态度相当保留，因为忍气吞声自然被认为是不争。“怒其不争”每每取代“哀其不幸”，因为但凡一争，那不幸在今天已经很容易解脱的了。

20 世纪 90 年代以来的女性与以往时代的女性相比，使我们不难发现具有了以上种种区别。但是冷静分析，我们则又不得不做出这样的结论——某些区别，更体现在甚至仅体现在大都市女性身上；某些区别，更体现在甚至仅体现在大都市中高收入的女性身上。这个时代的女性风景线，尽管色彩亮丽，但只不过是极少一部分女性营造给时代看的，或反过来说，只不过是时代为极少一部分女性营造的。

对于 90 年代以来的女性，我有两点大的困惑：其一，一部分受过高等教育的所谓知识女性，以及在物质和精神两方面都非常优越起来了的女性，对于大多数同性姐妹们的困境命运，几乎可以说是漠不关心的。其二，某些穷困山区的姐妹，为了与“买卖婚姻”抗争甚至能豁出性命，而在大都市里，一些知识化了的、经济绝对独立了的她们，却往往直销自己于男人不遗余力。

关于不幸、不幸福与幸福

希腊神话中有所谓“美惠三女神”，她们妩媚、优雅、美丽，乃三姐妹，都是宙斯的女儿。一位是优芙洛尼亚，意为欢乐；一位是塔里亚，意为花朵；还有一位是阿格拉伊亚，意为灿烂。她们喜爱诗歌、音乐和舞蹈。一言以蔽之，人类头脑中的文艺灵感，得益于她们的暗示、启发和引领。故她们也往往被称为“美惠三女神”。除了她们，希腊神话中还有所谓“复仇三女神”，“梦境三女神”，也都是三姐妹。而在美术创作中，有所谓“三原色”之说，即红、黄、蓝。

我想这么比喻——不幸、不幸福与幸福，也如同我们大多数人之人生的“三原色”，也如同我们大多数人之人生每将面对的“三女神”。她们同时出现在我们人生某阶段的情况极少，但其中两姐妹接踵而至甚至携手降临的现象却屡屡发生，于是有否极泰来、乐极生悲一类词。比如，苏三的人生可谓是否极泰来之一例，范进的人生可谓是乐极生悲之一例。

我将不幸、不幸福、幸福比作我们大多数人之人生的“三原色”，并非是指以上三种人生状况与红、黄、蓝三种颜色有什么直接关系，我的意思是——如同“三原色”可以调配出“七常色”及“十二本色”，不幸、不幸福、幸福三类人生状况，几乎是各种各样的人生的“底色”。世界非是固定不变的，人生更是如此。“底色”只不过是最初之色。

我认为构成人生不幸的原因主要有如下方面：

1. 严重残疾与严重疾病。

2. 贫困。

3. 受教育权利的丧失。

4. 由而沦为社会弱势群体。

5. 又由而身为父母丧失了抚育儿女的正常能力，身为儿女竟无法尽赡养父母的人伦责任……

也许还有其他方面，我们姑且举出以上几方面原因。

在以上原因中，有个人命运现象，比如先天失明、聋哑、智障、患白血病、患癌等。也有自然生存环境和社会苦难造成的群体命运现象，比如血吸虫病、瘟疫、艾滋病、战争造成的伤残与疾病……

一个人的严重残疾与疾病，每每是一个家庭的不幸。一个群体的不幸，当然也应视为一个民族一个国家的不幸。个人的不幸命运既需要社会来予以关怀，也需要个人来进行抵抗。

海伦·凯勒、霍金、保尔、罗斯福，他们证明了人生底色确实是可以一定程度地改变的，有时甚至可以改变得比成千上万正常人的人生更有声有色。

但不论怎样，不幸是具有较客观性的人生状况。这世界上没有人因残疾和疾病反而有幸福感。而某些自认为很不幸的人之所以并不能引起普遍人的深切同情，乃因他们的不幸不具有较客观的标准。所以我们才未将失恋也列入不幸范畴，尽管许多失恋的少男少女往往痛不欲生，自认为是天下第一不幸，第一值得同情者。当然，于连是有几分值得同情的，因为他的失恋也反映了一种社会疾病，那就是社会所公开维护的等级制。

我们中国的当下主流传媒有一大弊端，那就是——讳言贫困、落后、苦难和不幸，却热衷于宣传和炒作所谓时尚的生活方式。似乎时尚的、时髦的甚至摩登的生活方式，便是幸福的生活。而能过那种生活的人，在全世界任何一个国家都是少数。如此这般的文化背景，对新一代成长中的人，几乎意味着是一种文化暗示，即幸福的人生仅属于少数不普通的人，而普通人的人生是失败的，令人沮丧的，难有幸福可言的。

除了文化的这一种不是成心却等于成心的错误导向，我们国家十三亿人口的实际生活水平也是每使普通人感觉不幸福的原因。普通人这一概念在中国与在西方国家是不一样的。在中国，即使是在北京、上海等大城市，普通人及普通人家的生活水平其实也是非常脆弱的。往往是一人生病（这里指的是重病），全家愁苦，甚而倾家荡产。现在情况好了一些，公费医疗、医疗保险等社会福利保险制度有所加强，但仍处于初级阶段。粮食一涨价，人心就恐慌，猪肉一涨价，许多普通人家就奉行素食主义了，而目前的房价，使许多普通人家的八零后一代拥有自己住房的愿望几成梦想……

这使新一代都市年轻人，看在眼里，心生大虑，唯恐自己百般努力，却仍像父母辈一样，摆脱不了普通人的命运。

如果将大学学子、研究生们与进城打工的农村儿女相比较，结果是十分耐人寻味的——如果非是家境凄凉或不幸，只要有钱可挣，后者的日常快乐反倒还会多一些似的。

日常快乐的多少也往往取决于性格，不见得就是实际生活幸福程度的体现，好的性格能够大大削弱感觉人生不幸福的烦恼。

为什么那些农村儿女们的日常快乐反而会多一些似的呢？乃因比之于成为大学学子、研究生们的都市青年对不幸见得较多，知得较多，接触得较多。而他们对所谓幸福的企求又是较低的，较实际的。还有一点也至关重要，那就是，他们的人生是有“根据地”的，是有万不得已的退路的，即他们来自于的农村。那里有他们的家园，有亲情和乡情，那里乃是没有什么生存竞争压力的所在。

而前者们却不同，如果是城市青年，则他们没有什么“根据地”，退回到家里就等于是失业青年了。如果是农村青年，则从怀揣录取通知书踏上求学之路那一天起，就等于破釜沉舟地踏上一条不归路了。他们从小学到高中以毅忍之心孜孜苦学，正是为的这样一天。如果他们考入的还是北京、上海，那么在他们的思想意识里，不但没有了什么退路，简直还没有什么别路了。那种留在北京、上海的决心，如同从前的节妇烈女，一厢情愿地从一而终，一厢情愿地为自己的“北京之恋”、“上海之恋”而“守节”。这一种决心，是非常可以理解的。因为在常人看来，在北京，在上海，一个受过大学高等教育的人，终于成为不普通之人的可能性仿佛比别处多不少。即使到底还是没有不普通起来，但成了北京和上海这等大城市里的普通人，似乎那也还是要比别处的普通人不普通。这一种普通而又不普通的感觉追求，往往会成为一种“亚幸福”追求。但这一种决心有时候也是可怕的——因为对于人生，还是多几种生存、发展的选择好一些，还是有退路的状态好一些。我这里说的退路，当然不是指农村。大学生、研究生回到或去到农村当农民，是知识化了的人力资源的浪费。但除了北京和上海，中国另有许多城市，尤其南方城市，其发展也是很快速的，对年轻人而言，人生机会也是较多的。

总而言之，我的意思是，不幸福的人生感觉人人都会常有，是生存竞争压力对人的心理造成的负面感觉。不同的人面临不同的生存竞争压力。但有时候，也与我们对人生的思想方法有关。如果能提前对人生多几种考虑、打算、选择，也许人生的回旋余地会大一些，压力会小一些，瞻望前途，会相对的乐观一些。那么，不幸福的感觉，自然会相对的少一些……

谈到幸福，有些人肯定会和我一样，联想到《安娜·卡列尼娜》开篇的那一句话——“幸福的家庭是相似的，不幸的家庭各有各的不幸。”是否也可以这样说呢？——幸福的人是相似的，不幸的人各有各的不幸。

我个人认为，幸福的人一定是生活在幸福的家庭里。我至今还不曾认识过一个生活在不幸福的家庭里但自感很幸福的人。曾经生活在不幸福的家庭里，但后来另立门户，拥有了自己的小家庭以后，人生开始幸福了的人是有的。但前提是——他或她的小家庭，必是一个幸福的小家庭。

或曰，幸福只不过是一种感觉。此话对矣，但不够全面。确乎，幸福和不幸福一样，主要是一种心理感觉。然而人的心理，通常不会无缘无故地产生感觉，心理感觉更多的情况下是客观外界作用于主观的反映。如果说不幸福之感觉往往是与不直接的客观外界的影响有关系，那么幸福的感觉像不幸的感觉一样，更是与特别直接的客观外界的实际状态有关系。也就是说，幸福像不幸一样，是由某些普世于人心的方面组成的。

我们已经说过，幸福的人，肯定有幸福的家庭。幸福的家庭，理论上肯定是人人健康，家庭关系和睦，夫妻恩爱，手足情深，家风良好，并由而受人尊敬的。一个有着这样的家庭背景的人，他或她还须是起码具有大学文化知识的人。而且他所从事的职业，恰恰是符合他理想的，他很热爱的职业。这一种职业，一般而言，还要有较高的工资和较有社会地位的特征。于是他本人的爱情和婚姻不但是一帆风顺的，还是如愿以偿的。他们的小家庭起码是富裕的，当然应拥有宽敞的住房与一辆准名牌私家车。他们的孩子是漂亮的、聪明的，将来肯定有出息甚至青出于蓝而胜于蓝……

由是而论，我们不难看出，文化知识程度较高的人，比之于文化知识程度较低的人，对幸福指数的企求也是高的，即使口头上说自己只不过心存某些一般的幸福要求，综合起来，那些一般的幸福要求已是很不一般太不一般了。更有的时候，甚至会将幸福误解为一种人生的完美状态，因而似乎应包含一切人生的美好。而实际情况却是——世界上只有极少极少数人的人生是接近完美的幸福的人生。

如果将人的一生比作由一点开始画起的一个圆，那么只有极少极少数人的人生画得接近标准的圆形。有些人的人生仅仅是半圆，或一段弧。大多数人的人生，画成了一个圆，但却是像蚀缺时的月亮似的圆。

我个人认为，能将人生画成一个近似的圆，那委实已经该算是不错的人生了。一个人的人生，只要在以上几条中实现了两条，比如有一个比较和睦的家庭和比较美满的婚姻，他或她就有理由感觉幸福多一些，感觉不幸少一些了。而居然实现了三四条，几乎可以说，他或她真的就是一个幸福之人了。

家庭和睦，手足情深，亲人健康，工作稳定，收入能够满足一般消费，月有节余，哪怕很少……这是一般普通人的幸福观。他们既为普通人，却并不沮丧于普通的人生，反而善于在普通的人生中企求普通的幸福，并珍惜之。

这样的一种人生态度，是否也可以给尚处于人生的一无所有阶段，但希望过上幸福生活的人们一点儿关于幸福的另类参考呢？

温　馨

那夜失眠，依床而坐，将台灯罩压得更低，吸一支烟，于万籁俱寂中细细筛我的人生，看有无温馨之蕊风干在我的记忆中。

从小学二三年级起，母亲便为全家的生活去离家很远的工地上班。每天早上天未亮便悄悄地起床走了，往往在将近晚上八点时才回到家里。若冬季，那时天已完全黑了。比我年龄更小的弟弟妹妹都因天黑而害怕，我便冒着寒冷到小胡同口去迎母亲。从那儿可以望到马路。一眼望过去很远很远，不见车辆，不见行人。终于有一个人影出现，矮小，然而“肥胖”。那是身穿了工地上发的过膝的很厚的棉坎肩所致。像矮小却穿了笨重铠甲的古代兵卒。断定那便是母亲。在幽蓝清冽的路灯光辉下，母亲那么快地走着。她知道小儿女们还饿着，等着她回家胡乱做口吃的呢！

于是我跑着迎上去，边叫：“妈！妈……”

如今回想起来，那远远望见的母亲的古怪身影，当时对我即是温馨。回想之际，觉得更是了。

小学四年级暑假中的一天，跟同学们到近郊去玩，采回了一大捆狗尾草。采那么多狗尾草干什么呢？采时是并不想的。反正同学们采，自己也跟着采，还暗暗竞赛似的一定要比别的同学采得多，认为总归是收获。母亲正巧闲着，于是用那一大捆狗尾草为弟弟妹妹们编小动物。转眼编成一只狗，转眼编成一只虎，转眼编成一头牛……她的儿女们属什么，她就先编什么。之后编成了十二生肖。再之后还编了大象、狮子、仙鹤和凤凰……母亲每编成一种，我们便赞叹一阵。于是母亲一向忧愁的脸上，难得地浮现出了微笑……

如今回想起来，母亲当时的微笑，对我即是温馨。对年龄更小的弟弟妹妹们也是。那些狗尾草编的小动物，插满了我们破家的各处。到了来年，草籽干硬脱落，才不得不一一丢弃。

我小学五年级时，母亲仍上着班，但那时我已学会了做饭。从前的年代，百姓家的一顿饭极为简单，无非贴饼子和煮粥。晚饭通常只是粥。用高粱米或苞谷渣子煮粥，很费心费时的。怎么也得两个小时后才能煮软。我每坐在炉前，借炉口映出的一小片火光，一边提防着粥别煮糊了一边看小人书。即使厨房很黑了也不开灯，为了省几度电钱……

如今回想起来，当时炉口映出的一小片火光，对我即是温馨。回想之际，觉得更是了。

由小人书联想到了小人儿书铺。我是那儿的熟客，尤其冬日去。倘积攒了五六分钱，坐在靠近小铁炉的条凳上，从容翻阅，且可闻炉上水壶嗞嗞作响，脸被水气润得舒服极了，鞋子被炉壁烘得暖和极了：忘了时间，忘了地点，偶一抬头，见破椅上的老大爷低头打盹儿，而外边，雪花在土窗台上积了半尺高……

如今想来，那样的夜晚，那样的时候，那样的地方，相对是少年的我便是一个温馨的所在。回想之际，觉得更是了。

上了中学的我，于一个穷困的家庭而言，几乎已是全才了。抹墙、修火炕、砌炉子，样样活儿都拿得起，干得很是在行。几乎每一年春节前，都要将个破家里里外外粉刷一遍。今年墙上滚这一种图案，明年一定换一种图案，年年不重样。冬天粉刷屋子别提有多麻烦，再怎么注意，也还是会滴得哪儿哪儿都是粉浆点子。母亲和弟弟妹妹们撑不住就打盹儿，东倒西歪全睡了。只有我一个人还在细细地擦、擦、擦……连地板都擦出清晰的木纹了。第二天一早，母亲和弟弟妹妹们醒来，看看这儿，瞅瞅那儿，一切干干净净有条不紊，看得目瞪口呆……

如今想来，温馨在母亲和弟弟妹妹眼里，在我心里。他们眼里有种感动，我心里有种快乐。仿佛，感动是火苗，快乐是劈柴，于是家里温馨重重。尽管那时还没生火，屋子挺冷……

下乡了，每次探家，总是在深夜敲门。灯下，母亲的白发是一年比一年多了。从怀里掏出积攒了三十几个月的钱无言地塞在母亲瘦小而粗糙的手里，或二百，或三百。三百的时候，当然是向知青战友们借了些的。那年月，二三百元，多大一笔钱啊！母亲将头一扭，眼泪就下来了……

如今想来，当时对于我，温馨在母亲的泪花里。为了让母亲过上不必借钱花的日子，再远的地方我都心甘情愿地去，什么苦都算不上是苦。母亲用她的泪花告诉我，她完全明白她这一个儿子的想法。我的心使母亲的心温馨，母亲的泪花使我的心温馨……

参加工作了，将老父亲从哈尔滨接到了北京。十四年来的一间筒子楼宿舍，里里外外被老父亲收拾得一尘不染。经常的，傍晚，我在家里写作，老父亲将儿子从托儿所接回来了。听父亲用浓重的山东口音教儿子数楼阶："一、二、三……"所有在走廊里做饭的邻居听了都笑，我在屋里也不由得停笔一笑。那是老父亲在替我对儿子进行学前智力开发，全部成果是使儿子能从一数到了十。

父亲常慈爱地望着自己的孙子说："几辈人的福都让他一个人享了啊！"

其实呢，我的儿子，只不过出生在筒子楼，渐渐长大在筒子楼。

有天下午我从办公室回家取一本书，见我的父亲和我的儿子相依相偎睡在床上，我儿子的一只小手紧紧揪住我父亲的胡子（那时我父亲的胡子蓄得蛮长）——他怕自己睡着了，爷爷离开他不知到哪儿去了……

那情形给我留下极为温馨的印象。还有我老父亲教我儿子数楼阶的语调，以及他关于"福"的那一句话。

后来父亲患了癌症，而我又不能不为厂里修改一部剧本，我将一张小小的桌子从阳台搬到了父亲床边，目光稍一转移，就能看到父亲仰躺着的苍白的脸。而父亲微微一睁眼，就能看到我，和他对面养了十几条美丽金鱼的大鱼缸。在父亲不能起床后我为父亲买的。十月的阳光照耀着我，照耀着父亲。他已知自己将不久于世，然只要我在身旁，他脸上必呈现着淡对生死的镇定和对儿子的信赖。一天下午一点多，我突觉心慌极了，放下笔说："爸，我得陪您躺一会儿。"尽管旁边有备我躺的钢丝床，我却紧挨着老父亲躺了下去。并且，本能地握住了父亲的一只手。五六分钟后，我几乎睡着了，而父亲悄然而逝……

如今想来，当年那五六分钟，乃是我一生体会到的最大的温馨。感谢上苍，它启示我那么亲密地与老父亲躺在一起，并且握着父亲的手。我一再地回忆，不记得此前也曾和父亲那么亲密地躺在一起过，更不记得此前曾在五六分钟内轻轻握着父亲的手不放过。真的感谢上苍啊，它使我们父子的诀别成了我内心里刻骨铭心的温馨……

后来我又一次将母亲接到了北京，而母亲也病着了。邻居告诉我，每天我去上班，母亲必站在阳台上，脸贴着玻璃望我，直到无法望见为止。我不信，有天在外边抬头一看，老母亲果然在那样地望我。母亲弥留之际，我企图嘴对着嘴，将她喉间的痰吸出来。母亲忽然苏醒了，以为她的儿子在吻别她。母亲她的双手，一下子紧紧搂住了我的头，搂得那么紧那么紧。于是我将脸乖乖地偎向母亲的脸，闭上眼睛，任泪水默默地流。

如今想来，当时我的心悲伤得都快要碎了。所以并没有碎，是由于有温馨粘住了啊！在我的人生中，只记得母亲那么亲爱过我一次，在她的儿子快五十岁的时候。

现在，我的儿子也已大三了。有次我在家里，无意中听到了他与他的同学的交谈：

“你老爸对你好吗？”

“好啊。”

“怎么好法？”

“我小时候他总给我讲故事。”

其实儿子小时候，我并未“总给”他讲故事。只给他讲过几次，而且一向是同一个自编的没结尾的故事。也一向是同一种讲法——该睡时，关了灯，将他搂在身旁，用被子连我自己的头一起罩住，口出异声：“呜……荒郊野外，好大的雪，好大的风，好黑的夜啊！冷呀！呱嗒、呱嗒……爪子落在冰上的声音……大怪兽来了，它嗅到我们的气味了，它要来吃我们了……”

儿子那时就屏息敛气，缩在我怀里一动也不敢动。幼儿园老师觉得儿子太胆小，一问方知缘故，曾郑重又严肃地批评我：“你一位著名作家，原来专给儿子讲那种故事啊！”

孰料，竟在儿子那儿，变成了我对他“好”的一种记忆。于是不禁地想，再过若干年，我彻底老了，儿子成年了，也会是一种关于父亲的温馨的回忆吗？尽管我给他的父爱委实太少，但却同一切似我的父亲们一样抱有一种奢望，那就是——将来我的儿子回忆起我时，或可叫作“温馨”的情愫多于“呜……呱嗒、呱嗒”。

某人家乔迁，新居四壁涂暖色漆料，贺者曰：“温馨。”

年轻夫妻终于拥有了自己的小家，他们最在乎的定是卧室的装修和布置，从床、沙发的样式到窗帘的花色，无不精心挑选，乃为使小小的私密环境呈现温馨。

少女终于在家庭中分配到了属于自己的房间，也许很小很小，才七八平方米，摆入了她的小床和写字桌再无回旋之地，然而几天以后你看吧，它将变得每一个角落都充满了温馨。

新房大抵总是温馨的。倘一对新人恩爱无限，别人会感到连床边的两双拖鞋都含情脉脉的，吸一下鼻子，仿佛连空气中都飘浮着温馨。反之，若同床异梦，貌合神离，那么新房的此处或彼处，总之必有一处地方的一样什么东西向他人暗示，其实反映在人眼里的温馨是假的。

我想，温馨一定是有共性前提的。首先它只能存在于较小的空间。世界上的任何宫殿都不可能是温馨的，但宫殿的某一房间却会是温馨的。最天才的设计大师也不能将某展览馆搞成一处温馨的所在，而最普通的女人，仅用旧报纸、窗花和一条床单几个相框，就足以将一间草顶泥屋收拾得温馨慰人。在一辆“奔驰”车内放一排布娃娃给人的印象是怪怪的，而有次我看见一辆“奥拓”车内那样，却使我联想到了少女的房间。其次温馨它一定是同暖色调相关的一种环境。一切冷色调都会彻底改变它，而一切艳颜丽色也将使温馨不再。那时它或者转化为浪漫，或者转化为它的反面，变成了浮媚和庸俗。温馨也当然的是与光线相关的一种环境。黑暗中没有温馨，亮亮堂堂的地方也与温馨二字无缘。所以几乎可以断言，盲人难解温馨何境。而温馨所需要的那一种光，是半明半暗的，是亦遮亦显的，是总该有晕的。温馨并不直接呈现在光里，而呈现在光的晕里。故刻意追求温馨的人，就现代的人而言，对灯的形状、瓦数和灯罩，都是有极讲究的要求的。

这样看来，离不开空间大小、色彩种类、光线明暗的温馨，往往是务须加以营造的效果了。人在那样的环境里，男的还要流露多情，女的还要尽显妩媚，似乎才能圆满了温馨。若无真心那样，作秀既是难免的，也简直是必要的。否则呢，岂不枉对于那不大不小的空间，那沉醉眼球的色彩，那幽晕迷人的灯光，那使人神经为之松弛的气氛了吗?

是的是的，我承认以上种种都是温馨，承认人性对它的需要就像我们的肉体需要性和维生素一样。

但我觉得，定有另类的一种温馨，它不是设计与布置的结果，不是刻意营造出来的。它储存在寻常人们所过的寻常的日子里，偶一闪现，转瞬即逝，融解在寻常日子的交替中。它也许是老父亲某一时刻的目光，它也许曾浮现于老母亲变形了的嘴角，它也许是我们内心的一丝欣慰。甚至，可能与人们所追求的温馨恰恰相反，体现为某种忧郁、感伤和惆怅。

它虽融解在日子里，却并没有消亡，而是在光阴和岁月中渐渐沉淀，等待我们不经意间又想起了它。

II 记忆的怀旧片断

我最尊崇的人，
正是一个充满博爱之心的人。
我常不禁地想象，
这样的人，
乃是「隐于市」的大隐者，
或幻化了形貌的菩萨。

冰冷的理念

我是一个非常崇尚理念思维的人。依我想来，理念乃相对于激情的一种定力。当激情如烈马狂奔，如江河决堤，而理念起到及时又奏效的掣阻作用的时候，它显得那么的难能可贵，甚至显得那么的峻美。

我崇尚理念，恰因我属性情中人。性情中人，一般是较难本能地内敛自己对人对事的态度、立场、观点、好恶而又不露声色的。理念的定力是我身上所缺少的。这缺少每使我的言行不禁地冲动起来。一旦冲动，几乎无所顾虑，无所讳畏。四十岁以前的我，尤其如此。

我的档案说明了这一点——当年我是知青，从连队调到团部，档案中有一条是“思想不够成熟”。而“思想”在当年，不消说是指“政治思想”。是“机关”知青了，“思想”还是一直没能成熟起来。结果从团部被“发配”到木材加工厂，档案里又多了同样的一条。上大学前，连队对我做的鉴定仍有这一条。大学毕业的鉴定中有，但措辞是善意的“希望思想早日成熟”。从北影调至童影的鉴定中一如既往地有，措辞已经颇具勉励性——“希望思想更成熟些”。

故四十岁前的我，对“成熟”二字，几乎可以说是抱着一种对天敌般的厌憎。好比素食主义者从生理上反感荤腻大餐。至今我也不太清楚，在中国，究竟怎样的思想才算地道的“成熟”。而且，又依我想来，倘一个人，从20世纪60

年代至90年代并无时代空白地活过来，思想却一直善于与各个阶段的“主流”政治思想一拍即合，被肯定为“成熟”，分析他那思想“成熟”的过程，我们是不是会不难发现那“成熟”的丑陋呢？

但是这些都暂且不去说它了吧。

其实我是想向读者坦白——我这个崇尚理念思维、赞赏理念定力的人，后来竟对理念之光的瑰丽，更确切地说，是对“中国特色”的理念所产生的逻辑方式，心生出了不可救药的动摇和怀疑。动摇和怀疑是由一件具体之事引起的。那事引起的观点争论，纷纷扬扬于十年前，也可能是十五六年前。一名大学里的在校硕士生，为救一位落水的老人，自己反倒淹死了。当然，老人是获救了，或者我的记忆有误，老人竟也没有获救。总之，在我看来，这是一件高尚的、感人的事。那名大学生的行为，似乎怎么也不至于遭到舆论否定的吧？当年却不然。较热烈的讨论首先在几所大学里展开了。后来竟由讨论而辩论。

一种我不太能料想得到的观点是——一名硕士生，为救一位老人而冒生命危险，难道是值得的吗？那老人即使获救，究竟还能再活几年呢？他对社会还能有些什么贡献呢？他不已经是一个行将寿归正寝的自然消费人了吗？这样的一位老人的生命，与植物人的生命又有什么区别呢？其生命价值，又究竟在哪一点上高过一草一石呢？而一名硕士生，他的生命价值又是多么的宝贵！何况当年中国的硕士生并不像今天这么多！他也许由硕士而博士，而博士后，而教授，而专家学者，那么他对中国甚至对世界的贡献，不是简直没法预估吗？更何况他的生命还会演绎出多姿多彩的爱情哦！而那位老人的生命再延长一百年也显然是黯然无光的啊！

这分明是一种相当理念的观点。这一种相当理念的观点，当年在大学里代表了似乎绝对多数学子们的观点。你简直不能说这一种观点不对。但正是从那时起，我感觉到了“中国特色”的理念所产生的逻辑方式的冰冷……和傲慢。于是当年又有另一种观点介入讨论。这另一种观点是——如果那名硕士生所救非是一位老人，而是一个儿童，也许就比较的值得了吧？显然，这是一种很缺乏自信的，希望回避正面辩论，达到折中目的之观点。但这一种折中的观点，当年同样遭到了义正词严的驳斥：如果那儿童弱智呢？那儿童将来一定能考上大学吗？如果考不上，他不过是一个芸芸众生中的平庸之人。以一名硕士生的生命换一个平庸之人的生命，不是对其更宝贵的生命的白白浪费吗？即使那儿童将来考上大学了，考上的肯定会是一所名牌大学吗？肯定会接着考取到硕士学位吗？再假设，如果那儿童长大后堕落成罪犯呢？谁敢断言绝对没有这一种可能性？

当年这一讨论和辩论，曾在报刊上报道过，似乎还在电视中进行过，最后不了了之。但给我留下的印象却是——“不值得”派引起的共鸣似乎更普遍……

当年我便隐隐地感到，那讨论和辩论，显然与当年的中国人，尤其当年的大学生对人性的理念认识有关。翻一翻我们的祖先留下的五千余年的思想遗产，这一种讨论和辩论，即使在我们祖先中的哲人之间，似乎也是从来没涉及过的。甚至全世界的思想史中，也没有留下关于这一话题的讨论的残迹。

当然，我们谁都知道老父与稚子同时沉浮于波涛，或老母与爱妻同处生死倏忽之际，做儿子、做父亲、做丈夫的男人究竟先救哪一个的古老人性拷问。

还没有一个男人回答得最“正确”。

因为这种拷问在本质上是根本没有所谓“正确”答案的。它呈现的是人性每每陷入的两难之境，以及因此而感到的迷惘。这迷惘中包含着沮丧。

但由于这一人性拷问限定在与人最亲密的血缘关系和爱恋关系之间，故无论先救哪一个，似乎又都并不引发值得不值得的思索，仅只与人刹那之际的本能反应有关。在现实中，一般情况下，人总是先救离自己最近的亲人，不太会舍近救远。

而那名硕士生舍命所救的，却是与自己毫无血缘亲情，毫无爱恋关系的陌生人。依我想来，值得与不值得的讨论、辩论，盖基于此。倘他所救是他的老父，世人还会在他死后喋喋评说值得与不值得吗？倘他所救是他的幼弟，世人还会在他死后假设那被救的孩子长大了是否成为罪犯吗？那么，何以只因他所救的是陌生人，在他死后，值得与不值得的讨论，这样那样的假设就产生了呢？一针见血地说，显现了人类理念意识中虚伪而又丑陋的一面。即我不愿那么做的，便是不值得那么做的；别人做了，便是别人的愚不可及。死了，也是毫无意义的死。并且，只有将这一种观点推广为理直气壮的不容置疑的观点，我的不愿、不能，才进而成为不屑于。无论什么事，一旦被人不屑于地对待，那事似乎就是蠢事了，似乎就带有美名可图的色彩了。于是，倒似乎反映出了不屑于者的理念定力和清醒。

十五六年前那一场讨论和辩论，与今天关于“英雄流血亦流泪”的讨论是不一样的。后一种讨论并不贬低英雄的行为，批判性是针对使英雄流泪者们的。而前一种讨论和辩论，用理念的棉团包缠了的批判性的锋芒，却是变相地针对流血甚至舍生了的英雄们的。据我想来，今天“英雄流血亦流泪”的现象，只怕是与十五六年前那一场讨论和辩论不无关系的。

十五六年前，连我也不能对那名硕士生的死做出非常自信的评价。普遍的舆论倾向和人性观点，使对它心生怀疑的人有时也不禁三缄其口，保持暧昧的沉默。

直至一个多月前，我才对印在记忆中的，靠头脑封存了十五六年之久的话题豁然想明白了些。某日与友人——北影厂文学副厂长史东明相遇，他扯住我说：“晓声，有一部美国片你一定应该看看。”于是扯我至路边开始讲给我听……

他讲的就是美国影片《拯救大兵瑞恩》，据说剧本依据生活原型而创作，它深深感动了每一个观看过它的人……我想，中国是很难产生这样的影片的，起码目前很难。牺牲那么多士兵的生命只为救另一名士兵，这值得吗？问题一被如此理念地提出，事情本身和一切艺术创作的冲动，似乎顿时变得荒唐。

多么冷冰冰的理念质疑啊！我们可拿我们中国人目前这一种冷冰冰的理念原则究竟怎么办呢？它不但仍被奉行为多种艺术门类的创作前提，而且似乎渐渐成了我们中国人面对一切现实事物的原则。

日本人曾被视为“理念的动物”。依我想来，我们相当多的中国人，在这一点上正变得极像日本人。现实得每每令同胞们相互之间倍感周身发寒。十五六年间，产生了不少冷冰冰的“中国特色”的理念思维之标本，比如将“优胜劣汰”这一商业术语和竞赛原则推行到社会学科的思想领域中去。一件产品既劣，销毁便是，但视一个人为“劣”的标准由谁来定，由何而定呢？一个生存竞争能力相对较弱的人，则就该被视为一个“劣”的人吗？这种标准老板们定出来，他人自然无话可说，但是要变为国家意识是否可怕呢？接着的问题是，在一个十三亿人口的国家里，究竟能采取多么高明的方式“汰”掉为数不少的“劣”的同胞呢？“汰”到国界以外去？“汰”到地球以外去？幸而我们的国家并没有听取某些人士的谏言，我们的大多数同胞也没有接受此类教诲，所以我们才有国家行为的“再就业工程”、“扶贫工程”，才有民间行为的“希望工程”……

我敢说，在全世界，可能没有任何一个国家的人，主张对自己的同胞“优胜劣汰”过。恰恰相反，许多国家的头脑和目光，几乎都在思考同样的问题——怎么样才能使生存竞争能力相对较弱的一部分人，得到更多些的国家性的爱护和体恤。而不是以冷冰冰的理念思维去想——要是能把他们统统“汰”掉多好！或谁叫他们“劣”来着，因而遭“汰”一百个一千个活该！

让我们还回到人性的话题上来。当年的知青金训华为捞公社的一根电线杆而死，大不值得。当年的知青张勇，为救公社的一只羔羊而死，大不值得。甚至，“少年英雄”赖宁的“英勇”，依我想来，也是根本不应被一切少年们效仿的。但，人救人，关于这样的事，根本不存在值得与不值得的讨论和辩论的任何一点儿积极的意义。无论少年救老年，或反过来；无论男人救女人，或反过来；无论知识者救文盲，或反过来；无论军人救百姓，或反过来；无论士兵救长官，或反过来；甚至，无论警察救罪犯（只要后者非属罪大恶极理当枪毙），或反过来；无论受降的士兵救俘虏，或反过来……只要人救人，皆在应该得到人性正面评价的范围以内。若不幸自己丧生，更是令人肃然的。

人救人之人性体现，是根本排斥什么“值得与不值得”的讨论和辩论的。进行这种讨论和辩论的人，其思想意识肯定发生了疾病。这种疾病若不被指出是疾病，传染开来，肯定将导致全民族的冷血退化。一头象落入陷阱，许多象必围绕四周，不是看，而是个个竭尽全力，企图用鼻将同类拉出，直至牙断鼻伤而恋恋不忍散去。此兽性之本能。人性高于它，恰在于人将本能的行为靠文明的营养上升为意识的主动。倘某一理念是与此意识相反的，那么实际上也是与人性相悖的，不但冰冷，而且丑陋。人性永远拒绝这种理念的“合理”性。

愿中国人再也不讨论和辩论人救人“值得不值得”这一可耻的话题。人性之光，正是在此前提之下，才是全人类心灵中最美最神圣的光耀。其美和神圣在于，你根本不必思考，只要永远肃然地、虔诚地“迷信”它的美和神圣就是了。

愿当代中国人尊重全人类这一种高贵的“迷信”……

人生真相

我们大多数世人，或更具体地说——百分之九十甚至百分之九十五以上的世人，与金钱到底是一种什么样的关系呢？我的意思是在说，或者是在问，或者仅仅是在想，那种关系果真像我们人类的文化和对自身的认识经验所记录的那样，竟是贪而无足的吗？

我感觉到这样的一种情况——即在我们人类的文化和对自身认识的经验中，教诲我们人类应对金钱持怎样的态度和理念，是由来久矣并且多而又多的。但分析和研究我们与金钱之关系的真相的思想成果，却很少很少。似乎我们人类与金钱的关系，仅仅是由我们应对金钱持怎样的态度来决定的。似乎只要我们接受了某种对金钱的正确的理念，金钱对我们就是无足轻重的东西了，对我们就会完全丧失吸引力了。

在我们人类与金钱的关系中，某种假设正确的理念，真的能起特别重要的作用吗？果而那样，思想岂不简直万能了吗？

在全世界，在人类的古代，金即是钱，即是通用币，即是永恒的财富。百锭之金往往意味着佳食锦衣，唤奴使婢的生活。所有富人的日子一旦受到威胁，首先将金物及价值接近着金的珠宝埋藏起来。所以直到现在，虽然普遍之人的日常生活早已不受金的影响，在谈论钱的时候，却仍习惯于二字合并。

在今天，在中国，“文化”已是一个泡沫化了的词，已是一个被泛淡得失去了“本身义”并被无限“引申义”了的词。不是一切有历史的事物都能顺理成章地构成一种文化，事物仅仅有历史只不过是历史悠久的事物，纵然在那悠久的历史中事物一再地演变，其演变的过程也不足以自然而然地构成一种文化。

只有我们人类对某一事物积累了一定量的思想认识，并且传承以文字的记载，并且在大文化系统之中占据特殊的意义，某一事物才算是一种文化“化”了的事物。

这是我的个人观点。而即使此观点特别的容易引起争议，我们若以此观点来谈论金钱，并且首先从“金钱文化”说起，大约是不会错到哪里去的。

外国和中国的一切古典思想家们，有一位算一位，哪一位不曾谈论过人与金钱的关系呢？可以这么认为，自从金钱开始介入我们人类的生存形态那一天起，人类的头脑便开始产生着对于金钱的思想或曰意识形态了。它们一而再、再而三地呈现在童话、神话、民间文学、士人文学、戏剧以及后来的影视作品和大众传媒里。它们的全部的教诲，一言以蔽之，用教义最浅白的“济公活佛圣训”中的一句话来概括——“死后一文带不去，一旦无常万事休”。

数千年以来，“金钱文化”对人类的这种教诲的初衷几乎不曾改变过，可谓谆谆复谆谆，用心良苦。只有在现当代的经济学理论成果中，才偶尔涉及我们人类与金钱之关系的真相，却也每几笔带过，点到为止。

那真相我以为便是——其实我们人类之大多数对金钱所持的态度，非但不像“金钱文化”从来渲染的那么一味贪婪，细分析，简直还相当理性、相当朴素、相当有度。

奴隶追求的是自由。

诗人追求的是传世。

科学家追求的是成果。

文艺家追求的是经典。

史学家追求的是真实。

思想家追求的是影响。

政治家追求的是稳定。

……

而小百姓追求的只不过是丰衣足食、无病无灾、无忧无虑的小康生活罢了。倘是工人，无非希望企业兴旺，从而确保自己们的收入养家度日不成问题。倘是农民，无非希望风调雨顺，亩产高一点儿，售出容易点儿。倘是小商小贩，无非希望有个长久的摊位，税种合理，不积货，薄利多销……

如此看来，大多数世人虽然每天都生活在这个由金钱所推转着的世界上，每一个日子都离不开金钱这一种东西。甚而，我们的双手每天都至少点数过一次金钱，我们的心里每天都至少盘算过一次金钱，但并不因而都梦想着有朝一日成为富豪或资本家，银行账户上存着千万亿万，于是大过奢侈的生活，于是认为奢侈高贵便是幸福……

真的，细分析，我确确实实地觉得，人类之大多数对金钱所持的态度，从过去到现在甚至包括将来，其实一向是很健康的。

一直不健康的或温和一点儿说不怎么健康的，恰恰是“金钱文化”本身。这一种文化几乎每天干扰我们对这个世界的正常视听要求和愿望，似乎企图使我们彻底地变成仅此一种文化的受众，从而使其本身变成摇钱树。这一种文化的一个显著的特征是，当其在表现人的时候几乎永远的只有一个角度，无非人和金钱的关系，再加点性和权谋。它的模式是，“那公司那经理那女人，和那一大笔钱”。

我们大多数世人每天受着这一种文化的污染，而我们对金钱的态度却仍相当理性，相当朴素，相当有度。我简直不能不赞叹，大多数世人活得真是难能可贵！

再细加分析，具体的一个人，无论男女，无论有一个穷爸爸还是富爸爸，其一生皆大致可分为如下阶段：

童年——以亲情满足为最大满足的阶段；

少年——以自尊满足为最大满足的阶段；

青年——以爱情满足为最大满足的阶段；

中年前期——以事业满足为最大满足的阶段；

中年后期——以金钱满足为最大也许还是最后满足的阶段；

老年前期——以自尊满足为最大满足的阶段；

老年后期——以亲情满足为最大满足的阶段。

……

大多数人大抵如此，少数人不在其例。

人，尤其男人，在中年后期，往往会与金钱发生撕扯不开的纠缠关系。这乃因为他在爱情和事业两方面，可能有一方面忽然感到是失败的，甚或两方面都感到是失败的，沮丧的。也许那是一个事实，也许仅仅是他自己误入了什么迷津。还因为中年后期的男人，是家庭责任压力最大的人生阶段，缓解那压力仅靠个人作为已觉力不从心，于是意识里生出对金钱的幻想。我们都知道的，金钱除了不能解决生死问题，除了不能一向成功地收买法律，几乎可以解决至少可以淡化人所面临的许许多多困扰。但普遍而言，中年后期的男人已具有与其年龄相一致的理性了。他们对金钱的幻想仅仅是幻想罢了。并且，这幻想折叠在内心里，往往是不说道的。某些男人在中年后期又有事业的新篇章和爱情的新情节，则他们便也不会把金钱看得过重。

在经济发达的国家，人们的追求，包括对人生享受的追求，往往呈现着与金钱没有直接关系的现象。“金钱文化”在那些国家里也许照旧地花样翻新，但对人们的意识已经不足以构成深刻的重要的影响。我们留心一下便不难得出这样的结论——那些国家的文化的文艺的和传媒的主流内容，往往是关于爱、生、死、家庭伦理和人类道德趋向，以及人类大命运的。或者，纯粹是娱乐的。

因为在那些国家里，中产阶级生活已经是不难实现的。

而中产阶级，乃是一个与金钱的关系最自然、最得体、最有分寸的阶级。

在经济落后的国家，人们反而普遍没有对金钱那么强烈而痛苦的幻想。因为那接近着梦想。他们对金钱的愿望是由自己限制得很低很低的，于是金钱反而最容易成为带给他们满足的东西。

在发展中国家，特别在由经济落后国家向经济振兴国家迅速过渡的国家，其文化随之嬗变的一个显著事实是，“金钱文化”的迅速繁衍和对大文化系统的蚕食，以及对人们日常生活方方面面的几乎无孔不入的侵略式影响。人面对之，要么采取个人式的抵御姿态，要么接受它的冲击它的洗脑，最终变得有点儿像金钱崇拜者了。在这样的国家这样的时代，经常充斥于文化、文艺和媒体的主要的内容，往往是关于金钱这一种东西。在这样的国家这样的时代，文化和文艺几乎已经丧失掉了向人们讲述一个纯粹的、与金钱不发生瓜葛的爱情故事的能力。因为这样的爱情故事已不合人们的胃口，或曰已不合时宜，被认为浅薄了。于是通俗歌曲异军突起，将文化和文艺丧失了的元素吸收去变成自身存在的养分。通俗歌曲的受众是青少年。是以对爱情的向往为向往，以对爱情的满足为满足的群体。他们沉湎于通俗歌曲为之编织的爱情帷幔中，就其潜意识而言，往往意味着不愿长大，逃避长大——因为长大后，将不得不面对金钱的左右和困扰。

在这样的国家这样的时代，贫富迅速分化，差距迅速悬殊，人对金钱的基本需求和底线一番番被刷新。相对于有些人，那底线不断地不明智地一次次攀升。相对于另一些人，那底线不断地不得已地一次次跌降。前者往往可能由于不能居住于富人区而混乱了人与金钱的关系，后者则往往可能由于连生存都无法为计而产生了人对金钱的偏狂理解。

不是人的错，更不是时代的错，也当然不是金钱的错，而只不过是在特殊的历史阶段，人和金钱贴紧于同一段社会通道之中了。当同时钻出以后，人和金钱两种本质上不同的东西（姑且也将人叫作东西吧），又会分开来，保持必要的距离，仅在最日常的情况之下发生最日常的“亲密接触”。

那时，大多数人就可以这样诚实又平淡地说了：金钱吗？它不是唯一使我万分激动的东西，也不是唯一使我惴惴不安的东西，更不是我人生中唯一重要的东西。我必须有足够花用的金钱，而我的情况正是这样。

归根结底，爱国主义正是由这一种人对金钱相当理性，相当朴素，相当有度，因而相当良好的感觉来决定的。

哪一个国家使它的人民与金钱的关系如此这般着了，它的人民便几乎无须被教导，自然而然地爱着他们的国了……

良　心

所谓良心，无非便指良好的心地。

与“心”结构而成的词颇多，然我尤对“心地”二字一向肃然。

“心地”是特别中国化的词，较有文学意味。在民间，每说“心肠”。民间评论某人心地善良，道是“心肠软”。反之，曰“心肠歹毒”。

善与不善，归咎于心，我们早已习惯这一古老逻辑，但与肠扯到一起，细思忖之，似乎总觉勉强。

然民间话语，其恰当必有独到之处，一个“软”字，极贴切。“心一软”，无非指人性之恻隐耳。

地生百千万物，“心地”一词，表意宏大。善、美之物，由地生之。丑、恶之物，亦由地匿。大地的一种现象是，凡那美、善之物，往往存在于光天化日之下。即使活动隐蔽，也断不至出没于阴暗、潮湿、腐败、肮脏之隅。几乎只有丑恶之物才那样，如蛇、鼠、蚊、蟑螂、蛆、毒蘑及一切对生命有害的菌……

“心地”诚如大地，美善的与丑恶的两类心态并存。故古今中外之文化、宗教，发挥一切积极的影响作用，为使人类总体上是有良心的。人类有无良心，决定每一个活得像人还是像兽。有无良心的前提是有无良知。良知其实便是一些人作为人应该秉持的良好的道理、道德。于是，有良知者有良心，有良心者，“心地”充满阳光，美好似花园。这样的一个人，即使平凡，也是可敬的。即使贫穷，也有愉快。文化和宗教对人“心地”的积极影响，体现着人类对自身的关爱，也可以说是救赎。宗教之原罪思想并不是将原罪强加于人的思想，而是提醒人“心地”是需要清扫的。正如病理学家告诉我们，人体内天生潜伏着各种癌细胞，但只要我们保持良好的生活方式，癌症的发作是可以被避免的。

中国的情况有些不同。中国古代的思想家们，无论这一派或那一派，也都是关注良心问题的，甚至，将良心问题上升得很高，曰“天良”。对于恶人的最概括的指斥，便是“丧尽天良”。良知在古代，又被归纳为我们都知道的仁、义、礼、智、信。而这五个字，其实便是“厚德载物”之“德”的基本内容。

然而到了近代，一辈辈的中国人看分明了——天下只不过是皇家的天下，“德”在统治阶级那里，只不过成了“礼”的代词。而“礼”，又只不过是他们延续统治的一种术。他们对百姓，不讲仁、不讲义，也不讲信，而只讲“智”，企图以他们的“智”永远地愚民。于是良知被疑，本应成为社会共识的良心，反之变成某些不甘良心泯灭的人士的自我要求。当一个社会这样了，讲良心的声音似乎便是不合时宜的声音了，讲良心的人就孤独了。

“五四”运动，无非要达成两件事——一曰改革国体，二曰开启民智。前者为使国家成为公民的国家，后者为使社会重构起新一种“德”取向。然条件不成熟，志士流血，文人失望，事倍功半。

军阀割据，狼烟四起，“城头变幻大王旗”。哀鸿遍野不是宣讲良心的时候，生存是第一位的。

至“九一八”，日寇猖獗，国将不国，抗战遂成国人第一良心。勇者御敌，才不至于全中国人都沦为亡国奴。其他良心，不得不往后摆摆。故当时宣传抗日的学生，振臂高呼之语中每有这么一句——“有良心有血性的中国人，我们要……”

到了1949年以后，似乎终于可以讲讲良心问题。发展到后来也不能，为了巩固和维护阶级的专政，于是批判文化中的人性论，将人道主义贴上资产阶级的标签。连人性也不许讲了，连人道主义也视为有害无益的主义了，那么“良知”、“良心”这一类词，便只有从中国人的词典中被剔除了……

“文革”是怎样的一个时代，无须赘述。

20 世纪 80 年代，文化和文学，显然也又要重构社会的良知价值取向。然知识者们伤痕犹疼，心有余悸，战战兢兢，并未完成那一初衷。

90 年代中国迈入了商业的时代，于是大讲“优胜劣汰”，信奉起金钱万能、胜者通吃来。我认为，将商场规律泛化向全社会，实际上是“泛达尔文主义”至上，这才是有百害而无一益的。

我在此讲两件有良知的事吧。

许多人都知道的，费孝通先生是潘光旦先生的学生，费先生一向极为尊敬潘先生。“文革”期间，潘先生一家被逐出原址，居一小屋，摆不下床，全家铺席睡在水泥地上。潘先生由而关节病愈重，何况他自幼还残疾了一腿。那时费先生也早已成为“右派”，与潘先生为邻。他心疼他的老师，亲手为老师织毛袜子。某夜潘先生腹痛难忍，费先生家中又没有任何药，只得将老师拥抱怀中。而潘先生，就在学生的怀中咽了最后一口气……

费孝通先生，即使在疯狂的暴力盛行的年代，内心良知之烛不灭也。

傅雷先生夫妇不堪凌辱，双双吸煤气死后，无人认领的骨灰，三日后将被处理，也就是当垃圾扔掉。有位上海的江姓女士，是一位普普通通的市民，然读过傅先生的书，心存敬意。是以前往火葬场，极力争取，要得傅雷夫妇的骨灰，冒险予以保藏。她因为同情傅雷夫妇的言论，自己也被打成了“现行反革命”。“文革”结束，傅雷二子自国外归，从江女士处得父母骨灰，极欲给予物质报答。江女士坚拒之，最后仅答应接受一张傅聪专场音乐会的门票。甫一结束，悄然而去，从此遁出傅氏兄弟的视域。

良知几重？它像灵魂一样，无秤可称……

然而，若人世间全无了良知，那样的人世，又究竟有什么值得留恋的呢？

生死关头的人们

多年前，我写过一篇关于“泰坦尼克”号的文章。当时中国“贵族”、“贵妇”、“绅士”等字句的使用率渐高起来。首先出现于店铺招牌，接着出现于电视广告。忽一日，抢占摊位似的，挤满了报报刊刊。

“贵族风度”、“贵族气质”、“贵族性情”、“贵族精神”似乎成了某些中国人，主要是先富起来的中国人忙不迭的追求。仿佛他们认定自己已然是了，却仍感到还缺点儿什么，又不太清楚缺的是什么。仿佛“贵族”便是“高贵一族”的意思。仿佛“高贵一族”便是“有钱族”的意思。仿佛只要有了钱，便有了高贵的风度、高贵的气质、高贵的性情、高贵的精神。当年中国的时代精神，其实一点儿也没因一些人成了阔人便有了好榜样。

当年我整理旧书刊，发现自己收藏着一份《连环画报》，其中便有“泰坦尼克”号沉没的配画简介。彩页上的一位英国姑娘，是一千五百多名遇难者中的一个。

她是女人。她有权上到救生艇，但她为了救生艇能再挤下两个孩子，放弃了生的机会。

她的名字叫伊文思。

当年我有感于什么是所谓“贵族精神”而写了一篇文章。

后来我开始留心剪贴一切读到的海难纪实报道。收集到了另外一些关于“泰坦尼克”号的资料——那名叫伊文思的英国姑娘竟是一位真正的贵族小姐，时年二十三岁，未婚。她的职业是一所教会学校受学生们爱戴的教师。

值得一提的还有三人：

一名叫纳瓦特利尔的法国男人。他和两个年龄尚幼的儿子同登“泰坦尼克”。巨轮开始沉没时，人们允许他登上救生艇照顾两个儿子。但他望望身后的妇女和儿童们，也放弃了生的机会。他帮助几名妇女和儿童登上救生艇后，微笑着挥手与儿子告别，用从容的话语鼓励儿子们要勇敢地面对命运的挑战。读来令人肃然。

一名是船长史密斯。他尽自己所能部署了救生措施，他是面对死亡时刻的权威，大多数男人以他为榜样，镇定地迎接死亡。当救生艇驶离，史密斯船长将船旗卷起，揣入怀内，坚定不移地站在瞭望台上，与“泰坦尼克”号一起沉没……

一名是制造“泰坦尼克”号的银星轮船公司总经理布鲁斯·伊斯梅。他贪生怕死。当水手们放下最后一只救生艇，他抢先跳了上去，赖在艇上。他在难以洗刷的羞耻中度过余生……

也有几名男人装扮成妇女混上了救生艇。

更值得一提的是那些乐队的队员。救生过程中，他们一直没有停止演奏。演奏的是《伦敦德里的空气》和赞美诗《秋天》。乐曲使男人们都显得同样高贵，使妇女和儿童们也显得异乎寻常的高贵。救生过程秩序井然，根本不需要有谁挺身维持。

还应该提到的是一艘锈迹斑斑的旧船——“卡帕西亚”号。它最先驶达海难现场，在接收到“SOS”的呼救信号后，毫不迟疑，掉转船头以每小时二十四海里的速度前进。在还是一条新船的年月里，它也没有以那么快的速度航行过。旧船在高速航行中颤抖，仿佛自己也随时会解体。即使在驶入冰山密布的海域后，船长罗斯特伦也不下减速令。仿佛他心中只有一个营救信念——不成功，便成仁。“卡帕西亚”号上的每一个人仿佛都有这一信念，没有一句怨言。它在高速航行中左避右闪，绕过一座座冰山，如同一名精疲力竭的长跑运动员做最后的冲刺……

正是这艘勇敢的锈迹斑斑的小轮船，营救了七百余名幸存者。除了几名划艇的水手（他们是受史密斯船长和二副莱托勒之命登艇的）以及几名装扮成女人的男人，其余皆是妇女儿童。

“卡帕西亚”号置自己安危于不顾的营救行动名垂航海青史。

留在“泰坦尼克”号上遇难的一千五百多人，皆是精神高贵的英雄，皆是人类中高贵一族。其中绝大多数是男人。少数勇敢的视死如归的女性，是自愿将生的机会让给别人的……

只有这样的海难才值得人类耗资二亿五千万美元在今天重新展现啊！

一百六十个电脑特技镜头恐怕只能重现灾难，征服好莱坞诸奖项评委以及世人的，恐怕也不仅仅是大导演大明星大制作。

“泰坦尼克”号海难书写了人类精神千古流芳的高贵，演绎了人类精神的“主旋律”。它重铸了“贵族”二字。

五年后，加拿大的“蒙特布兰克”号与“伊摩”号在狭窄的航道上相撞。海难中许多事迹亦颇感人。“蒙特布兰克”号上载着五千吨炸药。船长列摩德眼见大火已无法扑灭，只得下令全体船员离船，而他，独自驾船缓缓驶离港口。十七分钟后，轮船爆炸。人口密集的里士满郊区被夷为一片平地。海港里每艘船上顿时有三分之一的人丧生。

大爆炸引起了火灾。加拿大新斯科舍省人民表现出了种种英勇行为和崇高精神。一名铁路报务员宁肯被烧死在自己的工作室，也不愿让一列开来的列车得不到警告。一名码头工人从瓦砾堆下扒出几十名受伤者。当别人告诉他，他的一只眼睛挂在脸上时，他仍拒绝去医院，从脸上拽下悬垂的眼睛，一转身又投入抢救。一名出租汽车司机往返数次将几十名受伤者送入医院，却顾不上请医生包扎自己已经断了并从胸侧刺出的肋骨。一千六百多具尸体埋在残垣断壁之下，八千多人受伤。当数千受伤的人从郊区避到哈利法克斯市区时，全市所有的饭店都敞开大门，为幸存者和营救人员无偿提供场地和食品。药品商们将所有的药品都贡献了出来。许多雇主命他们的雇员放下工作去救助灾民，而且发双份工资。

哈利法克斯遂成了加拿大当年的“同志之城”。

然而，可耻的行为在任何时候、任何情况下、任何地方都有。一个杂货店老板以十倍的高价将一块面包卖给一个饥肠辘辘的儿童。一些房主将房价提高到惊人的程度，并强迫房客预付，否则就把他们赶到大雪覆盖的马路上去……

四年后，亦即1921年，一艘中国轮船“洪哥”号，在驶进汕头港口的海域触礁。船载一千一百余名厦门人和汕头人。所有的人都冲向救生艇和木筏。男人们挥舞着砍刀和斧头，开始为了争夺生路而互相残杀，数百人当场被同胞杀死，甲板上血流成河。外籍船长和船员连续对空开枪，却仍无法制止争夺。那些放下水的救生艇，立刻被手持砍刀和短斧的男人们占领。他们用刀斧砍断企图登艇的人们的手臂，无论是男人还是女人……

霍尔姆斯船长与船一起沉没。

全船十之七八的人被淹死，或丧生于刀斧……

我们中国人面对世界可以骄傲宣布的是，自从1949年中华人民共和国成立以来，在我们的国土上，发生过多次重大灾难，广大中国人民在灾难面前所表现出的英勇、无私和高尚的精神，亦如“泰坦尼克”号精神一样可歌可泣，感人事迹举不胜举。

七十多年前的悲剧，再也没有在中国重演过。

但愿今后也永远不会重演。

“泰坦尼克”号精神，是人类高贵精神的碑。

“唐山”精神以及中国人在种种灾难面前所表现的可贵精神，是中国人精神上的碑。

全人类真正的“贵族精神”万岁！

儿子·母亲·公仆和水

在福建省东山县，曾听人讲到这样一件事——当年，谷文昌们初登岛时，岛上生存条件非常恶劣，沙患严重，草木不生。而且，极其缺水。一遭旱灾，十井九枯。水之宝贵，如同西部水源稀少之地。

那一种情况下，即使某井未干，井水也浅得可怜。可怜到什么程度呢？以分米厘米言之，非夸张也。

这么浅的水，又如何汲得上来呢？

办法自然是有的。

便是——用一条长长的绳索，将小孩子坠下井去。孩子须在井上脱了鞋，以免鞋将浅浅的水层踩脏了。孩子被坠下时，还须怀抱一个瓷罐，内放小饭勺一只。孩子的小脚丫一着井底，便蹲下身去，用小勺一勺一勺地往罐里装水。对于孩子，那意味着是一项重要的工作，也可以说是一项重要的任务。仿佛汤锅里注油，要以很大的耐心和很大的使命感来完成，急不得的。急也没用。罐里的水满了，便被吊上去。由守在井口的大人，倒在盆里或桶里。每每的，吊上几罐水去以后，井水被淘干了，孩子就得耐心地等着水再慢慢浮现一层。孩子只能蹲着等，或站着等。那时，守在井口的大人，也只能更加耐心地等。如此这般，吊上去的水差不多够一家人做饭和喝的了，总需一个来小时的时间，或更长的时间。而孩子那一双赤着的小脚丫，是没法儿不始终踩在冰凉的井底的。水干了，踩着的是冰凉的井泥。水又慢慢渗出一层来了，那么小脚丫便在冰凉的井水里浸泡着。而有时，井口等水的大人们会排起长队来，那么就需有几个孩子也排在井边，轮番被坠下井去。从井里被用绳索扯上来的那个孩子，他解开绳子，一转身就会朝有沙子的地方跑去。朝阳地方的沙子毕竟是温暖的，孩子一跑到那儿，就一屁股坐下去，将两只蹲麻了而且被冰凉的井水渗红了的小脚丫快速地埋入温暖的沙中……

有一户人家的房屋，盖在离别人家的房屋挺远的地方。这一户人家的屋后有一口井。某年大旱，那口井很侥幸地将干未干。孩子的父亲到外地打工去了，只有母亲和孩子留守家中。那母亲，别无他法，不得不天天将自己六岁的儿子坠下井去弄水。一日傍晚，孩子在井下灌水，母亲却由于又饥又渴，还病着，发着烧，竟一头栽倒井旁，昏了过去。孩子在井下上不来，只有喊，只有哭。喊也罢，哭也罢，却没人听到。天渐渐地就黑了，孩子既不喊也不哭了，因为他的嗓子已喊哑了，因为他的眼里已哭不出泪来了。后半夜，母亲被冷风吹醒了，这才急忙将孩子拽上来——孩子浑身栗抖不止，连话都说不出来了。然而，却紧紧地搂抱着罐子。罐子里，盛着满满的水……

后来那孩子的双腿，永远也站不直了。

当年东山县的县委书记也听说了这一件事。

谷文昌于是对县长发了一个毒誓："如果我们县委不能率领东山百姓治除沙患，不能让东山的老百姓不再为一个水字发愁，那么就让我哪一天被沙丘活埋了吧！"

当然，他并没有被沙丘活埋。

因为在他任县委书记的十四年间，任劳任怨，百折不挠，制服了东山县的沙患，也为东山县的百姓彻底解决了用水难题……

我听罢，始而震动，继而感动。

何谓公仆?

公仆者，爱百姓如爱父母者也。

倘有此情怀，皆大公仆也。然这等“情怀”，不会是天生的啊！前提是对百姓的疾苦，耳能听到，眼能看到。听到了，看到了，还要心疼。谷文昌是一位农民出身的县委书记，在河南任区委书记时，便天天与百姓们发生着亲密的接触，将为人民服务视作己任。恤民之情，在他是一件自然而然之事，本无须别人教导。故他到了东山当了县委书记以后，凡十四年间，公仆本色，一日也不曾改变过。这是与现在的某些官员很不同的。现在的某些官员，往往一天也没有与百姓的生活打成一片过，仅靠走通了“上层路线”，平步青云地就成了“公仆”了。“公仆”倒是越做越大，离百姓们却是越来越远。最后远到老百姓想见他们一面简直比登天还难。这样的些个“公仆”，有耳，那耳也只剩下了一个功能——专听上峰旨意和官场动向。有眼，那眼也不再能看得到别的，仅见上峰的脸色如何和官场的晋升诀窍而已。对于百姓之疾苦，自己有眼视而不见，自己有耳听而不闻，彻底麻木，心冷如石、如铁，连点儿一般人的恻隐最终都丧失了。别人的耳听到了，别人的眼看到了，告知他们，他们往往陡然变色，心特烦……

在某大学，当我将孩子、母亲、公仆和水的一段往事讲给学子们听后，台下有一名女生忽然哭了。人皆讶然。我问她为什么哭，答：“和半个多世纪前东山县那个男孩类似的经历，我也有过。只不过我被母亲用绳索坠下的不是深井，是我们西部人家的水窖。我们那儿根本打不出井水来，家家户户的水窖里蓄的是冬季的雪水和夏季的雨水。只不过我比那个男孩幸运，因为我的经历是绳索断了，我重重地摔在水窖里，磕掉了两颗门牙……”

人皆由讶然而肃然。高坐台上的我，怔愣许久，不知究竟该说几句什么话好。

数月后，在一次关于中国农民生活现状的研讨会上，我听一位专家介绍——目前仍有百分之四十六的农村没有自来水，其中半数左右的农村饮用水，含有对人体有害甚至有严重危害的物质，而由于农村的生产方式早已由集体化转变为个体化，国家对农业机械化的直接扶植，其实已由从前的百分之零点四减少为百分之零点三五……

我又一次受到震动。要让农民也喝上放心的水，也不再为喝水发愁，中国该需要多少谷文昌？抑或，需要支出多少钱？没有那么多谷文昌，有那么多钱也好啊！然而细细想来，在谷文昌们和钱之间，中国是都有些缺少的吧……

地质局长和一顶帐篷

十五六年前，我曾改写过一部上下两集的电视剧本《荒原》，内容反映两名年轻的地质工作者艰苦的野外工作——它由中央电视台影视部直接组稿，形成初稿以后，请我再给“影视化”一下。导演叫黄群学，我的一位后来在广告拍摄业很有成就的朋友。而女主角，则是当年因主演了电视连续剧《外来妹》而深受电视观众喜爱的陈小艺。

《荒原》是在甘肃省境内拍摄的。

剧名既然叫《荒原》，所选当然是很荒凉的外景地。它的拍摄，受到了从地质部到甘肃省地质局的热情支持。

地质局局长专程从某驻扎野外的地质队赶回兰州接见了摄制组的主创人员，亲切地对他们说——你们就把地质局当成自己的家吧！遇到什么困难，只管开口。地质局能直接帮助你们解决的，我们义不容辞，不能直接帮助你们解决的，我们一定替你们尽力协调，争取顺利和方便。

这一位地质局的局长，给摄制组的主创人员留下了很深的印象。

导演黄群学在长途电话里向我大谈他们的好印象，而我忍不住问：“简短点儿，概括一下，那局长究竟是一个怎样的人？”

导演说：“真诚，一个真诚的人！特别注意细节的人。”

我在电话这一端笑了，说你的话像剧本台词啊！一个人真诚不真诚，不能仅凭初步印象得出结论。一个人是否特别注意细节，也要由具体的例子来证明。

导演在电话那一端说，他们将需要向地质局租借的东西列了一份清单。那位局长当着他们的面让秘书立刻找出来，亲自过目。清单上所列的东西中，包括一台发报机、一套野外饮具、几身地质工作服、一盏马灯、地质劳动工具和一顶帐篷等。

局长边看边说："这些东西，都是我们地质局有的，完全可以无偿提供给同志们。省下点儿钱用在保证艺术质量方面，不是更好吗？为什么只列了一盏马灯呢？玻璃罩子的东西，一不小心就容易碰坏。一旦坏了，那不就得派人驱车赶回兰州再取一盏吗？耽误时间，分散精力，浪费汽油，还会影响你们的拍摄情绪，是不是呢，同志们？有备无患，我们为你们提供两盏马灯吧。再为你们无偿提供柴油。你们只不过是拍电影，不是真正的野外驻扎，无须多少柴油燃料，对吧？至于发报机，就不必借用一台真正能用的了吧？我们为你们提供一台报废的行不行？反正你们也不是真的用来发报，是吧同志们？能用的万一搞得不能用了，不是就造成不必要的损失了吗？现在已经是十一月份了，西部地区的野外很寒冷了。你们还要在野外的夜间拍摄，一顶单帐篷不行。帐篷也可以无偿借给你们，但应该改为一顶棉帐篷。你们在野外拍摄时冷了，可以在棉帐篷里暖和暖和嘛……"

于是那位地质局的局长，亲自动笔，将他认为应该无偿提供的东西，都一概批为无偿提供了。

一位在场的处长低声对局长说：后勤仓库里只剩一顶帐篷了，而且是崭新的，还没用过——那样子，分明是有点儿舍不得。

局长沉吟片刻，以决定的口吻说："崭新的帐篷那也要有人来开始用它，就让摄制组的同志们成为开始用它的人们吧！"

听了导演在电话那一端告诉的情况，我对甘肃省地质局的局长，也顿时心生出一片感激了。

之后，在整个野外拍摄过程中，那一顶由地质局长特批的崭新的棉帐篷，在西部地区的野外，确确实实起到了为摄制组遮挡寒冷保障温暖的作用。

但也正是因为那一顶崭新的棉帐篷，导演黄群学受到了甘肃省地质局局长的批评。而我，是间接受教育的人。

剧中有一段很重要的情节，就是帐篷失火了，在夜里被烧成了一堆灰烬。制片人员的拍摄计划表考虑得很合理，安排那一场戏在最后一天夜里拍摄。拍毕，全组当夜返回兰州。

拍摄顺利，导演兴奋，全组愉快。

导演忍不住给局长拨通了电话，预报讯息。

不料局长一听就急了，在电话里断然地说："那一顶帐篷绝对不允许烧掉！我想一定还有另外的办法可以避免一顶只不过才用了半个多月的帐篷被一把火烧掉。"

导演说那是根本没有别的办法可想的事。因为帐篷失火那一场戏，如果不拍，全剧在情节上就没法成立了。导演还说："我们已经预留了一笔资金，足够补偿地质局一顶棉帐篷的损失。"局长却说："不是钱不钱的问题，是另外的办法究竟想过没想过的问题。"最后，局长紧急约见导演。

导演赶回兰州前，又与在北京的我通了一次电话，发愁地说："如果就是不允许烧帐篷，那可怎么办，那可怎么办？"我说："我也没办法啊！那么现在你对他这个人有何感想了呀？"导演说："难以理解。说不定我此一去，就会因一顶帐篷和他闹僵了。反正帐篷是必须烧的，这一点我是没法不坚持到底的。"

然而导演并没有和局长闹僵，他反而又一次被局长感动了。局长对导演的态度依然真诚又亲切。在局长简陋的办公室里，局长说出了这样一番话："我相信你们已经预留了一笔资金，足够补偿地质局的一顶新帐篷被一把火烧掉的损失。此前我没看过剧本，替剧组预先考虑的不周到，使你们的拍摄遇到难题了，我向你们道歉。但是和你通话以后，我将剧本读了一遍。烧帐篷的情节不是发生在夜晚吗？既然是在夜晚，那么烧掉的究竟是一顶什么样的帐篷，其实从电视里是看不出来的，为什么不可以用一顶旧帐篷代替一顶新帐篷呢？"

导演嘟哝："看不出来是看不出来，用一顶旧帐篷代替一顶新帐篷当然可以。但，临时上哪儿去找到一顶烧了也不至于令您心疼的旧帐篷呢？找到它需要多少天呢？我们剧组不能在野外干等着啊！……"

局长说："放下你们的剧本，我就开始亲自打电话联系。现在，一顶一把火烧了也不至于让人心疼的帐篷已经找到了，就在离你们的外景地不远的一支地质队的仓库里。我嘱咐他们将破了的地方尽快修补好，及时给你们摄制组送过去，保证不会耽误你们拍摄今天夜里的戏……”

这是导演没有料到的，他怔怔地望着地质局局长，一时不知说什么好。局长又说出一番话：我们地质工作者的职业性质决定了我们不是物质产品的直接生产者。我们在野外工作时，所用一切东西，无一不是别人生产出来的。他们保障了我们从事野外工作的必备条件，直接改善了我们所经常面临的艰苦环境，这就使我们对于一切物质产品养成了特别珍惜的习惯。你们也可以想象，在野外，有时一根火柴、一节电池、一双鞋垫都是宝贵的，何况我们是身在西部的地质工作者。西部的老百姓，太穷，太苦了啊！你们若烧掉一顶好端端的帐篷，跟直接烧钱有什么两样呢？那笔钱，等于是一户贫穷的西部人家一年的生活费还绰绰有余。这一笔钱由你们节省下来了，不是可以在别一方面的社会经济活动中，起到更有意义和价值的作用吗？我们中国目前还是一个经济欠发达的国家，我们中国人应该长期树立这样的一种意识——物质之物一旦成了生产品，那就一定要物尽其用，不要轻易一把火把它烧掉了。而我们中国人做事情，尤其是做文化之事的时候，能省一笔钱那就一定要省一笔钱。中国的文化之事，理应启示我们中国人——对于中国，物质的浪费现象那无疑是罪过的……

当导演后来在电话里将地质局局长的话复述给我听时，远在北京的我，握着话筒，心生种种感慨。

感慨之一就是——中国委实需要一大批像那位地质局局长一样的人民公仆。

论崇高

一个时期以来，“崇高”二字，在中国成了讳莫如深之词，甚至成了羞于言说之句。我们的同胞在许多公开场合眉飞色舞于性，或他人隐私，倘谁口中不合时宜地道出“崇高”二字，那么结果肯定地大遭白眼。

而我是非常敬仰崇高的，我是非常感动于崇高之事的。

我更愿将崇高与人性连在一起思考。我认为崇高是人性内容很重要也很主要的组成部分。我确信崇高也是人性本能之一方面，确信它首先非是任何一类道德说教的成果——既非宗教道德说教的成果，亦非政治道德说教的成果。

我确信人性是由善与恶两部分截然相反的基本内容组成的。若人性恶带有本性色彩，那么人性善也是带有本性色彩的。人性有企图堕落的不良倾向，堕落往往使人性快活。但人性也有渴望升华的高贵倾向，升华使人性放射魅力。长久处在堕落中的人，其实并不会长久地感到快活，而只不过是对自己人性升华的可能性完全丧失信心、完全绝望。这样的人十之七八都曾产生过自己弄死自己的念头。产生此种念头而又缺乏此种勇气的堕落者，往往是相当危险的。他们的灵魂无处突围、便可能去伤害别人，以求一时的恶的宣泄。那些在堕落中一步步滑向人性毁灭的人的心路，无不有此过程。

但人性虽然天生地有渴望升华的高贵倾向，人类的社会却不可能为满足人性这一种自然张力而设计情境。这使人性渴望升华的高贵倾向处于压抑，于是便有了关于崇高的赞颂与表演，如诗，如戏剧，如文学和史和民间传说。人性以此种方式达到间接的升华满足。

崇高是人性善的极致体现，以为他人为群体牺牲自我做前提。我之所以确信崇高是人性本能，乃因在许多灾难面前，恰恰是一些最最普通的人，其人性的升华达到了最最感人的高度。

1961年12月17日，巴西某马戏团正在尼泰罗伊郊区的一顶尼龙帐篷下表演，帐篷突然起火，两千五百名观众四处逃窜，其中大部分是儿童。一个农民站在椅子上大喊："男人们不要动，让我们的孩子们先逃！"他喊罢立刻安坐了下去。火灾被扑灭后，人们发现，三十几个人集中坐在椅子上被活活烧死，他们都是农民。没谁对他们进行过政治性的崇高说教。他们都非是教徒，无一人生前进过一次教堂。

1889年5月31日，位于美国宾夕法尼亚州的约翰斯敦水库十二英里长的水库堤坝全线崩溃，泄出水量四十万立方英尺，五十六亿加仑的水重达二千万吨，压塌了山谷，顿时将约翰斯敦和周围的十几个城镇摧为废墟。

下游城镇几乎全体居民发动了空前自觉的营救，许多人为救他人而献身。

1913年，美国俄亥俄、印第安纳、伊利诺伊等州洪水泛滥成灾，十二万五千居民被困在屋顶和树上，许多居民自发地组成互救队，涌现了许多感人的、崇高的、英雄主义的事迹。

七十高龄的国家货币注册公司经理帕特逊，只着短裤，独自驾舟往返于各街道之间，从水中救起几十人。十二名电报业务员坚守岗位六十余小时，她们不知亲人安危与否，半数人因过度疲劳而昏倒。俄亥俄州特立华大学的学生们也涌现出一桩桩可歌可泣的营救事迹。两名学生和一位老教授划船救了几十人后，船被大浪掀翻，师生三人一起遇难……

伊利诺伊州州长灾后的一次讲演中有这样一句话："在此次灾难中，上帝引导我们中许多人舍生忘死，先人后己。这些人便是上帝。他们人性中的崇高美德永垂不朽！"

世界各地从古至今的每一次灾难中都曾有崇高之烛闪耀过，我们人类的人性中的崇高美德接受过何止百次严峻的检阅！

2008年汶川大地震，中国人民众志成城抗震救灾，何尝不是经受这样的大检阅呢？之所以感人，恰因那种种的崇高，乃是被标定在人性最高的位置上昭示于我们啊！

中国人，珍视啊！千万不要扭曲了它啊！一想到这里，我不禁地忧郁起来……

论荣誉

何谓荣誉？光荣之名誉耳。

世上绝大多数人，出生时都是没有什么荣誉的。但极少数人是有的，如高贵的血统，古老而令人尊敬的姓氏，世袭的爵位或名分、封号。然而无论在中国抑或别国，那都是古代之事了。至近代，世人越来越倾向于这样一种共识——荣誉是不能世袭的。出身名门乃至皇室，除了是幸运说明不了别的。著名而卓越的政治家、科学家、文艺家和企业家们，他们所获得的任何荣誉，皆无法直接遗传给下一代。人们也许会情不自禁地羡慕他们的下一代，但却不太会因而顿起敬意。

确乎，荣誉是和敬意连在一起的。敬意是和一个人具体做了什么可敬的事连在一起的。然而也不能完全否认，一个曾经广受尊敬的人物，他的下一代丝毫也分享不了他的光荣。如果谁遇到了一个男人或一个女人，确凿无疑地晓得了他或她的祖父外祖父什么的是林肯，或是丘吉尔，起初多少还是会刮目相看的。这是一种很正常的心理反应，敬意肯定是会有些的，但通常情况下，更多的是好奇。因为他们的先人非同寻常，我们想要了解他们的欲望更大些。但如果他们本身并不优秀，我们起初的敬意也罢，好感也罢，好奇也罢，不久便会消失殆尽。也许，还会对他们颇觉失望。

今天的英国，以及其他有王权存在的国家，依然会将贵族头衔“赐封”给在某一业界卓有成就的人。对双方，那也依然意味着是一种荣誉的授予与幸受。但贵族头衔本身已经没有了实际意义，一连串的贵族头衔之总和，恐怕也抵不上一项具有权威性的专业内所授予的荣誉。故王室的赐封，一向都进行在专业荣誉授予之后。

古代的人们，不论中国人还是外国人，大抵都是很珍惜荣誉的。又不论男人还是女人，往往视荣誉为第二生命。于男人们，倘荣誉受损，并且是被别人败坏的，那么便往往会与之决斗。于女人们，则往往以自杀来洗刷清白，表示抗议。

但这只是古代的人对待荣誉之态度的一方面，而另一方面乃是，对于所谓荣誉，他们是看得很透，也是看得很深的。按王安石的说法是——“古之人以名为羞，以实为慊，不务服人之貌，而思有以服人之心”。对于今人，王安石自是古人。对于王安石，其所言“古之人”，大约是指尧舜禹、黄帝时候的古代了。他为什么发那样的“厚古薄今”之感慨呢？显然是基于他那个时代沽名钓誉的人太多的原因。在他那个时代，荣名亦分两种，一种是百姓所给的，一种是皇家出于笼络和利用之目的给的。百姓给的荣名，仅仅是荣名而已。皇家给的荣名，总是与利益实惠挂钩的。故逐名者流所“沽”所“钓”，其实也是在钩利益和实惠。

看透了这一世相，于是王安石、颜之推、骆宾王、柳永们说：“上士忘名、中士立名、下士窃名。”“不修身而求令名于世者，犹貌甚恶而责妍影于镜也。”“不汲汲于荣名，不戚戚于卑位。”或者说得更干脆——“忍把浮名，换了浅斟低唱。”最起码，要求自己“功成名遂身退”。既然“功”有利国利民的一面，让有抱负的人士完全放弃为国为民的志向，显然也是不对的。既然“功成”而后“名遂”于是利至，那么便“身退”以避利之熏染。

此种思想，体现着一种对泛滥的逐利现象的拒绝，所以在古代的语汇中，产生了“清名”和“清流”二词。不屑仕途者，以“清流”自我要求，或曰“自标”。已入仕途者，起码还在乎其名清否。若“清”，便是获得了“清誉”。“清誉”当然也是荣誉。这一种荣誉，质地干净，估计连柳永，也还是肯要的。

放眼今天，中国也大，人口也众，荣名需求也多，故政府也授、企业也颁、各类机构也给、民间也不甘寂寞地选，报刊一概传媒也乐得有热闹可以营造、可以报道，于是不遗余力推波助澜。于是，几乎年年月月地评，如同天女散花，荣名满天飞。学子也要荣名，教授也好荣名，企业家财源滚滚也觊觎名利双收，官员更是使出浑身解数，忙不迭地亲抓一项项面子工程……得到的欢喜，授予的高兴，得不着的郁闷生气，于是时不时地这里那里曝出评选丑闻……

在中国，荣名之给与受，每天要有不少人耗很多的时间，投入很大的精力。而好荣名者，遂挖空心思专执一念，走后门托关系拉选票，弄虚作假且不脸红。“潜规则”按理说应是“过街老鼠”，在中国却似乎直接就成了“规则”之一种。既然是“潜”的，应和着暗中来做就是。人人心知肚明，彼此心照不宣，乐此不疲，皆来劲也。

保自家“清名”的人是越来越少。“清名”对人有何好处？没半点好处要它作甚？

连自标“清流”的人也越来越少了。真守得住“清名”的已是凤毛麟角，根本形成不了“流”，因而就全无名节吸引力。标而后，人们必以“清流”要求，那将活得多么的拘谨，岂不是犯傻吗？连政协委员、人大代表，往往也被当成荣誉来给、来受，并不计较是否真的有那份替人民大众鼓与呼的参政议政责任感。

不消说，中国必是世界上最大的荣名集散场。

然若按人口比例来说，中国创新型人才是少的，真有品质的创新产品也并不多。

因太多的人都宁肯荒了专业，去逐荣名了。

忙是，歌星影星们，忙得倒还实在些。因为功夫毕竟还得用在专业上，而不是专业以外的别的方面……

贵贱论

人类社会一向需要法的禁束，权的治理。既有权的现象存在，便有权贵者族存在，古今中外，一向如此。权大于法，权贵者便超惩处，既不但因权而在地位上贵，亦因权而在人权上贵，是为人上人。或者，只能由权大者监察权小者，权小者监察权微者。凌驾于权贵者之上的，曰帝，曰皇，曰王。中国古代，将他们比作“真龙天子”。既是“龙”，下代则属“龙子龙孙”。“龙子龙孙”们，受庇于帝者王者的福荫，也是超社会惩处的人上人。既曰“天子”，出言即法、即律、即令，无敢违者，无敢抗者。违乃罪，抗乃逆，逆乃大罪，曰逆臣、逆民。不仅中国古代如此，外国亦如此。法在人类社会渐渐形成以后相当漫长的一个历史时期内，仍如此。中国古代的法曾明文规定“刑不上大夫”。刑不上大夫不是说法不惩处他们，而仅仅是强调不必用刑拷之。毕竟，这是中国的古法对知识分子最开恩的一面。外国的古法中明文规定过，贵族可以不缴一切税，贵族可以合理合法地掳了穷人的妻女去抵穷人欠他们的债，占有之是天经地义的。

但是自从人类社会发展到文明的近现代，权大于法的现象越来越式微了。法高于权的理念越来越成为共识。法律面前人人平等，于是权贵者之贵不复以往。将高官乃至将首相总统推上被告席，早已是司空见惯之事。仅 1999 年不是就发生几桩吗？法律的权威性，使权贵一词与从前比有了变化。人可因权而殊，比如可以入住豪宅，可以拥有专机、卫队，却不能因权而贵、要求多多，比一般人更须时时提醒自己——千万别触犯法律。

法保护权者殊，限制权者贵。

所以美国总统们的就职演说，千言万语总是化作一句话——承蒙信赖，我将竭诚为美国效劳！而为国效劳，其实也就是"为人民服务"的意思。所以日本的前首相铃木善幸就任前回答记者道："我的感觉仿佛是应征入伍。"

因权而贵，在当代法制和民主程度越来越高的国家里已经不太可能。将被视为文明倒退的现象。因权而殊，也要付出相应的代价。其中一项就是几乎没有隐私可言。因权而殊，不仅殊在权力待遇方面，也殊在几乎没有隐私可言一点上。其实，向权力代理人提供特殊的生活待遇，也体现着一个国家和它的人民，对于所信托的某一权力本身的重视程度，并体现着人民对某一权力本身的评估意识。故每每以法案的方式确定着。其确定往往证明这样的意义——某一权力的重要性，值得它的代理人获得那一相应的待遇，只要它的代理人同时确乎是值得信赖的。

林肯坚决反对因权而贵。在他任总统后，也时常生气地拒绝因权而殊的待遇。他去了解民情和讲演时，甚至不愿带警卫，结果不幸被他的政敌们所雇的杀手暗杀。甘地在被拥戴为印度人民的领袖以后，仍居草屋，并在草屋里办公，接待外宾。他是人类现代史上太特殊的一例。他是一位理想的权力圣洁主义者，一位心甘情愿的权力殉道主义者。像他那么意识高尚的人也难免有敌人。他同样死在敌人的子弹之下。他死后被泰戈尔称颂为"圣雄甘地"。

无论因权而殊者，还是受权而不受殊者，只要他是竭诚为人民服务的，人民都将爱戴他。但，他们的因权而殊，是不可以殊到人民允许以外去的，更不可以殊及家人及亲属，因为后者并非人民的权力信托人。

因贫而"贱"是人类最无奈的现象，人类的某一部分是断不该因贫而被视为"贱"类的。但在从前，他们确曾被权贵者富贵者们蔑称为"贱民"过。我们现在所论的，非他们的人格，而是他们的生存状态。如果他们缺衣少食，如果他们居住环境肮脏，如果他们的子女因穷困而不能受到正常的教育，如果他们生了病而不能得到医疗，如果他们想有一份工作却差不多是妄想，那么，他们的生存状况，确乎便是"贱"的了。我们这样说，仅取"贱"字"低等"的含意。

处在低等生活状态中的民众，他们作为人的尊严却断不可以被论为低等。恰恰相反，比如雨果笔下的冉·阿让，他的心灵，比权贵者高贵，比富贵者高贵。

权贵者富贵者与“贱民”遭遇的“情节”，历史上多次发生过。那是人类社会黑暗时期的黑暗现象。“高马达官厌酒肉，此辈杼柚茅茨空”是黑暗的丑陋的不公正的人类现象，“朱门酒肉臭，路有冻死骨”同样是。

一以权贵而比照贫“贱”，一以富贵而比照贫“贱”。萧伯纳说：“不幸的是，穷困给穷人带来的痛苦，一点儿也不比它给社会带来的痛苦少。”

约翰逊说：“所有证明穷困并非罪恶的理由，恰恰明显地表明穷困是一种罪恶。”

穷困是国家的溃疡。有能力的人们，为消除中国的穷困现象而努力呀！

富贵是幸运。富者并非皆不仁。因富则善，因善而仁，因仁而德贵者不乏其人。他们中有人已被著书而传，已被立碑而纪念。那是他们理应获得的敬意。

相反的现象也不应回避——富贵者或由于贪婪，或由于梦想兼而权贵起来，于是以富媚权，傍权不仁，傍权丧德。此时富贵者反而最卑贱。比如《金瓶梅》中的西门庆去贿相府时，就一反富贵者常态地很卑贱。同样，受贿的权贵斯时嘴脸也难免卑贱。

全部人类道德的最高标准非其他，而是人道。凡在人道方面堪称榜样的人，都是高贵的人。故我认为，辛德勒是高贵的。不管他真否曾是什么间谍，他已然高贵无疑。舍一己之生命而拯救众人的人，是高贵的。抗洪抢险中之中国人的兵，是高贵的。英国前王妃戴安娜安抚非洲灾民，以自己的足去步雷区，表明她反战立场的行为，是高贵的。南丁格尔也是高贵的。马丁·路德·金为了他的主张所进行的政治实践，同样是高贵的。废除黑奴制的林肯当然有一颗高贵的心。中国教育事业的开拓者陶行知也有一颗高贵的心。人类历史中、文化中有许多高贵的人，高贵的人不必是圣人，不是圣人一点儿也不影响他们是高贵的人。有一个错误一直在人类意识中较普遍地存在着，那就是以权、以富、以出身和门第而论高贵。

文明的社会不是导引人人都成为圣人的社会。恰恰相反，文明的社会是尽量成全人人都活得自然而又自由的社会。文明的社会也是人心低贱的现象很少的社会。人心只有保持对于高贵的崇敬，才能自觉地防止它趋利而躬而鄙而劣，一言以蔽之，而低贱。我们的心保持对于高贵的永远的崇敬，并不至于使我们活得不自然而又不自由。事实上，人心欣赏高贵恰是自然的。反之是不自然的、病态的。事实上，活得自由的人首先是心情愉快的人。

贵与“贱”是相对立的。在社会表征上相对立，在文明理念上相平等，在某些时候，在某些情况下，则相反。那是贵者赖其贵的表征受检验的时候和情况下，那是“贱”者有机会证明自己心灵本色和品质本色的时候和情况下。权贵相对于贫“贱”应贵在责任和使命，富贵相对于贫“贱”应贵在同情和仁爱。贫“贱”的现象相对于卑贱的行为是不应受歧视的，卑贱相对于高贵更显其卑贱。

有资格尊贵的人，在权贵和富贵者面前，倘巴结逢迎不择手段不遗余力，那就是低贱了。低贱并非源于自卑，因为自卑者其实本能地避权贵者避富贵者，甚至，也避尊贵者。自卑者唯独不避高贵，因为高贵是存在于外表和服装后面的。高贵是朴素的、平易的，甚至以极普通的方式存在，比如《悲惨世界》中“掩护”了冉·阿让一次的那位慈祥的老神父。自卑者的心相当敏感，他们靠了自己的敏感嗅辨高贵。当然自卑而极端也会在人心中生出邪恶，那时人连善意帮助自己的人也会嫉恨，那时善不得善报。低贱是拿自尊去换利益和实惠时的行为表现，低贱者不以为耻反以为荣，那就简直是下贱了。

贫“贱”是存在于大地上的问题，所以在大地上就可以逐步解决。

我祈祝在下一个百年里，穷困将从中国的大地上得以消除……

Ⅲ 卑微者的歌

他看到了自己灵魂之核的内容，
人性丑陋而又邪恶的实证干瘪着，
像一具打开了石棺盖因而呈现着的木乃伊。
他自己最清楚，它并非来自于外界，
而是在自己灵魂里自生出的东西，
虽忏悔并不能抵消他所感到的战栗……

老水车旁的风景

其实，那水车一点儿都不老。

它是一处旅游地最显眼的标志，旅游地原本是一个村子。两年前，这地方被房地产开发商发现并相中，于是在盖别墅和豪宅的同时，捎带着将这里开发成了旅游景点，使之成了小型的周庄。

在双休日或节假日，城里人络绎不绝地驾车来到这里，吃喝玩乐，纵情欢娱。于是这里有了算命的、画像的、兜售古玩的，也有了陪酒女、陪游女、卖唱女、按摩女，皆姿容姣好的农家少女。她们终日里耳濡目染，思想迅速地商业化着。

城里人成群结队地到来的时候，必会看到，在那水车旁有一老妪和一少女。老妪七十有几，少女才十六七岁，皆着清朝裳。老妪形容枯瘦憔悴，少女面若桃花，目如秋水，顾盼之际，道是无情却有情。老妪纺线，少女刺绣，成为水车的陪衬，景观中的风景。她们都是景区花钱雇了在那儿摆样给观光客们看的，收入微薄。幸而，若有观光客与她们照相，或可得些小费。老妪是村里的一位孤寡老人，在村里有一间半祖宅。村子受益于旅游业，有了些公款，每月亦给她五十元。老妪是以感激旅游业，对自己能有那样一种营生，甚为满足，终日笑眯眯的。少女是从外地流落到这儿的，像寻蜜的蜂儿一样被这旅游地的兴旺发达吸引来的。她的家在哪里，家境如何，身世怎样，没人知道。曾有好奇的村人问过，少女讳莫如深，每每三缄其口，是以渐无问者。当地人对于外地人，免不了有点儿欺生。可像她那么一个十六七岁的女孩，讨生活的方式并不危害任何当地人的利益，虽然明明是外省人，便借故欺她，却是不忍心的。不忍相欺归不忍相欺，但对于那来历不明的小姑娘，当地人内心还是有些犯嘀咕：会不会是个小女贼，待人们放松了警惕，待她摸清了各家的情况，抓住对她有利的机会，逐门逐户偷盗个遍，然后逃得无影无踪？据他们所知，省内别的景区发生过这样的事，祸害了当地人的也是个姑娘。只不过是个二十几岁的大姑娘，只不过没有亲自偷盗，而是充当一个偷盗团伙的眼线。那么，她背后也有一个偷盗团伙吗？人们相互提醒着。随后，她的行动，便被置于许多双有责任感的眼睛的监视之下。但她一如既往地对人们有礼貌，还特别感激当地人收留她。难道因为她才十六七岁，还太单纯，看不出别人对她的警惕吗？这么小年龄的女孩儿走南闯北，会单纯才怪！那么，必是伪装的了。于是，在当地人看来，小女孩还很狡猾……

只有老妪觉得她是个好女孩儿。

她们成为“同事”几天以后，老妪曾问少女住在哪儿，少女说住在一家饭店的危房里，每天五元钱，晚上还得帮着干两个多小时的活。饭店里有老鼠，她最怕老鼠。“就是每月一百五十元，也花去了我半个来月的工资，还得看主人两口子的眼色……”

少女说得泪汪汪的。

“闺女，住我家吧。我那儿就我一个人，我也喜欢有你这么个伴儿，不会给你气受。”

老妪说得很诚恳。

少女没想到老妪会那么说，正犹豫着该怎么回答，老妪又说：“我一分钱不收你的。”

……

于是，少女作为老妪所希望的一个伴儿，住到了老妪家里。

于是，少女脸上笑容多了，喜欢和她一块儿照相的观光客多了，小费也多了。最多时，每天能收到五十元。

老妪脸上的皱纹少了。熟悉她那张老面孔的人，发现她脸上几条最深的褶子变浅了，有要舒展开来的迹象了。她脑后的鬏髻也好看了，不像以前那么歪歪扭扭的了。她的指甲不再长而不剪，指甲缝也不再黑黢黢的了。她那身“行头”，显然洗得勤了。她的好心情让她的小费也多起来了。

有好心人提醒她：“你让那小人精住你那儿去了？千万防着点儿，万一你那点钱被她偷了，临走连件寿衣都穿不上……”

老妪不爱听那样的话。

她说：“走？往哪儿走？人家孩子比我多的钱放那儿都不避我，我那么点儿钱，防人家干吗？”

她爱听少女的话。

少女常对她说：“奶奶，尽量想高兴的事儿，那样您准能活一百多岁。”

经历了二十几年孑然一身、形影相吊的孤寡生活以后，忽然有了一个朝夕相处的小女伴儿，老妪返老还童了似的。有时，一老一少对面坐着，各点各的钱，还相互换零凑整的……

然而有天老妪忽然失明，接着咯血了。村里不得不派人把她送到县医院，一诊断是癌症，早扩散了。那么老的人了，是农村人，还是个孤寡老人，也只有回家挨着。

村里负责的人就对少女说：“她都这样了，你搬走吧，爱住哪儿住哪儿去吧。”少女哭着说：“我不搬走。奶奶对我好，我要服侍服侍她……”非亲非故，来历不明，还口口声声“奶奶，奶奶”叫得挺亲，就是不搬走，图什么呢？村里负责的人想到了老妪的一间半祖屋。这个小人精，不图房子，还图什么？于是，在老妪状态稍好的某日，村里负责的人带着一男一女来到了老妪家里，他介绍那男的是县公证处的，女的是位律师。他开门见山地对老妪说，她应该在临死前做出决定，将一间半祖屋留给村里。那屋子是可以改装成门面房的，稍加改装以后，或卖或租，钱数都很可观。

老妪说:“行啊！”村里负责的人又说:“那你就在这张纸上按个手印吧！”老妪不高兴了:“我觉得，我一时死不了。”村里负责的人急了:“所以趁你还明白，才让你按手印嘛！”老妪就不理他们三个男女，把身子一转，背朝他们了……

村里负责的人没主意了，找来另外几个有主意的人商议，他们都认为老妪完全有可能被那外省的小妖精诱惑了，已经按手印留下了什么遗嘱，把一间半祖屋“赠给”那小妖精了……口口相传，几个人所担心的事情，一夜之间，仿佛成了确凿之事。是可忍，孰不可忍，岂能让不相干的人占了便宜？于是全村男女老少同仇敌忾起来，没人愿意去照顾那糊涂的老妪了……少女就连她那份儿工作也不能干了……

村里人们的心，暗中扭成了一股劲儿——你不是哭着闹着要服侍吗？你一个人好好服侍吧！服侍得再好也是枉费心机，企图占房子？法庭上见吧！十几天后，老妪走了。老妪攒下的钱不够发送自己，少女为她买了一套寿衣……又过了几天，那少女也消失了，没跟村里任何人告别，也没留下封信……

村里负责的人竟不知拿老妪那一间半祖屋怎么办才好了。景区内的门面房是在涨价，但他不敢自作主张改造、装修或租或售，因为他怕有一天少女突然出现，手里拿一份什么证明，使村里损失了改造费或装修费，甚至落个非法出售或出租的罪名……

那景区至今依然游人如织，那水车至今还在日夜转动。那一间半老屋子，至今还闲置着，越发破败了，再不改造和装修，不久就会倒塌……

清　名

倘非子诚的缘故，我断不会识得徐阿婆的。

子诚是我的学生，然细说嘛，也不过算是罢。有段时期，我在北京语言大学开“写作与欣赏”课，别的大学的学子，也有来听的，子诚便是其中的一个。他爱写散文，偶作诗，每请我看。而我，也每在课上点评之。由是，关系近好。

子诚的家，在西南某山区的茶村，小。他已于去年本科毕业，当了京郊一名“村官”。今年清明后，他有几天假，约我去他的老家玩。我总听他说那里风光旖旎，禁不住动员，成行。斯时茶村，远近山廓，美轮多姿。树、竹、茶拢，浑然而不失层次，绿如滴翠。

翌日傍晚，我见到了徐阿婆。那会儿茶农们都背着竹篓或拎着塑料袋子前往茶站交茶，大叶茶装在竹篓，一元一斤，芽茶装在塑料袋里，二十元一斤。一路皆五六十岁男女，络绎不绝。七十岁以上长者约半数，中年男子或妇女，委实不多。尽管勤劳地采茶，好手一年是可以挣下五六千元的，但年轻人还是更愿到大城市去打工。

子诚与一老妪驻足交谈，我见那老妪，一米六七八的个子，腰板挺直，满头白发，不矜而庄。老妪离后，我问子诚她的岁数。

“八十三了。”

"八十三还采茶？！"我不禁向那老妪背影望去，敬意油然而生。

子诚告诉我，解放前老人家是出了名的美人儿，及嫁龄，镇上乃至县里的富户争娶，或为儿子或欲纳妾，皆拒，嫁给了镇上一名小学教师。后来，丈夫因为成分问题，回村务农。然知识化了的男人，比不上普通农民那么能耐得住山村的寂寞生活，每年清明前，换长衫游走于各村"说春"。当年当地，农村人都是文盲，连皇历也看不懂，她丈夫有超强记忆，一部皇历倒背如流。"说春"就是按照皇历的记载，预告一些节气与所谓凶吉日的关系而已，但一般告诉，则不能算是"说春"。"说春人"之"说春"，基本上是以唱代说，不仅要记忆好，还要嗓子好。她的丈夫嗓子也好，还有另一本事，便是脱口成章。"说"得兴浓，别人随意指点什么，竟能就什么唱出一套套合辙押韵的掌故来，百指而难不倒，像是现今的RAP歌手。于是，使人们开心之余，自己也获得一碗小米。在人们，那是享受了娱乐的回报。在他自己，是一种个人价值体现的满足。所谓与人乐，其乐无穷。不久农村开展"破除迷信"运动，原本皆大开心之事，遂成罪过。丈夫进了学习班，"说春人娘子"一急之下，将他们的家卖到了仅剩自己穿着的一身衣服的地步，买了两袋小米，用竹篓一袋袋背着，挨家挨户一碗碗地还。乡亲们过意不去，都批评她未免太过认真。她却说——我丈夫是"学知人"，我是"学知人"的妻子。对我们，清名重要。若失清名，家便也没什么要紧了。理解我的，就请都将小米收回了吧！……

工作组组长了解到那一情况，愕然，继而肃然。对其丈夫谆谆教诲了几句，亲自送回家，并对当年的阿婆好言安抚……

我问："现在她家状况如何？为什么还让八十三岁的老人家采茶卖茶呢？"

子诚说："阿婆得子晚，六十几岁时，三十几岁的独生儿子病故了。媳妇改嫁，带着孙子远走高飞，早已断了音信。从那以后，她一直一个人过活。七八年前，将名下分的一亩多茶地也退给村里了……"

"这么大岁数，又是孤独一人，连地都没了，可怎么活呢？"

"县里有政策，要求县镇两级领导班子的干部，每人认养一位老村的鳏寡孤独高龄老人，保障后者的一般生活需求，同时两级政府给予一定补贴……"

我不禁感慨："多好的举措……"

不料子诚却说："办法是很好，多数干部做得也算比较负责任。只是，阿婆的命太不好，偏偏承担保障她生活责任的县里的一副县长，明面是爱民的典范，背地里贪污受贿，酒色财赌黑，五毒俱全，原来不是个东西，三年前被判了重刑……”

我一时失语，良久才问出一句话是：“黑指什么？”

“就是黑恶势力呀。”

我又失语，不想再问什么，只默默听子诚在说：“阿婆知道后，竟连自己的名誉也受了玷污，一下子病倒了。病好后，她开始替茶地多的人家采茶，一天采了多少斤，按当日茶价的五五分成。老人家眼力不济了，手指也没了准头，根本采不了芽茶，只能采大叶茶了。早出晚归，平均下来，一天也就只能挣到五六元钱而已。她一心想要用自己挣的钱，把那副县长助济她的钱给退还清……

“可……这……难道就没有人认为应该告诉老人家，她完全不必那样做吗？……”方才仿佛被割掉了舌的我，终于又能说出话来。而且，说得激动。

“许多人都这么劝过的，可老人家她听不进去啊。”子诚的话，却说得异常平静。不待我再说什么，问什么，子诚的一句话，使我顿时又失语了。

他说：“今年年初，老人家患了癌症。”我，极愕。“几乎村里所有人都知道了。她自己也知道了。不过，她装作自己一点儿也不知道的样子，就靠自己腌的咸菜，每日喝三四碗糙米粥，仍然早出晚归地采大叶茶。有人说，那是因为她岁数大，脏器都老化了，所以不觉得多么疼了……他们的说法有道理吗？……”

“我……不太清楚……”我的确不太清楚。我心愀然。进而，怆然。那天晚上，我要求子诚转告老人家，有人愿意替她退还尚未“还”清的一千二三百元钱。子诚说：“转告也是白转告……”我恼了，训道：“明天，你必须那么对她说！”

第二天，还是傍晚时，我站在村道旁，望着子诚和老人家说话。

才一两分钟后，他二人的谈话便结束了。老人背着竹篓，尽量，不，是竭力挺直身板，从我眼前默默走过。子诚也沮丧地走到了我跟前，嗫嚅道：“我就料到根本没用的嘛……”

“我要听的是她的原话！”

“她说，谢了。还说，人的一生，好比流水。可以干，不可以浊……”

我不仅失语，竟至于，羞愧了。以后几日的傍晚，我一再看见徐阿婆往返于送茶路上，背着编补过的竹篓，竭力挺直单薄的身板。然而其步态，是那么蹒跚，使我联想到衰老又顽强的朝圣者，去向我所不晓的什么圣地。

有一天傍晚下雨，她戴顶破了边沿的草帽，用塑料罩住竹篓，却任雨淋湿衣服……

那曾经的草根族群中的美女，那八十三岁的，身患癌症的，竭力挺直身板的茶村老妪，又使我联想到古代的，镇定地赴往生命末端的独行侠……

似乎，我倾听到了那老妪的心音：清名、清名……反反复复，二字而已。

不久前，子诚从他当“村官”的那个村子打来电话，告诉我徐阿婆死了。

“她，那个……我的意思是……明白我在问什么吗？……”我这个一向要求学生对人说话起码表意明白的教师，那一时刻语无伦次。

“听家里人说，她死前几天才还清那笔钱……老人家认真到极点，还央求村支书为她从县里请去了一名公证员……现在，有关方面都因为那一笔钱而尴尬……”

我不复能说出话来，也不知自己什么时候放下电话的。想到我和子诚口中，都分明地说过“还”这个字，顿觉对那看重自己清名的老人家，无疑已构成了人格的侮辱。

清名、清名……这不实惠反而累人自讨苦吃的“东西”呀，难怪今人都避得远远的，唯恐沾上了它！我之羞惭，因我亦如此……

那　里

高墙内，集中错乱的意识形态；外，是正常的，普识如是。

三排旧红砖房，分隔成若干房间。一对扇铁门，仿佛从没开过。上有小门，一天也开不了几次。院中央有一棵树，塔松，栽不久。铁门左右的墙根，喇叭花在夏季里散紫翻红，是美的看点……

我父母去世后，我将从二十一岁就患了精神病的哥哥，从哈尔滨市的一所精神病院接到北京，他起初两年就在那里住院。

哥的病房，算他五名病人。二人与哥友好。一是丘师傅，比哥的年龄还大，七十几岁了；一是最年轻的病人邹良，绰号“周郎”。丘师傅曾是某饭店大厨，据老哥讲，他患病是儿女气的，而“周郎”原是汽车修配工，因失恋而精神受伤，他整天闹着要出院，像小孩盼父母接自己回家。

某日傍晚，大雨滂沱。坐在窗前发呆的丘师傅，忽然站起，神情焦虑，显然有不安的发现。于是引起其他病友注意，都向那窗口聚集过去。斯时雨鞭夹杂冰雹，积满院子的雨水已深可没踝。指甲大的冰雹，砸得水面如同沸鼎。而一只小野猫，无处可躲，境况可怜。它四爪分开，紧紧挠住塔松树干，膏药似的贴着，雷电间歇，一声比一声凄厉地叫。才是不大点儿的一只小猫，估计也就出生两个多月。它那种恐惧而绝望的叫声，带足了求救意味。塔松叶密，它已无法爬得再高；全身的毛被淋透，分明是坚持不了多久了……

丘师傅毫无先兆地胃疼起来，扑在床上翻滚。病友们就拉开窗，齐声叫喊医护人员。一名穿水靴的护士撑伞而至，刚将门打开，丘师傅一跃而起，冲出——他从树上解救下了那只小野猫，抱在怀里跑回病房。待护士恍然大悟，小野猫已在丘师傅被里，而他成了落汤鸡。护士训斥他不该那么做，命立刻将小野猫丢出去。丘师傅反斥道："是你天使该说的话吗？"护士很无奈，嘟哝而去。从此，那一只小野猫成了那一病房里五名精神病患者集体的宠物。每当医护人员干涉，必遭一致而又强烈的抗议。女院长倒是颇以病人为本，认为有利于他们的康复，破例允许。丘师傅贡献洗脚盆当小猫砂盆，于是以后洗脸盆一盆二用。而"周郎"，则主动承担起了清理砂盆的任务。院长怕院子里有难闻气味，要求必须将猫砂深埋。都是来自底层人家的病人，谁又出得起钱为小猫买什么真正的猫砂呢？每日在院子里做过集体操后，同病房的五人，这里那里铲起土，用扇破纱窗筛细，再用塑料袋带回病房。他们并没给小野猫起名，都叫它"咪咪"而已。当明白了它是一只瞎眼的小野猫，更怜爱之。

"咪咪"肯定是一只长毛野猫和短毛野猫的后代，一身金黄色长毛，背有松鼠那种漂亮的黑色条纹。而脸，却是短毛猫的脸，秀气，极有立体感。倘蹲踞着，令人联想到刚走下T台的模特，裹裘皮大衣小憩，准备随时起身再次亮相。"咪咪"特文静，丘师傅枕旁的一角，是它最常卧着的地方，而且一向紧靠床边。似乎它能意识到，一只侥幸被人收养的流浪猫，有一处最安全的地方卧着，已是福分。

它很快就对病房里五个人的声音都很熟悉了，不管谁唤它，便循声过去，伏在那人旁边，且"喵喵"叫几声，表达娇怯的取悦和感恩。它极胆小，一听到医护人员开门锁的响动，就迅速溜回丘师傅的床，穿山甲似的，拱起褥子，钻入褥子底下。有次中午，另一病房的一名病人闯来，一见"咪咪"，大呼小叫，扑之逮之，使"咪咪"受到空前惊吓。"周郎"生气，厉色宣布对方为"不受欢迎的人"。"咪咪"的惊恐却未随之清除，还是经常往褥子底下钻。五名精神病人困惑，留意观察，终于晓得了原因——是由于他们在病房走动时，脚下塑料拖鞋发出的"咯吱"声。拖鞋是医院统一发的，"咪咪"难以从声音判断是不是那个"不受欢迎的人"又来了？他们便将五双拖鞋退了，凑钱让护士给买了五双胶底的软拖鞋，此事在医护人员中传为精神病患者们的逸事……

那是一家民办的康复型精神病院，享受政府优惠政策，住院费较低，每月一千余元。亲人拿患者实在没办法了，只得送这里来接受一时的“托管”。病情稍一好转，便接回家去。每月一千余元，对百姓人家那也是不小的经济负担啊！所以，病员流动性大。两个月后，同病房的病友已换二人，两名新病人不喜欢猫……

丘师傅对“周郎”比以往更友好了，有时甚至显出巴结的意思。他将自己的东西，一次一两件慷慨地给予“周郎”。当他连挺高级的电动剃须刀也给予时，他最年轻的病友惴惴不安了。

当着我老哥的面，“周郎”问：“你对我也太好了吧？”

邱师傅却说：“近来，我夜里总喘不上气儿。”

“你对我也太好了吧？”

“我觉得，我活不长了。”

“我的东西，有你看得上眼的吗？”

“你说，我要是死了，咪咪怎么办？”

“还有我和老梁爱护它呀。”

“老梁是指望不上的，他弟弟不是每次来都说，正替他联系别的医院吗？”

“就是老梁转院了，那还剩我呢！”

“你要是出院了呢？”

“那我就不出院。不行，我家穷，我也不能总住院啊！”

“我要是真死了，会留给医院一笔钱，作为你的住院费。为了咪咪，你可要能住多久住多久，行不？”

“这行。哎，你还有什么东西给我？”

“我死了，我的一切东西，凡你想要的都归你……”

我去探视哥哥时，哥哥将他的两名病友的话讲给我听，显出嫉妒友情的样子。我笑笑，当耳旁风。

翌年中秋节前，我买了几箱水果又去，听一名护士告诉我，丘师傅死了。患者来去，物是人非。认得我并且我也认得的，寥寥无几了。

在探视室，我意外地见到了“周郎”，他膝上安静地卧着咪咪。那猫长大了，出落得越发漂亮，他老父母坐他对面。

“儿呀，你就跟我们回家吧！”

他老母亲劝他。看来，已劝很久。

“周郎”说：“爸，妈，我的病还没轻，我不回家。”

他老父亲急了，训道：“你就是因为这只猫！”

“还因为丘师傅，他活着的时候对我那么好。”

“我们对你就不好了吗？”

“爸，妈，我不是这个意思，可……我得说话算话啊！”

那个精神病人青年，轻抚了几下咪咪，突然长啸：“啊哈！我乃周瑜是也……”

接着，东一句西一句，乱七八糟地唱京剧。而咪咪动一动，更加舒服地卧他膝上，习以为常。

两位老人，眼中就都流泪。

我的哥哥患病四十余年中，我无数次出入各类精神病院，见过各种表现的许许多多的精神病人，却第一次听到精神病人不肯出院的话，为一只瞎猫，一份承诺和对友情的感激……

我心怦然。

我心愀然。

“周郎”终于不唱，指着我对老父母说：“你们问问这个是作家的人，我一走了之，那对吗？”

两位老人也都泪眼模糊地看我，意思是——我们的儿子，他究竟说的是明白话还是糊涂话啊？

我将两位老人请到探视室外，安慰他们：既然他们的儿子不肯出院，又何必非接他出院不可呢？随他，不是少操心吗？

两位老人说，一想到住院费是别人预付的，过意不去。

这时院长走来，说丘师傅根本没留下什么钱，说丘师傅自己的住院费还欠着一个多月的，儿女们拖赖着不肯来交。又说小周是几进几出的老患者了，医院也需要有一定比例的轻患者、老患者，利于带动其他患者配合治疗。民政部门对院方有要求，照顾某些贫困家庭是要求之一。并大大夸奖了“周郎”一番，说他守纪律，爱劳动，善于团结病友。

我扭头向病室看时，见“周郎”在室内侧耳聆听……

如今，六七年过去了，我的哥哥早就转到现在这一所医院了。

几天前我去探视他，陪他坐在院子里的长椅上吃水果，聊天。

老哥忽然问我：“你还记得小周吗？就是我在前一所医院的病友……”

我说记得。

哥哥又说：“他总算熬到出院的一天了。”

我惊讶：“他刚出院？你怎么知道？”

“我们一直通信来着。”

“你和他……一直通信？……”

“咪咪病死了，小周把它埋在了那一棵松树下。他在写给我的信中说，做了一回说话算话的人，感觉极好……”

“怎么好法？”

“那他没说。”

六月的夕阳，将温暖的阳光无偿地照在我和我的老哥哥的身上，四周静谧，有丁香的香气。

我说：“把小周写给你的信，给我看看。”

哥说：“不给你看，小周嘱咐，不给任何人看。”

老哥哥缓缓地享受地吸烟，微蹙眉头，想着一个老精神病患者头脑中的某些错乱的问题。四十余年来，他居然从不觉得思想着是累的。

我默默地看他，想着我们精神正常的人的问题。有些问题，已使我们思想得厌倦。

忽然他问：“哪天接我出院？”

那是世上一切精神病人的经典话语。

他眼中闪耀渴望的光……

瘦老头

A君是我朋友，一位“环保”专家。20世纪90年代初，他以博士身份从国外甫一归来，便为国内的“环保”问题四处奔走，大声疾呼。可以说，他是中国最早的一位能以专业头脑传播“环保”思想的人。现在，他任职于某大学，成为博士生导师，业已桃李满天下矣。

我第一次见到他，是在区“人大”组织的代表学习活动中，屈指算来，六七年前的事了。他作为专家，向二十几名区人大代表介绍世界“环保”经验。中午吃饭时，我恰坐于他的旁边。主食是米饭，也有面条。他要了一碗米饭，持箸端碗之际，叫住服务员姑娘，望着一桌羹肴小声问：“有榨菜吗？”

服务员姑娘摇头后说，有泡菜，有食堂自腌的小咸菜，有南方辣菜，还有腐乳，就是没有榨菜。他却说：“怎么可以没有榨菜呢？榨菜，必然应该有的啊！”服务员姑娘说：“那，就只能为您现去买一小袋了。”众人都看得分明，人家服务员姑娘那么说，显然等于软软地“将”了他一“军”，使他认清形势，能在没有榨菜的特殊情况下，顺利地将一碗米饭吃下去。不料他赶紧说：“那多谢了，那多谢了！”服务员姑娘愣了愣，不乐意地离去。他见众人都在费解地望他，神色颇不自然，连道：“见笑见笑，对我来说，米饭还是就着榨菜才香。毛病，毛病……”众人都未接言，默默赔笑而已。我心里暗想，当然是毛病！觉得众人心里，肯定与我同感。他呢，则干脆垂手而坐，直等到人家服务员姑娘为他买来了一小袋榨菜，于是撕开，全部抖在碗中，拌几拌，大快朵颐。

后来，我又在别的场合见到过他几次，竟成朋友。对于他的经历，尤其他与榨菜的亲密关系，渐渐了解。

A君原本是北方林区的一个孩子，他上小学四年级时，逢“文革”年代。“文革”对于中国当年的中小学生们，大抵也留下过某些愉快的回忆。比之于今天皆被逼迫成了分数的奴婢的中小学生，当年的中小学生们简直可以说“幸福”无比了。逃学之事，蔚然成风。在那样的年代，全中国的中小学生没多少真的“以学为主”的，绝大多数以玩为主。尤其像A君那样一些当年的北方林区的孩子，用A君的话说，是“从早到晚，一心只想着怎么玩儿”。

“对于孩子，我们林区有意思的事儿太多了呀！那个年代，我们快玩疯了。我的四年级同学中，居然有识字不足一百个的，还居然有背不下乘法口诀的。别说我们些个孩子认为读书无用了，连我们的父母差不多也都这么认为啊！我们的小学校，在林场的场部。我们结伴从家里走到场部去，得走一个来小时。即使离开家门时，都是打算不逃课的，但半路一发现吸引我们的事儿，比如一个马蜂窝，一个鸟巢，一只大个儿的青蛙，或一只蜻蜓王，便又集体逃课没商量了。因为坚持上学的学生越来越少，老师们都找借口调离了学校。我四年级还没读完，学校合并到县城去了。这么一来，我们上学更远，便都索性辍学了。家长们懒得管我们，不是家长的大人们对我们的种种玩法淘法也早已司空见惯。我们仿佛成了林区的一群小野生动物，整天纠结在一起东游西逛，为了满足心理快感，也每干点儿坏事。比如偷儿串张家院子里晒的蘑菇，悄悄挂到李家的院子里去，看两家的人因而吵起来了，我们大为开心。又比如见谁家院子里的花啦菜啦的长得好，没招虫，我们就活捉一罐头瓶毛虫，隔着板障子，将罐头瓶扔进谁家院子……”

在三十多年后，在冬季的一个下午，在我家里，A君将臂肘架在窗台上，缓缓地吸着烟，不动声色地向我讲着他小时候所干的种种坏事。虽然是在冬季，那一个下午的阳光却很好，照进屋里一大片，也照在我和他的身上。是的，他起初是不动声色的，开始讲到“瘦老头儿”的时候，表情和语调，才使我觉得有了忏悔的意味……

“某天，我们五六个最野的小伙伴的视野中，出现了一个陌生的瘦老头。

连大人们也不知道他从前是干什么的，只互相传说他是从南方被发配到我们那处北方林场的，姓张。还传说，连他的姓也是有关方面按在他头上的，并非他的真姓。家长们嘱咐我们，千万不要做什么辱害他的事，因为他已经患了晚期癌症，活不了多少日子了。有些话，即使家长们千叮万嘱，我们也还是会当成耳旁风。但是那一回，我们都把家长们的话记在心里了。辱害将死之人，是必会受到老天惩罚的，林区的大人孩子都深信此点。何况，瘦老头确实瘦得令人可怜，又高又瘦。他的脸，几乎是一张皮包骨的脸，所以就显得眼睛挺大的。但是他的背，却挺得很直，起码我们每次见到他时他是那样子。他被指定住在一处路口的小木板房里，从林区往外运原木的卡车必然经过那个路口，他的工作就是负责登记车牌号、驾驶证号、运出的是何种原木。他一在那小木板房住下，便开始清理周围的垃圾，铲平土堆，围小园子。当时是春季，他在小园子里翻地，培垄，埋种。我们远远地望着，都困惑不已。依我们看来，他肯定活不过夏季的，大人们也都这样认为。那么，他所做的一切，不是毫无意义吗？夏天来临了，他竟没死。而那小园子在他的精心侍弄之下，茄子豆角黄瓜柿子西葫芦什么的，结得喜人。那破败的小木板房的前后，也有各种各样美丽的花开着了。某次我们经过他那园子，他在园子里唤住了我们，手拿着松土的小铲子问我们：‘听说你们几个很淘，是吗？’

“我们相互看看，都不知道该怎么回答他。

“他又说：‘男孩儿不淘气的少，咱们订一条君子协议好不？——请你们不要祸害我这园子里的菜秧。如果你们能做到，而我不到秋天就死了，那么园子里的菜由你们收获，全归你们。如果我活到了那一天，我只留少部分，大部分还是归你们。这个协议，你们现在愿意和我订下来吗？’

“我们又互相看着，都不由自主地点头。

“而他，望一眼小木板房，又说：‘要是我真的活不到秋季，拜托你们几个，替我把那些花的籽撸下来，用纸包好，交给接我工作的人。就说我希望他，年年种花。那些花多美啊，不论自己看着还是别人看着，心情都愉快嘛，是吧？’

“我们又不由自主地点头。

“‘那么，你们算是答应我了？’

“我们除了点头，仍不知该说什么，彼此使使眼色，一转身都脚步快快地走了……”

A 君按灭烟，喝了一口茶，问我小时候想到过死没有？

我说我七八岁时的一天，在无任何人暗示的情况下，不知怎么一来，忽然就想到了死，于是害怕得独自流泪，感到很绝望，很无助。

“大部分人小时候都经历过那么一个时期吧？”

“我想是的。”

“我们当时就正经历着那样的时期。别看我们整天疯啊野啊的，似乎天不怕地不怕，其实个个心里有一怕，就是怕死，只不过谁都不愿承认罢了。所以，我们对瘦老头都有几分佩服起来，因为他是一个不怕死的人。一个怕死的人，在活过今天不知明天还活不活得成的情况下，哪儿还有心思管什么菜啦花啦的呀！从那一天以后，我们再经过那小木板房和那小园子时，都一反常态，不吵不闹了。

“那一年的秋天来得早，立秋不久，发生一次山火，许多人家怕遭殃，离开林场，四处投亲靠友，我和几个小伙伴的家人，也将我们分别转移了。我们的父母并没随我们一起走，他们身负扑火的义务。等我们从四面八方回到林场，已经是一个多月以后的事了。山火早已扑灭，也没有哪一户人家被火烧到。我们都以为瘦老头肯定死了，各自回到家里才知道，他非但没死，还将园子里的菜收了，一篮一篮地送到了我们各自的家里。大人们都说，为了打听清楚我们都是谁家的孩子，他真是费了不少口舌。还说，他夸我们都是守信誉的孩子。从没有谁夸过我们那几个淘小子，明明是他自己一言九鼎，却反过来夸我们守信，使我们都惭愧极了。难道没忍心糟蹋他的园子也能算守信誉吗？那么，做守信誉的人也太容易了呀！于是我们一起去谢他。

“他园子里的菜秧已经拔起来，堆在一角，小木板房前后的花，也显然被撸过籽了，而他正在吃饭，不过就是喝着碗里的玉米面糊糊，就着小盘里的一点儿什么咸菜条而已。屋里这儿那儿，却不见有什么菜的影子。我们问他为什么不给自己也留些菜呢？他说他不愿吃菜，只愿吃小盘里那种咸菜。我们一时便都失语，由我替大家吭吭哧哧说了两句谢他的话，皆转身想走。他不让我们立刻离去，放下碗筷，从一个纸盒邮包里取出些小塑料袋，一一塞在我们手中，告诉我们那是榨菜。从小在北方林场长大的我们，头一次听说‘榨菜’两个字。

我们走在回家的路上时，就都撕开小塑料袋尝起来。这一尝不要紧，哪个都管不住自己了。榨菜真好吃呀，嫩嫩的，脆脆的，微酸微咸微辣，与我们北方的任何一种咸菜的滋味都不同，也比我们所吃过的任何一种北方咸菜都爽口。在当年，我们北方人家腌的咸菜，无非就是疙瘩头咸萝卜什么的，我们早都吃烦了。蒜茄子固然是好吃的，但一般人家是舍不得把茄子也腌了的。纵使舍得腌点，往往也要留着待客，或春节才吃。你可想而知，榨菜对于我们，不啻是种美食。我们一会儿就都把各自的一小袋榨菜吃光了，一个个却还想吃。当然的，一进家门，就都喝水。过了几天，我们聚在一起，一商议，一块儿捡了些干枝子给瘦老头送去当柴烧。其实个个都明白，那是借口，还不是希望能得到那么一小袋榨菜嘛！

“瘦老头见了我们特别高兴，也十分感动于我们的好意。但是，却没再给我们榨菜。他问，为什么总不见我们背着书包去上学？还是由我替大家回答他：因为小学校合并到县里了，去上学路太远了。又问，那你们还想不想学文化知识了呢？我们就一时的你看我，我看他，都有心诚实地回答‘不想’——学了又有什么用呢？就是学得再强，长大了想当正式伐木工人，那还得托关系走后门呢！可谁好意思这么诚实地回答啊，正在应该上学的年龄，自己却说根本不想上学，那话太令人羞愧了，说不出口。便都违心地说，其实都可想上学呢。瘦老头他沉吟片刻，问如果我教你们学，你们愿意不？这一问，我们又都充聋作哑了。小伙伴中有一个反问，如果我们让你教，对我们有什么好处？瘦老头摸了摸小伙伴的头，问榨菜好吃吗？这下，我们才齐刷刷地回答——好吃！他便接着说，只要同意他每天教我们两个小时，我们将会经常吃到好吃的榨菜。就这样，我们几个才上小学四五年级的孩子，以后竟成了那么一个身患绝症的瘦老头的学生。

“我们确实以后又吃到了好吃的榨菜，但却并不是每人每次一袋。他只给学习有进步的那个，一次照例只一袋，比现在飞机上有时候发的那种小袋大不到哪儿去，他说等于是奖励。这么一来，起初只不过由于太馋才到他那里去当他的学生的我们，都被激发起了好强心理。渐渐的，连自己也说不清都甘愿当他的学生所为何由了。

“瘦老头很会教学生，比如他每教我们识一个新字，都会从那个字一千多年以前是怎么写的讲起。他说每一个中国字都是长寿佬，都有婴儿时期和童年、少年、青年、中年阶段，每经过一个阶段几乎都要变一次，到再也不变的时候就是固定在最美妙的时候了。我知道你想说什么，当然，今天由我们这样的人听来，那话毫无独到之处。可你别忘了，我们是三十多年前出生在林场的一些孩子，我们连县城还没去过呢！教过我们的小学老师，大抵也只不过具有初中文化程度而已，并且有的还是林场‘革委会’头头脑脑的子女。当老师对于他们，只不过是混一份工资罢了，他们从没那么教过我们新字。如果他们也像瘦老头讲的那么有趣味，兴许我们都是爱学习的好学生了。

“瘦老头讲算术也讲得特有意思。他说这世界也基本上是数字的世界，比如水是由水分子组成的，而一个水分子，是由两个氢原子一个氧原子组成的，二比一这种数字关系永远包含在不受污染的水中。眼睛看着一碗水，也可以想象是看着万万亿亿的数学比例式。几乎人眼所见的每一种东西，将它们用化学的方法化解到最小单位时，便都是些数学式的关系了。那些数学式一变，某一种东西就开始发生质变了。甚至，连世界也开始发生某一方面的变化了。我们虽然小学四五年级就辍学了，可他竟将算术、代数和几何连在一起讲给我们听，而且还每每将物理和化学知识包含在内。

“没多久，他开始频频表扬我们都是些聪明的孩子，我们自己也都开始觉得，原来我们并不像自己和我们的爸爸妈妈所以为的那样，都是笨头笨脑的孩子，‘根本不是读书的料。’当年的课本，你也知道的，语文也罢，算术也罢，都是没意思到了极点的。幸而瘦老头根本不是手拿当年的课本教我们，他要是也那样教，即使榨菜再好吃，那我们当了几天他的学生，还是会逃之夭夭的。总而言之，瘦老头他渐渐将我们迷住了。不管知识有没有用，他将知识变得非常有趣了是一个事实。

“他讲课时，腰板挺得尤其直，一只手背在后边，一只拿粉笔的手自然而然地举胸前，目光几乎一刻也不离开我们的脸，一忽儿凝视这个，一忽儿凝视那个。有时，他的目光明明在凝视这个，却会将拿粉笔那只手忽然一伸，叫起另外某个回答问题。另外那个一时回答不上来，他也从不急，一向耐心地说：‘想想，再想想，上次我讲过的。’于是将自己的目光望向窗外，耐心地期待。如果他对于回答半满意不满意，就会很认真地问我们另外几个：‘咱们民主一下，你们认为该奖给他榨菜吗？’通常情况下，大家必会异口同声地说：‘应该！’因为我们心里有数，奖给了谁，也等于奖给了大家，谁都不会独吞的。我们分吃具有奖励意味的榨菜时，不但口中的感觉好极了，心里的感觉也好极了。对于我们而言，仿佛瘦老头的课也讲出了和好吃的榨菜一样的滋味。每当他的手伸入纸板邮盒往外拿榨菜时，也照例要说一句：‘多乎哉，不多也。’我们呢，就都开心地又都有些不好意思地笑。

“自从我们成了他的学生，他几乎每个月都要去邮局取包裹了。而以前，隔两三个月才会有包裹从南方寄给他。他住的小木板房也因为我们而变了，他将一张破桌子重新摆放，使一面墙壁一览无余，又不知从哪儿搞到半瓶墨，涂黑墙壁，于是成了黑板……你听烦了吧？……”

阳光照在“环保”专家的脸上，他微眯着眼，目光凝注地望着窗外某处，仿佛要看清什么，问我话，居然也不转一下脸。窗外是元大都城墙遗址，覆盖着冬季的第一场雪。北京的冬季是很少下那么大的雪的，这使北京多少有点儿东北冬季的景象了。然而，窗外毕竟没有了记忆中的林场，没有住着一个瘦老头的小木板房……

我说：“讲下去。”

他说：“在那一年的冬季，小木板房成了我们几个孩子的阳光房……其实那小木板房并不朝阳，再加上一面墙涂成了黑色……但是你能明白我的意思吧？……”

我说：“明白。”

“我们那时已经不叫他瘦老头了，开始当面叫他张大爷了，背后却都叫他‘咱们老师’……”

“为什么不是反过来，当面叫他老师，背后叫他张大爷？”

“我们中有一个当面叫过他老师的。他正要提问，一下子被叫愣了。愣了几秒钟，走到窗口那儿去了。背着一只手，腰挺得笔直，一动不动地在窗口那儿站了很久，我们全都呆望他背影，不知他是怎么了。终于我们听到他低声说：‘今天的课就讲到这儿，我有点儿不舒服，孩子们你们可以走了……’我们一个个悄没声地离开，我走在最后，忍不住轻轻将门推开一道缝，往内偷窥，结果我看到他双手捂在了脸上。对于他的身高，那小木板房的屋顶实在是太低了，如果他脚下垫两三块砖，那么他的头差不多就触到屋顶了。我看得出来，他是在无声地哭，尽管我窥到的只不过是他的背影。我们当然都无法理解那是为什么，却互相告诫，以后都不许当面叫他老师了……大人们说，他活不到开春的。可春天来临了，他仍活着。我们帮他修小园子的篱笆，帮他翻地、培垄，帮他搭菜架和花架……”

“等等……”

A君缓缓地将脸转向了我，他已半天没看我一眼了，似乎只不过在自言自语。

我说：“晚期癌症有时是很疼的。”

他说：“是啊，可我们那样一些孩子，当年也不懂许多事啊，也不知道怎么心疼大人啊。我们是见到他疼痛难耐过的，某天他讲着讲着课，忽然一手捂胃，接着额上渗出汗来，再接着，弯下了他那一向笔直着的腰。那是他第一次在讲课时弯下腰去。很快他又直起腰来，说他去茅房，还不许我们离开屋子。我们只当他是忽然肚子疼了，我们也都忽然肚子疼过啊！着凉、岔气儿、吃了什么不干净的东西，都会肚子疼的呀，谁还没肚子疼过呢？他半天没回来，我们就都有点儿不安了，都出去了，见他蹲在门旁，双手握成拳，一上一下抵压着胃腹。他脸上滴落的汗，湿了鞋尖前的地面儿。我们将他搀进屋，他说他没什么，疼痛一会儿就会过去的。他撕开一袋榨菜，一条接一条全吃光了。之后倒了半碗开水，吹一口喝一口，转眼喝尽。我们当年真傻，虽然都亲眼看到了他疼痛的样子，却没有一个往癌症那方面去联想。也可以说，那时的我们，其实是很排斥他患了不治之症这一个事实的，也特别讨厌大人们判断他活不了多久的话。我们宁愿相信，他能那么干瘦干瘦地活很久，很久，等我们都长成了大人，还活着。我们已经看顺眼了他的瘦，反而都觉得，如果他不那么瘦，就不符合‘咱们老师’应该怎样的条件了。

“两年半以后，他还活着。一天他对我们说，我们不可以再是他的学生了，而应该到县里去读中学。并说，他已经分别和我们的父母谈过了，我们的父母都是同意的。可我们却有点儿不情愿，我们对当年的学校还是难以产生好感，长大以后都争取当上伐木工人是我们一致的想法。他却这么问我们：‘一个国家的森林是有限的，有限的森林会越伐越少。到那时，国家就不需要很多伐木工了，你们可拿自己怎么办呢？’他的话，使我们都忧虑起来。见我们个个低头不语，他又夸我们全都如何如何聪明，说中国的将来，究竟会产生多少新的行业，需要多少文化高、知识广、能力棒的人才，是他难以想象到的，更是我们这样一些孩子不可能想象到的，所以我们只由着性子在年龄这么好的时候虚度时光，高兴怎样就怎样，不高兴怎样就不怎样，那是不对的。人有时候更应该明白应该怎样不应该怎样的道理。

“从没有人对我们说过那样的话，我们的家长也没说过。但当时他的话并没说到我们内心里去，我们也不是太理解他的话，却看得出来，他完全是为了我们好。我们心生感动，然而其实并没被说服。他的话对我们父母的影响，比对我们的影响大得多。于是我们的父母都严厉地命令我们，几天后必须跟他们到县里那所中学去。

“县中学的校长听说我们都没读完小学，指示要对我们进行考试，还要先亲自一个一个地面试我们。如果面试没通过，那连考也不必考了，还是再去读小学吧。我被面试过以后，在操场发现了瘦老头。我问他为什么也来了，他说他忘了让我们每人带上一袋榨菜，所以亲自给我们送来。说如果对着卷子一时发蒙，嚼一条榨菜能使心情稳定下来，还能清脑，使精力集中。他将几袋榨菜交给我，一转身蹒跚而去，为的是赶上一趟林区的小火车。

“校长面试过我们之后又决定，不对我们进行考试了，当即就将我们分了年级和班级。我们一一被插入初二各班，有一个还直接被插入了初三的某班。校长显得很高兴，当着几位老师的面指着我们说：‘像他们这样的孩子，来多少收多少，都不必经过考试！’

“我们成了县中的学生以后，都得住在学校了。县城距离林场三十多里，到了林场也不等于是到了家门口，到家还得走上十来里，不住校是不行的。我们连星期日也很少回家了，因为要是搭不上便车，就得坐小火车，那年月，我们怎么会舍得花五角钱买一张车票呢？往返要花一元钱呢，根本舍不得。我们一块儿回家，是在放寒假后。

“到家当天，吃午饭时，我父亲一时想起地告诉我——‘你们应该感谢的那个瘦老头，他死了，才几天前的事儿。’大人们虽然知道了姓张，但背后普遍都叫他瘦老头，当面则叫他‘哎你’，因为一连他的姓叫，反而不好叫了。他的政治问题使大人们都尽量避免和他接触，何况，都认为他并不真的姓张。

“我撂下饭碗便往外跑，挨家将小伙伴们叫上，一块儿跑到了小木板房那儿。几场大雪将小木板房的门埋住了半截，门上贴的封条已被风撕得残缺不全。

我们想从窗子往里看，窗玻璃结着厚厚的霜。园子里，雪被下刺出参差不齐的搭菜架的木条和树枝，几只绒球似的麻雀在雪上蹦来蹦去的……”

“环保”专家又吸着一支烟。

我问：“他埋在你们林区了？”

他说：“不，他被火化之后，骨灰寄给了他南方的什么亲人……估计，就是往常从南方寄给他榨菜的亲人吧。这也只是我们的估计而已。凭我们几个初中生，当年打听不清关于他的什么真实情况。也根本不知道向谁们去打听……”

“那，后来你们几个……”

“‘文革’一结束，我们先后都考上了大学。现在，除了我，我们中还出了两位大学教授、一位林业局副局长。还有两个成了外国人，一个在美国，一个在法国。他俩起先也在大学里任教，近年失去联系了。啊对了，现在县中的校长，也是我们中的一个。县中现在是地区的重点中学了。我早已将父母接到京来住，在林区没亲戚。前年我回去了一次，没什么事儿，就是很想回去看看。一切都今非昔比了，大多数伐木工人都转行了，少部分伐木工人成了护林队员或育林工人。我们那个当县中校长的发小告诉我——据他后来了解，我们的恩师……他算得上是我们的恩师吧？……”

我说：“当然。”

“他 1957 年大鸣大放中，因为批评乱砍滥伐的现象，成了右派，从一所大学被扫地出门，成了一名扫街人。‘文革’中，又被收集整理了几句‘反动言论’，判刑入狱。出狱后，被押送到东北进行改造。因为七十来岁了，没地方愿意改造他了，阴错阳差地，被像破麻袋似的甩弃在我们那个林场了。我们当县中校长的发小，也就了解到这么多，还不知确凿不确凿。我们恩师患的是晚期胃癌，这一点倒是可以肯定的。当年给了他一份工资，只有二十几元，仅够他吃饭活着的，哪里能挤出买药的钱呢？当年在林区，又能买到什么药呢！所以胃疼起来，也只能忍着。现在想来，榨菜是唯一能帮他每天喝得下两碗玉米面糊糊的东西。他连自己园子里收的菜都一点儿不留，证明除了榨菜和玉米面糊糊，他的胃已经不接受任何其他食物了。也许，榨菜对于他的胃，还有匪夷所思的止疼药作用吧，你认为呢？……”

我说：“这我很难回答你。”

他转动着手中的半截烟，看着，语调缓慢地又说："如果真是那样，当年我们还馋他的榨菜，那可太罪过了。我的大学生活是在哈尔滨度过的，一到哈尔滨，我就到处买榨菜。可当年的哈尔滨，哪哪都买不到榨菜。直到我大三了，哈尔滨的某些副食店里才出现南方的榨菜。我一买到手，就吃零嘴儿似的吃掉了一袋儿。我们中还有一位，第一次乘飞机时，飞机上发的盒饭中有一小袋榨菜。一小袋对于他是不够的，居然厚着脸又向空姐要了一小袋。我们那两个在国外的，隔三岔五地就要跑到唐人街去吃碗榨菜面什么的，说否则胃里就像有馋虫在蹿动……你明白我为什么那么喜欢吃榨菜了吧？"

我说："明白了。"

"我们当县中校长那位，专门咨询过医生，问他那么喜欢吃榨菜，算不算一种病？你猜医生怎么回答他？"

"怎么回答？"

"医生说：'我也喜欢吃榨菜啊！只要每餐吃得清淡点儿，一天一小袋儿，多喝开水，对身体不会有什么危害的。'医生还说自己一犯烟瘾时就吃一条榨菜，竟然把烟戒了，但愿我也能那样。一位又瘦又病的高个儿老人改变了我的人生，而榨菜使我每天的日子有种别人咀嚼不出的特殊滋味……"

我的"环保"专家朋友接着又说了些什么，我已不再注意听了。

但我的目光已经望向我家的一面墙壁。墙上的小相框中，镶着一幅西方肖像派油画，印刷品——米开朗琪罗的《先知耶利米》。那先知沉郁而苍老，低着头，垂着眼皮，右手撑着下巴，实际上是严严地捂住了自己的嘴。他在思想着什么事，表情苦闷而忧伤。我觉得，那先知若瘦一些，大概就有点儿像我朋友记忆中的瘦老头了吧？……

"你在想什么？"

朋友不知何时站到了我身旁。

我说没想什么。

他说："你对良知和责任怎么理解？"

我说："一回事吧？"

"一回事？难道是一回事吗？有良知只不过意味着不做坏事，有责任的人却是要大声疾呼的！在我这一行里，我是有责任的人。在你那一行里，你只不过还有点儿良知罢了！知道我为什么今天到你家来吗？知道我为什么向你讲那些吗？不是因为我讲述的愿望太强烈了，而是为了你！因为你我已经是朋友了，因为我觉得，你这样的作家只保留住了点儿所谓良知，却一点儿都不承担社会责任了，那是不对的！估计这年头没什么人会跟你说这种话了。你我既有缘成为朋友，那么我认为我应该成为你人生中的瘦老头！尽管我比你小七八岁！……”

我惊愕，我呆住，那一时刻我双耳失聪，听不到他接下去所说的话了。

我的眼又一次望向《先知耶利米》……

爱读的人们

我曾以这样一句话为题写过一篇小文——“读，是一种幸福。”

我曾为作家这一种职业做出过我自己所理想的定义——“为我们人类古老而良好的阅读习惯服务的人。”

我也曾私下里对一位著名的小说评论家这样说过——“小说是培养人类阅读习惯的初级读本。”

我还公开这样说过——“小说是平凡的。”

现在，我仍觉得读，对于我这样一个具体的，已养成了阅读习惯的人，确乎是一种幸福。而且，将是我一生的幸福。对于我，电视不能代替书，报不能代替书，上网不能代替阅读，所以我至今没有接触过电脑。

站在我们所处的当代，向历史转过身去，我们定会发现，读这一种古老而良好的习惯，百千年来，曾给万亿之人带来过幸福的时光。万亿之人从阅读的习惯中受益匪浅。历史告诉我们，阅读这一件事，对于许许多多的人曾是一种很高级的幸福，是精神的奢侈。书架和书橱，非是一般人家所有的家具。书房，无论在西方还是东方，乃富有家庭的标志，尤其是西方贵族家庭的标志。

而读，无论对于男人或女人，无论对于从前的、现在的，抑或将来的人们，都是一种优雅的姿势，是地球上只有人类才有的姿势。一名在专心致志地读着的少女，无论她是坐着读还是站着读，无论她漂亮还是不漂亮，她那一时刻都会使别人感到美。保尔去冬妮娅家里看她，最羡慕的是她家的书房，和她个人的藏书。保尔第一次见到冬妮娅的母亲，那林务官的夫人便正在读书。而苏联拍摄的电影《保尔·柯察金》中有一个镜头——黄昏时分的阳光下，冬妮娅静静地坐在后花园的秋千上读着书……那样子的冬妮娅迷倒了当年中国的几乎所有青年。

因为那是冬妮娅在全片中最动人的形象。

读有益于健康，这是不消说的。

一个读着的人，头脑中那时别无他念，心跳和血流是极其平缓的，这特别有助于脏器的休息，脑神经那一时刻处于愉悦状态。

一教室或一阅览室的人都在静静地读着，情形是肃穆的。

有一种气质是人类最特殊的气质，所谓“书卷气”。这一种气质区别于出身、金钱和权力带给人的气质，但它是连阔佬和达官显贵们也暗有妒心的气质。它体现于女人的脸上，体现于男人的举止，法律都无法剥夺。

但是如果我们背向历史面向当今，又不得不承认，仍然以读为一种幸福的男人和女人，在全世界都大大地减少了。印刷业发达了，书刊业成为“无烟工业”。保持着阅读习惯的人也许并没减少，然而闲适之时，他们手中往往只不过是一份报了。

我不认为读报比读书是一种幸福。或者，一位老人饭后读着一份报，也沉浸在愉悦时光里。但印在报上的文字和印在书上的文字是不一样的。对于前者，文字只不过是报道的工具。对于后者，文字本身即有魅力。

世界丰富多彩了，生活节奏快了，人性要求从每天里分割出更多种多样的愉悦时光，而这是人性合理的要求。

读，是一种幸福——这一人性感觉，分明地正在成为人类的一种从前感觉。

我言小说是培养人类阅读习惯的初级读本，并非自己写着小说而又非装模作样地贬低小说。我的意思是，一个人的阅读习惯往往是从读小说开始的。其后，他才去读史，读哲，读提供另外多种知识的书。

我言小说是平凡的，这句话欠客观。因为世界上有些小说无疑是不平凡的，是伟大的。有些作家倾其毕生心血，留给后人一部《红楼梦》式的经典，或《人间喜剧》那样的皇皇巨著，这无论如何不应视为一件平凡的事情。这些丰腴的文学现象，也可以说是人类经典的文学现象。经典就经典在同时产生从前那样一些经典作家。但是站在当今看以后，世界上不太容易还产生那样一些经典作家了。诺贝尔文学奖的质量和获奖作家的分量每况愈下，间接地证明着此点。然而能写小说能出版自己书的人却空前地多了。也许从严格的意义上讲，这些人不能算作家，只不过是写过小说的人。但小说这件事，却由此而摆脱神秘性，以俗常的现象走向了民间，走向了大众。于是小说的经典时代宣告瓦解，小说的平凡时代渐渐开始……

我这篇文字更想谈的，却并非以上内容。其实我最想谈的是——在当今，仍保持着阅读的习惯并喜欢阅读的人群有哪些？在哪里？这谁都能扳着手指说出一二三四来，但有一个地方，有那么一种人群，也许是除了我以外的别人们很难知道的，那就是——精神病院，那就是——精神病患者人群。当然，我指的是较稳定的那一种。

是的，在精神病院，在较稳定的精神病患者人群中，阅读的习惯不但被保持着，而且被痴迷着。是的，在那里，在那一人群中，阅读竟成为如饥似渴的事情，带给着他们接近幸福的时光和感觉。这一发现使我大为惊异，继而大为感慨，又继而大为感动。相比于当今精神正常的人们对阅读这一件事的不以为然、不屑一顾，我内心顿生困惑——为什么偏偏是在精神病院里？为什么偏偏是在精神病患者人群中？我百思不得其解。

家兄患精神病三十余年，父母先后去世后，我将他接到北京，先雇人照顾了一年多，后送他住进了北京某区一家精神病托管医院。医护们对家兄很好，他的病友们对他也很好，我心怀感激，总想做些什么表达心情。

于是想到了书刊。我第一次带书刊到医院，引起一片惊呼。当时护士们正陪着患者们在院子里“自由活动”。“书！书！”“还有刊物！还有刊物！”……顷刻，我拎去的三大塑料袋书刊，被一抢而空。

患者们如获至宝，护士们也你争我抢。医院有电视，有报，看来，对于那些精神病患者们，日常仅仅有电视有报已经不够了，他们见了书见了刊眼睛都闪亮起来了。而在医院的外面，在我们许多正常人的生活中，恰恰的，似乎仅仅有电视有报就足矣了。而且，我们许多正常人的文化程度，普遍是比他们高的。他们中仅有一名硕士生，还有一名进了大学校门没一年就病了的——我的哥哥。

我当时呆愣在那儿了。因为决定带书刊去之前，我是犹豫再三的，怕怎么带去怎么带回来。精神病人还有阅读的愿望吗？事实证明他们不但有，竟那么强烈！后来我每次去探望哥哥，总要拎上些书刊。后来我每次离开时，哥哥总要叮嘱："下次再多带些来！"我问："不够传阅吗？"哥哥说："那哪够！一拿在自己手里，都舍不得再给别人看了，下次你一定要多带些来！"患者们，往往也会聚在窗口门口朝我喊："谢谢你！""下次多带些来！"那时我的眼眶总是会有些湿，因他们的阅读愿望，因书和刊在精神病院这一种地方的意义。

我带去的书刊，预先又是经过我反复筛选的。因为他们是精神病患者，内容往往会引起许多正常人兴趣的书刊，如渲染性的、色情的、暴力的、展览人性丑恶及扭曲程度的、误导人偏激看待人生和社会的，我绝不带去。

我带给那些精神病患者的，皆是连家长们都可以百分百放心地给少男少女们看的书和刊。而且，据我想来，连少男少女们也许都不太会有兴趣看。

正是那样的一些经过我这个正常的人严格筛选的书和刊，对于那些精神病患者，成为高级的精神食粮。而这样的一切书和刊，尤其刊，一过期，送谁谁也不要。所以我从前每打了捆，送给传达室朱师傅去卖。

我这个正常之人在我们正常人们的正常社会，曾为那些书和刊的下场多么的惋惜啊！现在，我终于为它们在精神病院这一种地方，安排了一种备受欢迎的好命运，我又是多么的高兴啊！由精神病院，我进而联想到了监狱。或者在监狱，对于囚犯们，它们也会备受欢迎吧！书和刊以及其中的作品文章，在被阅读之时，也会带给囚犯们平静的时光，也会抚慰一下他们的心灵，陶冶一下他们的性情吧？

谁能向我解释一下，精神病患者们竟比我们精神病院外的精神正常的人们，更加喜欢阅读这一件事情——因而证明他们当然是精神病患者，抑或证明他们的精神在这一点上与我们精神正常的人们差不多的正常！

阿门，喜欢阅读的精神病患者们啊，我是多么地喜欢你们！也许，因为我反而与你们在精神上更其相似着？

孩儿面

那天晚上，我在友人家做客。友人乃中年书法家，举办了国内国外个人书法展后，声名鹊起，墨迹就很值钱来。

正聊着，忽闻敲门声。友人妻开了门，让进一位二十多岁的青年。看其衣着气质，不但是外地人，而且定是山里人无疑。

他在门外声称要找“汪铭老先生”，归还一样东西。汪铭老先生，友人之父，数年前已故去，生前也是一位名字极有分量的书法家。

友人问青年从何处来？

答曰从大兴安岭林区来。

问归还什么？

青年犹豫不语。于是友人将青年引入另一房间，指墙上其父遗像说：“我是你要找的人的儿子，而且他只我这么一个儿子。”

青年沉吟半晌，默默从肩上取下布袋，放于桌上。又默默从袋中取出布包，一层、两层、三层，展开三层包裹，现出一块砚来……

此砚不寻常！开扇般大小，一寸许厚，呈双龙护月形。中间圆如满月的砚面，石质坚韧，光润莹洁，纹理缜细。双龙雕刻，刀法俊秀有力，精湛浑朴。好一块古色古香的文房之宝！

友人不禁“呀”了一声，急问：“此砚是怎么落在你手中的？”

青年说：“为了归还，十几年间我专程到北京四五次，寻找它的主人寻找得好苦！今儿总算寻找到了，我也从此了却一桩心事……不过我现在好渴……”

友人立即吩咐其妻：“快沏茶来！”并将青年从椅上让座于沙发，恭而敬之，待为嘉宾。

青年饮了几口，讲出下面一段事。

二十二年前，大兴安岭某农场的一个伐木队里，来了一个人，一个神色沉郁、五十多岁的劳改分子。当天，伐木队队长向自己手下的三十多名伐木工人打招呼：“我看此人，衣物很少，书却挺多，准是个学问人。他一有空闲，就坐下看书，到了这般田地，仍不失学问人的习惯，可见身未触法，心内无愧。他不卑不亢，满脸正气。这年月，蒙受不白之冤的好人不少，咱们谁也不许为难他，别给自己、给下辈人做阴损缺德的事端！”

亏得有伐木队队长暗中庇护，谁也不曾刁弄过他。

那当年的伐木队队长，便是寻上门来归还古砚的青年的父亲。

后来发生的一件事，证明伐木队队长的判断不错。那人果然外儒内勇，显示出了令人钦佩的品格——一头熊，闯入伐木人家属住的房子，炕上正睡着一个未满周岁的孩子。那孩子不是别人，正是归还古砚的青年。熊，就卧在孩子身旁，像狗一样，将嘴巴伏在两只前掌上打盹，所幸孩子一直熟睡着。但那熊，也仿佛要厮守着孩子，一直打盹到天明似的。几个小伙子，再也按捺不住性子，一人攥一把利斧，要闯入屋里，他们被那接受改造的人拦住了。

有人取来一杆猎枪，从窗口偷偷伸进去……也被那接受改造的人拦住了。

他说：“如果一枪打不死它呢？我曾遇到过类似的情况。熊在这种时候，一般不伤人。最稳妥的办法，是有人进屋里去，将孩子抱出来……为了以防万一，枪瞄着熊也是必要的，但不到万不得已，不可开枪……”

“进屋里去？……”

人家反问：“谁……”

“我。”

他以他所主张的方式救出了那个孩子……

大森林里，即使在当时那种年代，也有着跟外界不尽相同的判断人的方式和标准，他在伐木工们的心目中成了带有传奇色彩的人物。伐木队队长公然和他交上了朋友，毫无避讳地和他称兄道弟，还经常请他到家里去喝酒……

一天，他伐木时，碰上了“吊死鬼”，这是有经验的伐木工也要小心对付的情况。一棵已经伐断的树，被另一棵树半空“扯”住，这同开山炸石的人碰上了“哑炮”一样。他碰上了两棵断树被同一棵树半空“扯”住的险情，伐木工人把这种险情叫“二常联手”，意思是黑白无常串通一起，企图取人性命。

他算准了第三棵的倒势，开动了电锯。森林里突然刮起一股风，那风起得好疾，好猛。他刚听一声大喊“闪开”，抬头看时，两棵断树被刮得脱了依持，凌空向他压顶砸下来。他还没来得及做出迅速的反应，就被人推出一丈多远，跌倒在雪窝里。参天大树响着枝杈断裂的呼啸之声轰然倒下，树干之下，压着的是伐木队队长……

半月后，他离开了大森林。谁也不晓得他将被弄到哪里去，他的命运将如何，等待他的是凶是吉。他自己也难预测。他没有忘记向伐木队队长的妻子告别，他对她说：“你们母子以后的生活肯定会很艰难，我处于这般田地，又身无分文，无法报答你丈夫对我的救命之恩，也无力周济你们母子，只有这块古砚，是传家之宝，值钱的文物，你们母子就把它收下吧，有机会变卖掉，可维持三年五载的衣食。”

他双手捧砚，挚诚相赠。

伐木队队长的妻子虽感激涕零，却坚拒不受。

最后，他叹息一声，说：“就算我将它寄托于你们吧，若是哪一天，我的处境略有转变，就让孩子带这块砚去找我，我会把他当成自己的亲生儿子一样！……”友人及其妻听至这里，不禁四目涕视，我看得出，他们内心里都活动着些微妙的想法。

友人嗫嚅地说：“可是，我父亲……我刚才告诉过你，他已经去世了……”

大兴安岭林区来的青年说：“我母亲也去世了，我母亲去世前，再三叮嘱我，将来一定要寻找到这块砚的主人。既然当年讲好是寄托于我们的，我们就一定要守信用，一定要想办法使它物归原主。所以，我千里迢迢又一次来到北京，不是希望能在北京寻找到一位有理由依靠的监护人，只是为了归还这块砚，除此没有别的目的。”

友人夫妇，顿时肃然。

青年又说：“允许我再看一眼老先生吗？”

友人愧曰：“当然当然。”

于是第二次将青年引至其父遗像前。

青年对遗像三鞠躬后，拱手作别。

友人问：“你可知此砚现在值多少钱？”

青年回答：“三年前曾有人出两万元高价求买，虽家境贫寒，但毕竟是信托之物，不欲换钱。”

友人感慨地说：“这是一块安徽歙县出品的古砚。从民间传至过宫廷，又从宫廷流失于民间。归于我家祖上，至今已相传七八代之久。抚之如柔肤，叩之似金声，素享‘孩儿面’之美誉，苏东坡曾赞‘孩儿面’——‘涩不留笔，滑不拒墨’，可不是区区两万元就能买卖之物啊！”

遂向其妻暗使眼色，其妻领悟，转身入另室。片刻而出，执一信封，赠向青年，言内有五千元，聊谢归还诚意……青年坚拒不受。其妻无奈。

友人说：“请稍候，我为你写一条幅，可愿收下？”

青年微笑，说这是很高兴收下的。于是友人铺展纸幅，便用那“孩儿面”细细研墨。研罢，悬笔在手，似一时不知该写什么，侧目求援视我……我沉吟有顷，想出四句话：

世人皆图币，君子古心来。

孩儿面依旧，朴拙放异彩！

友人随声落笔，果然龙飞蛇舞，硬撇柔捺，苍折虬勾，墨迹不凡，一流书法！

我望着那青年，心中暗思——好一段古砚情！好一块“孩儿面”！好一位品性古朴未染的青年！让心灵被铜锈所蚀的我辈太惭啊！

卖“花”老人

小时候就爱花，至今还爱。总想有一小片土地——十几平方米足矣，种各式各样的花，闲来侍弄它们，看它们举几束蓓蕾，看它们渐开，也看它们的凋零……

为它们的渐开而欣喜，为它们的凋零而感伤——四十多岁了，不知怎么的，忽然又情调起来，怪可笑的。

曾不远千里从北海带回两盆花，一盆是橘，另一盆是再普通不过的草花。不会侍弄，所以那桔也就半死不活的。半死不活地过了一冬，今年开春移栽于宿舍区的院子里，竟开出了几朵小白花儿，没见开几天便落了。尽管未免“早夭”，却也结出了几颗小小的橘实，绿豆般大。每日散步，经过时蹲下看看，心里好愉快，毕竟是千里迢迢带回来的啊！至于那盆叫不上名的草花，原株早已死了。掐下些嫩枝，分栽了三盆，盆盆都活得挺滋润。就不知道，还能否开出一簇簇的小红花。随它去吧，老百姓讲话——“看点儿绿，眼睛也舒畅！”

不爱养名贵的花，接近名贵的花也不爱养，只爱养极一般的草花。喜欢一切草花不娇气的花性。不娇气而又开花，对我而言，才算好花。

四月里，某日逛早市，买了几种花根，总共花了三十元。

问那卖花的老人是什么花?

卖花的老人告诉了我，可一转身却忘了。

卖花的老人有一大相册，插一幅幅好看的花的照片，当时我翻阅着，指一种我喜欢的，卖花的老人便给我选一块花根。问花们娇气吗？答曰一点儿也不娇气，每天浇点水就活。问大约什么时间开，答曰长出了叶儿接着就能长出“骨朵”，两个月内保证看到和他照片上一样好看的花……

买东西从来不砍价，不知为什么，那日居然还跟卖花的老人讨价还价了一通……

回到家里，很仔细地将几块花根栽入花盆，大盆小盆在阳台里摆了一溜儿，心想这一下可有花儿了！而且拥有这么多！土，是拎了塑料袋，特意从远处一铲铲掘了带回来的。水，用塑料瓶装了，放在阳台上朝阳的地方晒过的。唯恐不良的土质和没经过晒的水，委屈了我的花们生长。还隔几天便松松土，施些肥……

如今它们长得很茂盛。用“茂盛”这个词形容绝不夸张。

然而也越来越看出，皆非花，尽是些草，只有山间的野草才会不那么讲究地长，横七竖八，乱乱蓬蓬地疯长。

妻说：“上当了吧？”

我说：“现在下结论还太早。”

心里极不情愿承认自己上当了，被骗了。如果是一件衣服，一双鞋，属于假冒伪劣，没什么不情愿承认上当的。买东西上当是常有的事儿，人们都会遇到的事儿，也没什么可羞耻的。但这毕竟是花啊！而且，浪费了我两个多月的感情，真不愿承认自己上当了。

某日来了位朋友，是位植物学家。正坐着跟我聊天，朝阳台上一望，就站了起来，走到阳台上去，挨盆依次看过，奇怪地问我：“养这么多盆草干什么？”

我问：“真是草？”

他说：“我还分辨不出是花是草吗？”

于是一一指出，那都是些什么草。北方没有，南方有。草甸子里一片片。放猪的人开春时节把猪往草甸子里赶，就是让猪拱开土，吃那些肥美的草根……

我真没好意思说我是花了三十元钱当花根买回家来，当花根栽培，并尽心尽意地侍弄了两个多月……

更没好意思说我仍不死心地期盼着它们开出花儿来……

朋友走后，我倒一点儿也没恼。中国贫富地区发展很不均衡，从穷地方来的咱们的同胞，用什么东西骗城里人几个钱，平心静气地想想，也不值当生气。反正也不是受外国人的骗，反正也不过才三十元钱。何况，还是假花，不同于卖假烟假酒，尤其不同于卖假药的。同胞和同胞之间，区区一件小事便生气，似乎也显得自己太不厚道……

但却很不解，很困惑。拿起笔，替卖“花”的老人算了一笔账——卖掉一块假花根才三元钱，卖掉十块才三十元，一百块才三百元，二百块才六百多元。整个一个春季，能卖掉二百块吗？未必。最多最多，骗个三五百元罢了。而且，须得打一枪换一个地方。头一年行骗过的早市，第二年肯定是绝不敢再出现了。我接连几日在早市上见过那卖假花根的老人，七十多岁的样了，看去是位很诚实的老人。如果巧舌如簧的个中年人，我也不那么容易上当。一位看去很诚实的老人，如果不是很缺钱花，又怎么会做骗人的勾当呢？

也许，他在家乡是放猪的？春季里，猪拱开草甸子里的土，他就从猪嘴里夺下些野草根？将那大些的仿佛像什么花根的，带回家去。还要洗尽了土。还要预先在家里培育些日子，直至长出了根芽。然后呢，然后搭火车，从南方到北方。买不买票呢？若买票，就等于先付出了车钱，冒着赔本儿的风险了。到了北方城市，又往哪儿呢？怕是不会住店的吧？那么只有在火车站过夜了。再然后呢，再然后起大早，在早市上占个位置。一上午卖没卖掉一块“花”根，总得上税。倘要逃过税务员的眼睛，在我们那个早市，并非一件容易之事。还有他那相册，相册里那些开得很好看的花儿的照片——也该是成本的一部分吧？……

而且，他的行骗是有季节性的，大约也就是四月里的那么十来天，像一位流浪中的老人，像一只苍老的候鸟，从南至北，倏忽而来，倏忽而去……

来时背些像花根的野草根，路上得经常给它们掸水，否则会干的，去时揣回一二百元……

才一二百元啊！

如今行骗赚钱的勾当太多了。不但多，且五花八门。那老人的行骗，是最不至于危害他人什么，因而也就算是最仁义的方式了。

不过才为了赚一二百元啊！

他的家人——如果他有家人的话，未必不夜夜替他担惊受怕，在他未揣着钱回到家里的日子。比如怕他碰上一个懂花识草的，揭穿了他，当众羞辱他，甚而揍他。这样的情况是极可能发生的……

我坚信，非是一个穷字所迫，为一二百元钱，谁人肯挺不容易地干这种营生？哪种儿女，又愿让自己的老人去干这种营生？……

顿时的我心里一阵难过——为那老人……

我希望，看到我这篇文字的人，倘若买了那老人的假花根，倘不期然地在别处又见着了那老人在卖假花根，千万别为难他，睁一只眼闭一只眼算了吧！得饶人处且饶人啊。

我祈祝，咱们这个国家，快快地普遍富裕起来。普遍地富裕了，像那老人一样，为赚一二百元，挺不容易地靠卖假花根行骗的勾当，无疑会少下去的……

至于那些野草，我仍养在阳台上，仍天天浇水，尽管明知它们是野草，永不会开花的……

上帝保佑那卖假花根的，一只眼蒙着眼翳的老人……

父亲的荣与辱

一

我的父亲是新中国第一代建筑工人。

我上小学前见到他的时候是不多的——他大部分日子不是家里的一口人，而是东北三省各建筑工地上的一名工人。东三省是新中国之重工业基地，建筑工人是“先遣军”。

那时的我便渐渐习惯了有父亲却不常见到父亲的童年。

我上小学二年级那一年，父亲所在的建筑工程公司支援大三线建设去了，父亲报名随往。去与不去是自愿的，父亲愿去。作为新中国第一代建筑工人，他觉得能在国家需要时积极响应号召，是无上之光荣。

父亲远赴外省之前，母亲与他几次发生口角——因为水泥。

当年的哈尔滨，除了道里、道外、南岗三处市中心区，大多数居民社区其实没有什么明显的城市特征可言，多是一片片的泥草房，即黄泥脱坯所建，稻草为顶的一类房子。长江以北的中国农村，家家户户住的基本是那类房屋。而住在哈尔滨市那类房屋内的，大抵是 1949 年以前“闯关东”的农民——我的父亲也是。他们没钱在市中心买砖房，城市也没能力解决他们的住房问题。他们只能自己动手解决，并且，也是买不起水泥和砖瓦的。所以，只得在经允许的地段自盖那类泥草房，形成了一片片当年的城中村。

那类房屋，每年都须用黄泥抹一层外墙。因为经过一年的风吹雨打，起先的一层黄泥处处剥落，土坯墙体暴露出裂缝，不再补一层泥，冬季必然挨冻。俗话说，“针尖大的缝隙斗大的风”啊。

为使黄泥不易剥落，人们想出了多种多样的和泥之法。普遍的经验，是将草绳头，破袋子、草帘子拆开，剪为等长的干草截搅入泥里——那个年代，除了市中心，农村进城的马车几乎随时随地可见，城里人只要留意，草绳破草袋子草帘子也几乎处处可以捡到。甚至，这一户城里人家可以向那一户城里人家借到铡刀。足见，某些所谓城里人家“城市化”的历史有多么短。他们转变身份之前，即将某些农具带入城里了，预见必会有用，也将完整的农村生活习惯带入了城里，如养鸡鸭，养猪。少数人家，虽已入城市户籍，却无工作，靠围一块地方养奶牛卖牛奶为生。像在农村时那样，以土坯盖房屋，以泥草维修房屋，对于他们是轻车熟路之事。对于我的父亲也是。

然而成为城里人后，毕竟会学到新的经验以使干后的墙泥结实——将炉灰拌入泥中，便是很城市化的法子。但一户人家烧一冬季的煤，其实煤灰多不到哪儿去，即使挺多也没处堆放，用时还需筛细，挺麻烦。所以，此法往往只在和泥抹内墙、炕面、窗台或锅台时才用。在当年，筛细的炉灰对于寻常百姓人家便如同水泥了。

记得有一年，一座炼铁厂搬迁了，引得许多人家的老人女人和孩子纷纷出动，带着破盆、破筐，推着小车争先恐后地前往。

去干什么呢?

原来铁厂的某处地方，遗留下了厚厚一层铁锈——聪明的人不约而同地想到，将铁锈和到泥里，干后的泥面一定不容易裂，大约也比较能经得住水湿。事实果然如此，并且泥面呈褐色，也算美观。

我家住的虽然是当年的俄国难民遗留的小房屋，但已有三十几年历史了，地基下沉，门窗歪斜，早已失去了原貌，比没住几年的草坯房差多了。而且，父亲早已开始用黄泥维修了。

某年父亲和泥抹房子时，母亲又一边帮他一边唠叨不休：“说过几次了，让你从工地上带回来点水泥，怎么就那么难？”

父亲那时每每板起脸训母亲：“再说多少次也白说！从工地上带回来点儿？说得好听，那不等于偷吗？水泥是建筑行业的宝贵物资，而我是谁？……”

母亲也每每顶他：“说来听听，你是谁？你不就是十七岁闯关东过来的山东农民的儿子梁秉奎吗？”

父亲则又不高兴又蛮自豪地说：“不错，那是从前的我，现在的我是中国第一代建筑工人，中国领导阶级的一员！休想要我往家里带公家的东西，你那是怂恿我犯错误，有你这么当老婆的吗？”

“抹抹窗台、锅台、炕沿，那才能用多少水泥？怎么话一到你嘴里，听起来就是歪理了呢？”——母亲光火了。

“我把咱家的窗台、锅台、炕沿用水泥抹得光溜溜的了，别人一眼不就看出来了吗？你当别人都是傻子？如果谁一封信揭发到我单位去，班长我还当得成吗？！”——父亲也光火了。

“那就不当！不当又怎么了？我问你，那么个小破班长，不当又怎么了？”

母亲则将铁锨往泥堆上一插，赌气不帮他了。

为了修房屋时能否有点儿水泥，父母之间不止发生过一次口角。

当年我的立场是站在母亲一边的。我讨厌窗台、锅台、炕沿经常掉泥片儿的情形。依我想来，就是一次带回家一饭盒水泥，几次带回家的水泥，也够将我们的小家很主要的地方抹得美观一点儿的。当年我也挺轻蔑父亲将自己是一名建筑工地上的工人班长太当回事儿的心理。在这点上，我的一辈子与父亲的一辈子完全不同。父亲当他的班长一直当到“文革”开始那一年，以后不曾再是班长了，似乎是他心口永远的“痛”。而我这一辈子，从没在乎过当什么。不管当过什么，随时都可以平静对被“免去”的结果——只要还允许我写作。而今，连是否“允许”我继续写作都不在乎了。快七十岁的人了，爬格子爬了大半辈子了，一旦不“允许”了，不写就是了。

父亲去往大西南的前一天晚上，母亲又与他闹得很不愉快，还是因为水泥。

母亲一边替他收拾东西一边嘟哝：“说走就走，一走还去往那么老远的省份，把这么个破家丢给我和孩子，叫我们往后怎么办？你看这炕沿、窗台，还有外屋那……”

父亲打断道：“还有外屋那锅台是不是？你就别叨叨了，饶了我行不行？我还是那句话，占公家便宜的事我肯定不干，因为我是领导阶级一员，领导阶级得有领导阶级的样子！”

父母之间的不快，使父亲与我们临别前那一个晚上的家庭气氛沉闷又别扭。

我上初一那一年夏季，父亲自四川归来。他这一次探家历时六日，先要从大山里搭上顺路卡车到乐山，再从乐山乘长途公交至成都，而后乘列车至北京，从北京至哈尔滨。当年直达车每日一次，没赶上的话，只得等到第二天。如果还没买到票，那么只得再等一日。直达的票极难买到，父亲便索性一段段向北方转乘。因为根本无法确定到哈时间，父亲就没拍电报要家人去接他。

他是很突然地进入家门的，在晚饭后那会儿。当时家中有位邻居大婶与母亲唠嗑，不唯那大婶，母亲和我们几个儿女也讶然不已。他带回了太多东西，肩挎一截粗竹筒，一手拎一只大旅行袋，还背着一只不小的竹编背篓，很沉。我和哥哥帮他放下背篓，见他的蓝工作服的衣背一片白，像是被面粉搞的。

母亲用扫炕笤帚替他扫时，邻居大婶惊诧地说：“哎呀妈呀，你家梁大哥太顾家了，还从四川那么远的地方往家里带东西啊！四川不是出水稻不出麦子的省份吗？”

父亲无言地笑笑，没解释什么。

等邻居大婶走了，父亲才说，背篓里那两个布袋子装的不是面，而是白灰和水泥。

母亲心疼地说：“你中魔了？那是非往家带不可的东西吗？”

父亲说：“是啊，我要了你的心愿，用水泥把咱家窗台、锅台、炕沿抹得光光溜溜的，再把咱家屋刷得白白的，也让你见识见识中国第一代建筑工人干活的质量标准！”

母亲愣愣地看了父亲片刻，一转身，双手捂面无声而泣。

我们的家在父亲连续几天的劳累之下旧貌换新颜了。粗竹筒里装的是十来份奖状，都是晚报展开那么大幅的。花钱仔细得要命的父亲，居然舍得花钱买了十来个相框。当十来份奖状镶入框中，分两排挂在迎门墙上后，简直可以说很壮观，使我们的家蓬荜生辉了。

片警小龚叔叔来家里看父亲，而父亲去工友家尽自己的探家义务去了。小龚叔叔扫视两排奖状，正了正警帽，庄重地敬了个礼说：“向支援大三线建设的建筑工人致敬！”

母亲将小龚叔叔的敬意告诉父亲后，父亲红着脸笑了，笑得满脸灿烂辉煌……

二

1978 年，我回哈尔滨探家时，父亲已六十二岁了，退休不久。因为家中生活困难，单位照顾他，特批他晚退休两年。退休与没退休，每月差二十元左右呢。在 1978 年，二十元对任何一户普通城市人家都是一笔某种程度上关乎生活水平的钱数。

自 1966 年“文革”发生，父亲之后两年没再探过家。1968 年我下乡了，从此与父亲南北分离，天各一方。算来，十余年没见过父亲了。

我又见到了父亲，他已是完全秃顶，蓄着半尺长的白须的老头了。

那年二十九岁的我，不太觉得自己与十年前有什么区别，但父亲变化着实令我暗自神伤，感慨多多。父亲不仅是一个老头了，而且，分明还是一个自卑的老头了。似乎，不知从何时起，他那种“新中国第一代建筑工人”、“领导阶级”之一员的光荣感、自豪感，彻底地被某种外力摧毁了，彻底瓦解了。为了使他开朗一点，起码不那么像个哑巴似的，我经常主动找些话题与他聊，然而他总是三言两语地应付我，一次也没聊成。

一日，家里收到一封挂号信，是父亲单位从四川寄来的——一份“政治问题”审查结论书，写的是关于父亲系“日本特务”之嫌疑罪名，实属诬陷，彻底平反。而关于父亲在“文革”中的错误言行，经复查一一属实，维持原处分。

我大愕。

问父亲“日本特务”之嫌是怎么回事？

父亲说，那是因为自己当时说几句日本话跟工友开玩笑惹出的祸。自己是从“伪满时期”过来的人，会说几句日语也没什么值得大惊小怪的啊。

又问“文革”中的错误言行是怎么回事？

父亲说，“停产闹革命”时，他想不通，确实说过一些话，如——“普通的工人阶级文化程度都很低，文化大革命跟咱们没多大关系。”“工人都不做工了，农民都不种地了，这么闹下去，天下大乱还只是乱了敌人吗？”

再问：“后来号召‘抓革命，促生产’了，那时怎么没为你平反呢？”

父亲吞吞吐吐地承认，自己当年还先动手打了批斗他的人，一拳将对方打得口鼻出血，这当然激怒了对方们，围殴他。他也被激怒了，抡起了铁锨，差点儿劈死了一个人……

这太符合父亲的性格了。不问我也想象得到，父亲肯定因而大吃苦头。

我说：“爸，你别管了。你的事，我管定了。”

我当即复信，在信中写了几多“你们他妈的”、“混蛋王八蛋”之类，总之是骂了个淋漓痛快。信末，限对方们在我要求的时间内给我以答复，否则我将亲往四川，找他们当面算账。

如今想来，我还是认为，那是我生平写过的最好的信之一。

当年，那也太符合我的性格了！

为了等到回信，我推迟了回北京的日子。在我要求的时间内，家里收到了回信。是一封措辞极为客气、恳切、委婉地承认他们思想认识有局限性的信——结论嘛，自然是按我要求的那样，一概平反，赔礼道歉。

我将那封信读给父亲听时，他一动不动地仰躺在床上，眼角不停地流下老泪来。

自那以后，父亲“幽闭”般的沉默寡言终于不再，颇愿与我这唯一上过大学的儿子交谈了。有时，甚而是主动的。

于是，我也就了解了他的某些屈辱经历——不是解放以前的，而是解放以后的；并且，如果我不讲，弟弟妹妹们是不知道的，连母亲也知之不详。

毕竟他是新中国第一代建筑工人，一名获得过许多奖状的优秀建筑工人，故有人暗中保护过他。他被独自派遣到一座山上看仓库，以示惩罚。一年见不到几次人，连猫狗也不许养。倘允许，父亲当年是宁愿与一只小猫或小狗分吃自己那一份口粮的，但绝不允许。父亲也从没有过“半导体”。即或有，在大山里也收听不到什么广播，而且那是更不允许的。也没有任何读物。非说有，便是家信了。家信辗转到他手中，比以往晚一两个月的时间——得由上山拉建材的人带给他，还得那人愿意。

那些年里，父亲自制织针，偷偷下过几次山，向村里的妇女们请教，以极大的耐心学会了织衣物。他寄给我们的线背心、手套、袜子、围巾，便是那几年里的成果。他收集建筑工人们丢弃的破劳保手套，洗净，拆之，于是便有了线。父亲的织技发挥到最高水平，也只不过能织成一件背心。

“文革”结束后，他仍留在山上，反而不愿下山了。到了退休年龄，他还独自留在山上。那时他已有伴了——一只被他发现，由小养到大的狍子。

六十二岁他不得不离开那座山之前，将狍子带往深山放跑了。他说，如果自己不那么做，狍子肯定会被上山的工人们弄死吃掉的。

他还说，即使在看仓库的那些年，他也完全对得起国家发给自己的六十二元工资。因为他不只看仓库来着，还在山坡开出了几大片地，用自己的钱到村里去买菜籽种菜，每隔几个月，山下的工地食堂便会派人派车上山拉走，多时一次能拉走两卡车。

“我好后悔。起初我是瓦工，瓦工最高是七级。我到四川之前就是四级瓦工了，可是偏让我当水泥工班长。水泥工最高才六级。退休前终于给我涨了一次工资，也不过是五级水泥工。同级的水泥工与瓦工相比，每级少几元钱呢。熬到五级，少十几元钱呢！……”

这是我从父亲口中听到的唯一的抱怨话。

他一向说：“他们对不起我。”

从不说：“国家对不起我。”

他是一名新中国第一代建筑工人，工龄三十余年，退休后的工资是46元，我记不太清了，总之是四十几元而已。

父亲的身体一向很好，偶生病也就是吃几片药“扛过去”罢了。即使患了癌症，也没住过一天院。何况一检查出来便是晚期，住院也是白住。

我服从他的意愿，使他得以“走”在家中。在一个中午，我与他并躺床上，握他一只手，他就那么静静地走了。

三十余年间，他享受公费医疗待遇的钱，加起来不超过三百元。

我曾问他：“爸，你是工人的年代，工人是我们国家的领导阶级，你觉得你真的领导过什么人吗？”

他沉默良久，才以低缓的语气回答：“我明白你的话是什么意思。但凡是一个国家，哪一个国家没有几种国家说法呢？有些事是不必较真的，太较真没意思。”

片刻，又说：“我作为新中国第一代建筑工人，对得起发给我的每一份奖状，这就行了，是不是？”

我反而不知再说什么好了。

我觉得父亲也算是幸运的，退休早，避过了后来千千万万工人的“下岗”。

而如今退休工人们普遍一千七八百、两千多元退休金的待遇，父亲却没赶上。这对于他，又不能不说是终生憾事。

如今的退休工人们，比如我的弟弟妹妹们，时常抱怨“那点儿”退休金太少，根本不够较宽松地来花，但比起父亲当年的四十几元退休金，委实是他做梦都不敢想的啊！

联想到新中国第一代、第二代、第三代工人们，不禁生出疼惜不已的敬意……

2015 年 4 月 28 日

園

IV 最好的时代，最好的人

无论过去、现在、还是将来，
平凡而普通的人们，
永远是一个国家的绝大多数。
任何一个国家存在的意义，
都首先是以他们的存在为存在的先决条件的。

沉思鲁迅

在阴霾的天穹上，凝聚着一团大而湿重的积雨云——我常想，这是否可比作鲁迅和他所处的时代的关系呢？那是腐朽到了糜烂程度而又极其动荡不安的时代。鲁迅企盼着有什么力量能一举劈开那阴霾，带给他自己也带给世人，尤其中国底层民众，又尤其许许多多迷惘、彷徨，被人生的无助和民族的不振所困扰，连呐喊几声都将招至凶视的青年以光明和希望。然而他敏锐的、善于深刻洞察的眼所见，除了腐朽和动荡不安，还是更不可救药的腐朽和更鸡飞狗跳的动荡不安。

他环顾天穹，深觉自己是一团积雨云而孤独。他是他所处的时代特别嫌恶然而又必然产生的一个人物，正如他嫌恶着它一样。

于是他唯有以他自身所蕴含的电荷，与那仿佛密不可破的阴霾，亦即那混沌污浊的时代摩擦、冲撞。中外历史上，鲜有一位文化人物自身凝聚过那么强大的能量。对于中国，那能量超过了卢梭之对于法国，然而相对于他所处的时代，那也只不过是一种凄厉的文化的声音而已。他在阴霾的天穹上奔突着、疾驰着，迫切地寻找着或能撕碎它的缝隙。他发出闪电和雷鸣，即使那时代的神经紧张，也义无反顾地消耗着自己。既不能撕碎那阴霾，他有时便恨不得撕碎自己，但求化作多团的积雨云，通过积雨云与积雨云，也就是自身与自身的摩擦、冲撞，击出更长的闪电和更响的雷鸣……这，是否便是中国近代文化史上的鲁迅呢？

鲁迅当然是文学的。文学的鲁迅所留下给我们的文本，是迄今为止最具个性的文本之标本。它使我们明白，文学的“个性化”意味着什么。

鲁迅更是文化的。倘仅以文学的尺丈量鲁迅，在某些人看来，也许鲁迅是不伦不类的，而我想，也许所用之尺小了点儿。

鲁迅一个人便几乎构成着中国现代文学和文化史上不容忽视的一页了——那便是文化的良知与一个腐朽到糜烂程度的时代之间难以调和、难以共存的大矛盾。倘中国现代文学和文化史上无此页，今人对它的困惑将不是少了，而是多了。文学体现于个人，有时只需要一张写字桌。文化体现于个人，有时只需要黑板和讲台。文学家和文化，有时只需要阴霾薄处的似有似无的微光的出现，有时仅满足于动荡与动荡之间的虚幻的平安无事。

文学和文化处在压迫它的时代，是也可以像吊兰一样，吊着活的。这其实不必非看成文学和文化的不争，也是可以换角度看成文学和文化的韧性的。

然而鲁迅要的不是那个，满足的也不是那个。倘是，中国便不曾有鲁迅了。鲁迅曾对他那时代的青年说过这样的话：第一是要生存，第二是要温饱，第三是要发展。

鲁迅的激烈，乃因他每每的太过沮丧于与同时代的文化人士，不能一致地、迫切地、义无反顾地想他所想，要他所要。因而他常显得缺乏理解，常以他的“投枪和匕首”伤及原本不愿与他为敌，甚至原本对他怀有敬意的人。

于是使我们今人不得不面对这样一个事实——战斗的鲁迅有时候也是偏执的鲁迅……

在四月的春寒料峭的日子里，在沙尘暴一次次袭扑北京的日子里，在停了暖气家中阴冷的日子里，我又沉思着鲁迅了。事实上，近几年，我一再地沉思过鲁迅。

有哪一位中国作家，在半个世纪之久的中国，尤其是在20世纪80年代以前的三十年里，其地位被牢牢地神圣地巩固在文化领域乃至社会思想理论领域呢？除了鲁迅，还是鲁迅。鲁迅的书，则是仅次于《毛泽东选集》的书。鲁迅的言论，则是仅次于《毛主席语录》的言论。在“文革”中，鲁迅的言论被正面引用的次数，仅次于《毛主席语录》被引用的次数。

我确信，倘鲁迅当年活在世上，肯定是不情愿的。倘不情愿而又无可奈何，那么他内心里肯定是痛苦的吧？其痛苦肯定大于他感到被曲解、误解、攻击和围剿的痛苦吧？在人类的历史长河中，某些著名的人物，生前或死后被当成别人们的盾别人们的矛的事是常有的。鲁迅也被不幸地当成过，不是鲁迅的不好，是时代的浅薄。

鲁迅生前论敌甚多，这乃是由鲁迅生前所贯操的杂文文体决定了的。杂文是议论文体，既议人，则该当被人所议。纵然论事，也是难免议及于人的。于是每陷于笔战之境。以一当十的时候，便形成被“围剿”的局面。鲁迅的文笔尖刻老辣，每使被议者们感到下笔的“狠”。于是招至以眼还眼，以牙还牙。鲁迅是不惧怕笔战的，甚至也不惧怕孤家寡人独自“作战”，而且具有以一当十百战不殆的“作战”能力，故在当时的中国文坛，形象就很无畏。“东方不败”的一种形象。又因他在当时所主张的是“普罗文化”亦即“大众文化”，而“大众”在当年又被简单地理解成“无产阶级”，并且他确乎为他的主张每每剑拔弩张，奋不顾身，所以后来受到毛泽东的高度评价，称颂之为“伟大的无产阶级文化的战士和旗手”。

有人对鲁迅另有一番似乎中性的客观的评价，那就是林语堂。他曾写道：

与其说鲁迅是文人，还莫如说鲁迅是斗士。所谓斗士，善斗者也。闲来无事，以石投狗，既中，亦乐。

林语堂曾与鲁迅交好过，后来因一件与鲁迅有关与自己一点儿关系都没有的稿费争端，夫妇二人欣然充当斡旋劝和的角色，却说出了几句使鲁迅大为反感的话。鲁迅怫然，林语堂亦怫然，悻悻而去。鲁迅在日记中记录当时的情形是“相鄙皆见”四个字。

从某些人士的回忆录中我们知道，鲁迅其后几日心事重重，闷闷不乐。鲁迅未必不因而失悔。

而林语堂关于“斗士”的文字，发表于鲁迅逝后，他对鲁迅曾是尊敬的。那件事之后他似乎收回了他的尊敬，而且，二人再也不曾见过。

林语堂不是一位尖刻的文人，然其比喻鲁迅为“斗士”的文字，横看竖看，显然地流露着尖刻。但若仅仅以为是百分之百的尖刻，又未免太将林语堂看小了。我每品味林氏的文字，总觉也是有几分替鲁迅感到的“何必”的意思在内的。

而有了这一层意思在内，“斗士”之喻与其说是尖刻，莫如说是叹息了。起码，我们后人可以从文字中看出，在林语堂眼里，当时某些中国文坛上的人，不过是形形色色的“狗”，并不值得鲁迅怎样认真对待的。

鲁迅讨伐式或被迫迎战式的杂文，在其杂文总量中为数不少。比如仅仅与梁实秋之间的八年论战（与抗日战争的年头一样长），鲁迅便写下了百余篇长短文。鲁迅与论敌之间论战，有的发端于在当时相当严肃重大的文学观的分歧和对立。论战双方，都基于某种立场的坚持，都显出着各所坚持的文学的，以及知识分子的责任感。有的摆放在今天的中国文坛上，仍有促使我们后代文学和文化人士继续讨论的现实意义。

1949 年后，鲁迅的名副其实的论敌们，或准论敌们，或虽从不曾打算成为鲁迅的论敌，却被鲁迅蔑斥为“第三种文人”者，都纷纷转移到香港、台湾乃至海外去了。我们今人，谁也不能不说他们当时的转移是明智的。没有做那一种选择的，后来的人生遭遇都是那么的令人唏嘘。连曾是鲁迅的“战友”，曾是鲁迅的学生的人们也在劫难逃，更何况鲁迅当年的论敌了。

并且，近当代的中国文学史，曾几乎以鲁迅为一条“红线”，进行了相当细致的梳理和相当彻底的删除。其结果是，一些与鲁迅同时代的文化人士和文化学者，从近当代的中国文学史上销声匿迹了。他们的书籍只有在极少的图书馆里才存有着。有的文学史书虽记载了当时中国文坛的风云种种，但也只不过是一笔带过的，仿佛铁板钉钉的结论。

然而我确信，鲁迅若活到了 1949 年以后，他是绝不会主张对他的论敌、准论敌，以及被他蔑斥的“第三种文人”一律封杀。鲁迅是断不至于将他文坛上的论敌们，视为不共戴天的仇敌，时刻欲置于死地而后快的。他虽写过《论“费厄泼赖”应当缓行》，那也不过是论战白热化时文人惯常的激烈。正如梁实秋当年讽鲁迅为“一匹丧家的‘乏’牛”，但倘自己得势，有人主张千刀万剐该“牛”，甚或怂恿他亲自灭掉，梁实秋也是会感到侮辱自己的。

在《鲁迅梁实秋论战实录》一书中，梁实秋夫妇与鲁迅孙子周令飞夫妇的台北合影，皆其乐融融，令人大觉欣然。往事作史，尘埃落定，当年的激烈严峻，现今竟都变得轻若绕岭游云了。我想，倘鲁迅泉下有知，必亦大觉欣然吧？鲁、梁当年那一场持久论战，在我读来既是必然发生的“战役”，也未尝不是“剪辑错了的故事”。

鲁迅的经历，决定了他是一位深深入世，抛尽了一切出世念头，并且坚定不移地确定了自己入世使命的文化知识分子。鲁迅书中曾有这样的话：

说从前好的，自己回去；

说现在好的，留在现在；

说将来好的，随我前去！

那与其说是豪迈的鼓呼，毋宁说更是孤傲的而又略带悲怆意味的个人声明——他与他所处的“现在”，是没什么共同语言的。他对社会、国家和民族的寄托，全在将来！而他的眼从“现在”的大面积的深而阔的伤口里，已看到正悄悄长出的新肌腱的肉芽！

曾有他的“敌人”们这样地公开暗示他的“赤”化：“然而偏偏只遗下了一种主义和一种政党没嘲笑过一个字，不但没有嘲笑，分明的还在从旁支持着它”。梁实秋在与鲁迅的论战中引用了那很阴险的文字，并在文中最后质问：“这‘一种主义’大概不是三民主义吧？这‘一种政党’大概不是国民党吧？”

这不能不说是比“资本家的‘乏’走狗”更狠的论战一招，因为这等于将鲁迅推到了国民党特务的枪口前示众。文人之间的意气用事，由此可见一斑。这一种文化现象，也是非常“中国特色”的，在后来的“文革”中登峰造极。

今天，我们当代中国之文化人和文化知识分子，与其非要从鲁迅身上看清他原来也不过怎样怎样，还莫如以历史为镜、为鉴，照出我们自己之文化心理上的不那么文化的疤癞。

当然，鲁迅斥梁实秋为“资本家的‘乏’走狗”，也是只图一时骂得痛快，直往墙角逼人。研读梁实秋与鲁迅的论战文字，谁都不难得出一个公正的结论，即梁实秋谈的是纯粹的文学和文化之事，如其在大学讲台上授课。二十四岁从美国哈佛大学文学院获得了硕士学位归国任教的梁实秋，当年显然是属于这样一类知识分子——只要垫平一张讲课桌由其讲授文学的课程，课堂以外之事是既不愿关心更不愿分心而为的。当年此类文化知识分子为数是不少的，《青春之歌》中的余永泽，身上便有着他们的影子。当然在持革命人生观的当年的青年们看来，那是很不足取的。其实，倘我们今人平静地来思考，却更应该从中发现这样一种人类普遍的生存规律，那就是——只要天下还没有彻底的大乱，甚或，虽则天下业已大乱，但凡还有乱中取静的可能，人类的多数总是会一如既往地做他们想做和一向做的事情的：小贩摆摊、游民流浪、瘾君子吸毒、妓女卖淫、工人上班、农夫下田、歌女卖唱、叫花子行乞、私塾先生教三字经百家姓千字文、大学教授备课授课、学子们孜孜以学……哪怕在集中营里，男人和女人也要用目光传达爱情；哪怕在前线的战壕里，有浪漫情怀的士兵，也会在冲锋号吹响之前默诵他曾喜欢过的某一首诗歌……梁实秋的“悠悠万事，唯文学为大”，正符合着人性的较普遍之规律。深刻如鲁迅者，认为是苟活着并快乐着，但若换一种宽厚的角度看待之，未尝不也是人性的普遍性的体现。

如果说鲁迅倡导“普罗文学”，即“大众文学”，无论当时或现在都有积极的意义，那么他根本否定“第三种文人”也就是根本否定第三种文学和文化亦即超阶级意识的文学和文化的存在价值，则是大错特错了。在此点上鲁迅其实是自相矛盾的，因为他甚至连对古代艳情禁毁小说都曾笔下留情，表现包容的一面。在此点上，他使本来尊敬他的某些人，后来也对他敬而远之了。

俱往矣！

社会之所以不管怎样的病入膏肓，却毕竟的总还“活”着，乃因有人在不懈地做着对我们和我们的下一代极为必要之事。而时代之所以变革，则乃因有勇猛的摧枯拉朽者。

两者中都有值得我们钦佩的。鲁迅——旧中国阴霾天穹上，一团直至将自己的电荷耗尽为止的积雨云。鲁迅又如同星团，而别人们，在我看来，即或很亮过，也不过是星。星团大过于星……

巴金的启示

巴金老人在世时，我是见到过他两次的。

第一次是 1977 年 5 月 23 日，上海举行纪念毛泽东《在延安文艺座谈会上的讲话》的活动。一次规模很大的活动。正式出席的有三百余人，曰“代表”。前一年十月已经粉碎了“四人帮”，而我那一年的九月毕业。我是以复旦大学中文系特约学生“代表”的身份参加的。复旦大学中文系也就分到了那么一个学生“代表”名额的。我之所以将“代表”二字括上引号，乃因都非是民主方式选举产生的，而是指定的。

于我，那“代表”的资格是选举的也罢，是指定的也罢，性质上都是没有什么区别的——无非就是一名在校的中文系学生参加了一次有关文艺的纪念活动而已。如今想来，对于当时那三百余位正式“代表”而言，意义非同小可。正因为都是指定的，那体现着粉碎“四人帮”以后的中国政治，对众多文艺界人士的一种重新评估——一种政治作用力的，而非文艺自身能力的、展览式的、集体的亮相。中老年者居多，青年寥寥无几。我在文学组，两位组长是黄宗英老师和茹志鹃老师，我是发言记录员。文学组皆老前辈，连中年人也没有。除了我一个青年，还有一名华东师大的女青年，也是中文系的在校生。

巴金老当年便是文学组的一名“代表”，还有吴强、施蛰存、黄佐临等。

我虽从少年时期就喜爱文学，但有些名字对于我是极其陌生的。比如施蛰存，我就闻所未闻。我少年时期不可能接触到他的作品。建国后，除了某些老图书馆，新建的图书馆包括大多数大学的图书馆里，根本寻找不到他的作品。建国后，他的作品大约也是没再版过的吧？考虑到学科的需要，复旦大学中文系的阅览室虽然比校图书馆的文学书籍更“全面”一些，虽然我几乎每天都到阅览室去，但三年里既没见过施蛰存的书，也没见过林语堂、梁实秋、胡适、徐志摩、张爱玲、沈从文的书。这毫不奇怪。建国后，尤其是“文革”中，全国一概的图书馆，是被一遍一遍蓖头发一样蓖过的。他们的书不可能被我这一代人的眼所发现。

然而，巴金老的书当年却是赫然在架的。

如今想来，我觉得巴金老比起他们，那还是特别幸运的。作为作家，他虽然在“文革”时期被“冰冻”了起来，但是他的作品，毕竟还能在一所著名的大学的中文系的阅览室里存在着。

尽管粉碎“四人帮”了，但文学老人们在会上的言语既短少又谨慎。在会间休息，相互之间的交谈也是心照不宣，以三言两语流露彼此关心的情谊而已。每个人的头上，依然还戴着“文革”中乃至自从建国以后被强加的莫须有的罪名——那是一些依然戴着这样或者那样的罪名却又蒙幸参加纪念活动的“代表”。

由于我几乎读过巴金老的那时为止的全部作品，对他自然是崇敬的。上楼下楼时，每搀扶着他。用餐时，也乐于给前辈们添饭，盛汤。但是我没和他交谈过。心中是想问他许多关于文学的问题的，但又一想肯定都是他当时难以坦率回答一个陌生的文学青年的问题，于是不忍强前辈所难……

第二次见到巴金老，是在上海，在他的家里。已忘记了我到上海参加什么活动。八九人同行，又是我最年轻。内中还有当时作协的领导，所以我一言未发，只不过从旁默默注视他，也可以说是欣赏一位文学老人。那一年似乎是1985年。他已在一年前的四届作代会上被选为中国作协主席。

那一次他给我留下的印象用两个字就可以概括——慈祥。

后来巴金老出版的几本思想随笔，我也是很认真地读过的。

对于我个人，他那一种虔诚的忏悔意识和要求自己以后说真话的原则，给我留下深刻印象。于今，前一种印象越来越淡薄了，后一种印象更加深刻了。依我想来，当政治的巨大脚掌悬在某些人头上，随时准备狠狠踩踏下去的时候，无论那些人是知识分子抑或不是，由于懦弱说了些违心的话——那实在是置身度外的人应该予以理解和原谅的，尤其那违心话的性质仅仅关乎自己对自己的评价，并没有同时牵连别人安危的时候。巴金老人在“文革”中所说某些违心话，便是如上的一些话而已。他当选中国作协主席以后，对自己所做的反思和忏悔，自然是极可爱极可敬的，也完全值得我们后辈尤其是后辈知识分子学习。但若将中国发生“文革”那样的事情与中国知识分子应该集体的怎样居然没有集体的怎样直接联系起来进行评判，则我认为是很小儿科的评判。巴金老自己并没用他的文字发表过以上的联系，但以上言论“文革”后一直是有的。它的小儿科般的性质乃至于忽略了相对于政治的巨大脚掌，一个或一些被剥夺了话语权的知识分子，几乎便渺小得形同蝼蚁这样一个事实。我以为正确的评判立场也许恰恰相反，应该受到谴责的首先是那一只巨大的脚掌。它不该那么不道德，它怎么又偏可以那么不道德地肆无忌惮呢？这一定有它自身的规律。将思想的方向一味引向对知识分子的分析，恰恰会使真正值得深入分析并大声说出分析结果的现象获得赎免。在中国知识分子不知怎么一下子热衷于分析知识分子自身过剩的思想泡沫中，我以为真正值得深入分析的现象，在中国还一直没有被分析得多么深入。也可以说，实际上几乎等于获得了赎免。

以我的耳听来，违心的话，热衷于而渐成习惯的假话、套话、照本宣科的毫无个人态度的话，总之，等等令人听了心里恼火大皱其眉的高调门儿的话，委实还是太多了！

巴金老自己并不好为人师。他从未摆出诲人不倦的面孔，以知识分子导师的话语和文章来“告诫”要求中国知识分子“应该”说真话。所以我将“应该”括上引号，也将“告诫”括上引号。巴金老只不过通过解剖分析和批判自己以身作则。

而依我的眼看，他的以身作则是起到了一定影响作用的。而依我的耳听，假话虽仍此起彼伏不绝于耳，但真正发自中国知识分子之口的假话，确乎比以往的任何年代都少了。中国知识分子已找回了一点儿说假话应该感到的羞耻。尽量说真话，难以坦陈真言之时便不说话。尽量避免说假话、套话，以不进谄言不说媚语为底线……是的，我以为大多数知识分子，对于自己话语是逐渐具有一种较为自尊自重的原则态度了。假话现象，分明已像云朵一样，随风积聚到另外的平台上去了。恕我直言，官场上的假话目前最多，坏影响也最大。出于知识分子之口的假话现象固然是少了，但并不意味着人们同时从知识分子口中听到的真话于是多了。依我的眼看来，依我的耳听来，仅仅说格外保险的“知识”话语的知识分子多了。既为知识分子，干脆只言说“知识”，确乎明哲保身，于是蔚然成风。这是一种仅仅飘浮在关于中国知识分子的话语品质的底线之上的现象。这不是一个高标准，但相比于从前的年代，总归也还算是一种进步。有底线毕竟比完全没有好。然而依我的眼看来，依我的耳听来，民众对于中国知识分子的期望，是越来越变成失望了。民众对知识分子的要求显然比知识分子目前对自身的要求高不少。民众企盼知识分子能如古代的“士”一般，多一些社会担当的道义和责任。我们太有负于民众了。我自己从青年时期便幻想为“士”，然而我自己的知识分子原则，也早已从理想主义的高处，年复一年的，徐徐降下在底线的边缘了。

于是每联想到冰心老人生前写过的一篇短文——《无士当如何？》。

有时我甚至想，也许中国人对中国知识分子（这里主要指的是文化知识分子）的社会定位太过中国特色，也太过超现实主义了吧？也许“士”的时代只适合于古代吧？正如“侠”的时代和骑士的时代，只能成为人类的历史？

但已降在文化知识分子人格底线边缘的我，对于自己说假话还是不能不感到耻辱，倘听到我的同类说假话还是不能不感到嫌恶。真话不一定总是见解正确的话。不是“二百五”的人也一定应该明白——对于许多事情，正确的话肯定不会仅仅发自一个社会发言的立场。有时发自于两个截然不同甚至对立的立场的社会发言，往往各有各的正确性。而假话，却肯定是粘带着千般百种的私利和私欲的话。故假话里产生不了任何有益于社会公利的意义。即使不正确的真话，也将一再证明着人说真话的一种极正当的、极符合人性的权利。

什么时候，假话终于没了大行其道八面玲珑的市场，或即使不正确的真话，也不再是一种罪过——那时，只有那时，真话里才能产生真正的思想力。

用不说假话的原则来凸显假话的丑陋，在这个底线前提下，我相信，中国文化知识分子的担当道义，总有一天会成为一种令民众满意的角色特征。

故人往事

1979年春，全国第四次高等教育会议在北京西苑召开，各新闻和文艺单位派代表列席参加。我作为北影厂代表，参加了华南大组学习讨论。会议最初几天，讨论内容是肃清“四人帮”极左教育路线的流毒，发言踊跃热烈。

“工农兵学员”——这新中国成立三十年来“高教”大树上结下的“异果”，令每一位代表当时都难以为它说半句好话。而每一位发言者，无论从什么角度什么命题开始，最终都归结到对“工农兵学员”的评价方面。不，似乎不存在评价问题——它处于被缺席审判的地位。如果当时有另外一个“工农兵学员”在场的话，他或她也许会逃走，再没有勇气进入会议室。

我有意在每次开会前先于别人进入会议室，坐在更准确说是隐蔽在一排长沙发后不易被人发现的角落。我负有向编辑传达会议情况和信息的使命。我必须记录代表们的发言。

我是多么后悔接受了这样一个使命啊！然而我没有充分的理由，要求领导改换他人参加会议。第三天下午，还有半个钟点散会，讨论气氛沉闷了。几乎每个人都至少发过两次言了。主持讨论者时间观念很强，不想提前宣布散会，也不想让半个钟点在沉闷中流逝。他用目光扫视着大家，企图鼓励什么人做短暂发言。

他的目光扫视到了我。我偏偏在那时偶然抬起了头。于是我品质中卑俗的部分，一瞬间笼罩了我的心灵，促使我扮演了一次可鄙而可怜的角色。

“你怎么不发言啊？也谈谈嘛！”主持者目光牢牢盯住我。多数人仿佛此刻才注意到我的存在，纷纷向我投来猜测的目光。大家的目光使我很尴尬。

坐在我前面的人，都转过身瞧着我，分明都没想到沙发后隐藏着我这么个人。我讷讷地说：“我……我不是工农兵学员……”几乎是不由自主地这么说了。这是我以列席代表身份参加讨论三天来说的第一句话，当着许多白发苍苍的老教授们说的第一句话，当着华南大组全体代表说的第一句话。

谎话，是语言的恶性裂变现象。说一颗纽扣是一颗钻石，并欲使众人相信，就得编出一个专门经营此种“钻石”的珠宝店的牌号，就进一步编出珠宝店所在的街道和老板或经理的姓名……

我说，我是电影学院导演系“文革”前的毕业生。我说，某某著名电影导演曾是我的老师。我说，如果不发生“十年动乱”，我也许拍出至少两部影片了……为了使代表们不怀疑，我给自己长了五岁。散会后，许多人对我点头微笑。“文革”前的毕业生，无论毕业于文、理、工学院，还是毕业于什么艺术院校，代表们都认为是他们的学生。

会议主持者在会议室门外等我，和我并肩走入餐厅。边走边说，希望我明天谈谈“四人帮”所推行的极左教育路线，对艺术院校教育方针教育方向的干扰破坏。

我只好“极其谦虚”地拒绝。

我不是一个没有说过谎的人。但是，跨出复旦校门那一天，我在日记上曾写下过这样的话：“这些年，我认清了那么多虚伪的人，见过那么多虚伪的事，听过那么多谎话，自己也违心地说过那么多谎话，从此我要做一个诚实的人……”

我这“要做一个诚实的人”的人，在许多高等教育者面前，撒了一次弥天大谎！

那的确是我离开大学后第一次说谎，不，第二次。第一次是我打了“潘冬子”一记耳光而说是“跟他闹着玩”。我第二次说谎，像一个谎话连篇的人一样，说得那么逼真，那么周正。

我内心感到羞耻到了极点。一个毕业于名牌大学的青年，仅仅由于在某一个不正常的时期迈入了这所大学的校门，便如同私生子隐瞒自己的身世，在许多高等教育者面前隐瞒自己的“庐山真面目”，真是历史的悲哀！

就个人心理来说，这是十分可鄙的。

但这绝非我自己一个“工农兵学员”的心理。这种心理，像不可见的溃疡，在我自己心中，也在不少“工农兵学员”心中繁殖着有害的菌类。对于一个国家的高等教育，又多么可悲！宛如太上老君的“炼丹炉”中倒出了“山楂仁”。

我的谎话，当晚就被戳穿——我们编辑部的某位领导来西苑看望在华南组的一位老同事……我不晓得。第二天，我迟到了十分钟。在二楼楼口，被一位老者拦住。他对我说：“你先不要进会议室。”我迷惑地望着他。他又说：“大家已经知道了。”我问：“知道什么了？”“知道你是一个‘工农兵学员’。”他那深沉的目光，严肃地注视着我。我呆住了。他低声说：“大家很气愤，正议论你。你为什么要扯谎呢？为什么要欺骗大家呢？”他摇摇头，声音更低地说：“这多不好，这真不好！有的代表要求向大会简报组汇报这件事啊！……”不但不好，而且很糟！在全国“高教”会上，在粉碎“四人帮”后，谎言和虚伪正开始从崇高的教育法典中被肃清，一位列席代表，一位“工农兵学员”，却大言不惭地自称是“文革”前电影学院导演系的毕业生，这的确是太令人生气了。

我垂下了头，脸红得发烧。我羞惭地对那老者说：“您替我讲几句好话吧，千万别使我的名字上简报啊！”他说：“我已经这样做了。”他的目光那么平和。平和的目光，在某些时刻，也是最使人难以承受的目光。我觉得他那目光是穿透到我心里了。

他说：“我们到楼外走走好吗？”

我默默地点了一下头。

我们在楼外走着，他向我讲了许多应该怎样看待自己是一个“工农兵学员”的道理。当他陪着我走回到会议室门前，我还是缺乏足够的勇气进入。

他说：“世上没有人敢声明自己从未说过谎，进去吧！”挽着我的手臂，和我一齐进入了会议室。那一天我才知道，这位令我感激不尽的老者，原来是老教育家吴伯箫。吴老是我到北京后，第一个引起我发自内心的无比尊敬的人。“高教”会结束后，他给我留下了他家的地址，表示欢迎我到家中去玩。那时他家住沙滩，我到他家去过两次。第一次他赠我散文集《北极星》，第二次他赠我散文集《布衣集》，并赠一枚石印，上刻“布衣可钦”四字，他亲自替我刻的。两次去，都逢他正伏案写作。一见我，他立刻放下笔，沏茶，找烟，面对面与我相坐，与我交谈。他是那么平易近人，简直使我怀疑他是个丝毫没有脾气的人。他脸上的表情总是那么安详。与我说话时，眼睛注视着我。听我说话时，微微向我俯着身子。他听力不佳。我最难忘的是他那种目光，那么坦诚，那么亲切，那么真挚。注视着我时，我便觉心中的烦愁减少了许多许多。

那时他家的居住条件很不好，因附近正在施工，院落已不存在。他家仅有两间厢房，每次接待我的那一间，有十三四平方米，中间以木条为骨，裱着大白纸，作为间壁。里边一半可能是他的卧室，外边一半是他的写作间，一张桌子，就占去了外间的大部分面积。我们两人落座，第三个人就几乎无处安身了。房檐下，生着小煤炉，两次去他家都见房檐下炊烟袅袅，地上贴着几排新做的煤饼子。

我问他为什么居住条件这样差？他笑笑，说：“这不是蛮好吗？有睡觉的地方，有写作的地方，可以了。”告辞时，他都一直将我送到公共汽车站。

我向他倾诉了许多做人和处世的烦恼，他循循善诱地开导了我许多做人和处世的道理。

他这样对我说过：多一分真诚，多一个朋友。少一分真诚，少一个朋友。没有朋友的人，是真正的赤贫者。谁想寻找到完全没有缺点的朋友，那么就连他自己都不可能成为他的朋友。一个人有许多长处，却不正直，这样的人不能引为朋友。一个人有许多缺点，但是正直，这样的人应该与之交往。正直与否，这是一个人品质中最重要的一点。你的朋友们是你的镜子，你交往一些什么样的朋友，能衡量出你自己的品质来。我们常常是通过与朋友的品质的对比，认清了我们自己实际上是一个怎样的人……

我们北影的一位同志，从前曾在吴老领导下工作过，他敬称吴老为自己的“老师”——他已经是四十五六岁了。我常于晚上看见他在厂院内散步，却从未说过话。

有次我们又相遇，他主动说：“吴老要我代问你好。”

我们便交谈起来，主要话题是谈的吴老。

他告诉我这样一件事：当年他与六个年轻人在吴老直接领导之下工作，某天其中一人丢了二百元钱，向吴老汇报了。吴老嘱他不要声张，说一定能找到。过了几天，六个年轻人都在场的情况下，吴老将二百元钱交给失主，说："你的钱找到了，不知是哪位同志找到后放到我抽屉里了。"失主自然非常高兴。当天，又有二百元钱出现在吴老抽屉里。原来他交给失主的那二百元钱，是他自己的。但对这件事，他再也没追究过。六个年轻人先后离开他时，都恋恋不舍，有的甚至哭了……

"因为吴老当时很信任我，只对我一个人讲过这件事。"我那位北影的同事说，"吴老认为，究竟谁偷了那二百元钱，并不重要。重要的是，六个年轻人中有一个犯了一次错误，但自己纠正了，这使人感到高兴啊！"

听了这件事以后，我心中对吴老愈加尊敬，他使我联想到了苏联教育家马卡连柯。

对年轻人宽宏若此，真不愧老教育家风范。

因吴老身体不好，业余时间又在写作，我怕去看望他的次数多了，反而打扰他，再未去过他家。

我最初几篇稚嫩的小说发表，将刊物寄给他。

他回信大大鼓励了我一番，而且称我"晓声文弟"，希望我也对他的作品提出艺术意见，使我愧怍之极。

信是用毛笔写的，至今我仍保存。

半年后，我出差在外地，偶从报纸上看到吴老去世的消息，悲痛万分，将自己关在招待所房间里，失声恸哭一场……

《北极星》和《布衣集》，我都非常喜爱。我们中学时期语文课本中一篇《延安的纺车》，便收在《北极星》中。但相比之下，我更喜爱《布衣集》。

我将《布衣集》放在我书架的最上一档，与许多我喜爱的书并列。

吴老，吴老，您生前，我未当面对您说过这句话，如今您已身在九泉之下，我要对您说——您是我在北京最尊敬的人。不仅仅因为当年您使我的姓名免于羞耻地出现在全国第四次"高教"会的简报上，不仅仅因为您后来对我的引导和教诲，还因为您的《布衣集》。虽然它是那么薄的一本小集子，远不能与那些大部头的长篇小说或什么全集、选集之类相比，虽然它没有获得过什么文学奖，您真挚地召唤却在思想上、情操上实践着“布衣精神”。这种精神目前似乎被某些人认为已经过时了，似乎已经不那么光荣了，似乎已经是知识分子的“迂腐”之论了。

您在给我的信中却这样写道：“我所谓的‘布衣精神’，便是不为权，不为钱，不为利，不为名，不为贪图个人一切好处而思想，而行为，而努力工作的精神。知识分子有了这种精神，才会有知识方面的贡献。共产党人有了这种精神，才会有实现共产主义理想方面的贡献。因而‘布衣精神’不但应是中国知识分子的精神，尤其应是中国共产党人的精神……”

吴老，您是知识分子，您亦是老共产党员。从这两方面，我都敬您。您是将“布衣精神”作为一个知识分子的品格原则的，也是作为一个共产党人的品格原则的。您对这种精神，怀着一种儿童般的执着，锲而不舍。但愿我到了您那样的年纪，能有资格毫不惭愧地对自己说：“我不为权，不为钱，不为利，不为名，清清白白地写作，清清白白地做了一辈子人，没损害过侵占过或变相侵占过老百姓一丁点儿利益！……”

如今穿布衣的知识分子少了，穿布衣的共产党人少了，穿布衣的共产党的领导干部少了。共产党如果成了布衣党，在 20 世纪 80 年代的今天，未免滑稽可笑。但共产党如果成了失掉“布衣精神”的党，那则不滑稽也不可笑了，而令人心中产生别的一番滋味了！

您正是在身后留下“布衣精神”的一息微叹，召唤着一种党风，召唤着一种党的干部之风啊！

现实真真有愧于您生前那儿童般执着的信念和寓言般朴素的思想啊！我们这个国家，我们这个民族，因民族心理的积淀和种种历史渊源所致，一向是崇尚权力的，而封建王权便是以这种崇尚为其社会基础的，这是我们民族愚昧的一面。人类不应受王权的统治，而只应受知识的统治，这叫人类文明，或曰“精神文明”。有一个时期我们的社会似乎有一股崇尚知识的良好风气开始发端，但很快又被对金钱的崇拜所涤荡了。

金钱，这个讨人喜爱的怪物，吞噬着某些中国人的灵魂，吞噬着某些中国共产党人的灵魂。

“先使一部分人富起来”——应该是先使人民中的一部分人富起来才对啊！

中国是中国人民的中国，属于国家的财富，巨细无遗，都是属于中国人民的。任何侵吞、挥霍、浪费的行为，都不应是中国共产党的干部们的行为，都是丑行，都应受到法律的制裁。人民希望是这样，希望“对外开放，对内搞活经济”的政策不变，希望党风彻底好转；希望党内有几位“包龙图”，铲除邪恶，辅佐“朝纲”；希望改革之举成绩更大，弯路更少。而最大的希望则是——党内损公肥己、以权谋私者们不再继续下去。人民是既痛恨他们，又拿他们没办法，因为权力已在他们手上。

“将权力关在笼子里”——幸而如今开始这样做了。吴老，这对您定是一个好信息吧！

五角场·阳春面

五角场

上海使我产生之联想，自然首先是复旦。而由复旦，于是联想到五角场。

联想吗？竟也不是的。事实上，在我记忆的絮中，复旦和五角场是一种整体的印象。我明知那是不对的——复旦是复旦，五角场是五角场，它们并非不可分割的两部分。然而，男人的记忆是很奇怪的，有时会将爱过的女孩和她家所在的一条街也组合成一种整体……

1974年至1977年，我是复旦中文系学生时，五角场乃我常去的地方。到现在我也不明白，五角场何以叫五角场。当年的五角场，是城乡接合部。路况不怎么好。马路和人行道之间的道沿破损不堪，某一段人行道根本不见了道沿。路面处处坑洼，柏油层下，沙土路。雨天积水，若刮风则扬尘。

但我对五角场却保留着和对复旦一样的绵长情愫。那儿有一家杂货店，无门无窗。早上卸下栅板便是开门，晚八点以后，将栅板一块块安装起来，等于关门。店旁有一家小小的理发铺。我并不常去买东西，当年我每月的生活费基本上便是十七元五角的助学金，仅够吃饭而已，舍不得乱花钱的，哪怕是一角钱，但头发每月总是要理一次的。那儿的路边，经常坐着期待活计的修鞋师傅和守着一台旧缝纫机补衣服的乡下女人。我的一双猪皮皮鞋三年里多次在五角场轧过裂口换过后跟，几件衬衣、外衣和两条裤子，也都在五角场缝补过。

更多的时候，是在傍晚和同学散步才去往五角场的。出了复旦校门，若往另一边走，一片稻田，夏季多蚊。而五角场方向，较热闹，人气聚拢。我们都习惯于往那边走。杂货店是人行道那一侧的尽头，拐过去，兜一个大圈，便可再贴着复旦的外墙绕回到校门。往回绕的途中，实际上是顺着一条小河边走。当年，那河水绝不清澈。却终究的，是一条河，会使散步增添些许野趣。起码，自我安慰地想，是可以那么认为一下的。

河之某段，有小石桥。石桥那边，离河十余米远，有几幢低矮又老旧的房子，然皆周正，虽矮虽旧，客观地说，是不破的。每幢房子门前，都用水泥抹出了十几平方米的地方。或光滑或粗糙，在雨季里，门前毕竟不至于泥泞了。这人家的水泥地前生着老树，那人家的水泥地前栽着花。我喜欢花，凡有花的人家，便断定他们是眷爱生活的，哪怕他们的家安在蛮荒之地。倒似乎，越是那样的人家，我越会被他们的生活态度所感动。

某次散步，我和二三同学意犹未尽，踏过小石桥有几个女人在某户人家的门前坐着聊天，我忍不住上前，搭讪着问东问西。于是知道，他们的丈夫，都是上海某工厂的工人，当年叫作“长期临时工”的那一类工人。因为没有市区户口，所以临时。因为他们颇肯于干一些很脏很累没有市里人愿意干但又必须有人干的活，所以有幸“长期”。而那几个女人，皆菜农。她们挺乐于回答我的话，脸上呈现着对生活相当知足的表情。

往回走时，我问同学：你们也看出了她们对生活的知足吗？

皆回：当然。

又问：何以知足若彼？

一位上海同学回答：她们的丈夫是挣工资的农民，此知足之一。五角场毕竟也划在市区里，她们的家离市区这么近，市声旦夕可闻，市街片刻可至，此知足之二……

我不禁转身指着说：“倘晓声安家那里，心欲亦大足矣！”

同学们诧问：“对生活的要求就这么低吗？”

我指着河说：“愿此水稍清。”

“还有呢？”

“愿有面容姣好女子相伴。”

“哪一个挣钱养家糊口呢？”

“就你这单薄身体，能长期干得了那很脏很累的活吗？”

“这家伙想的是，自己终日在家里写作，让那面容姣好的妻子去当‘长期临时工’！岂不苦了那面容姣好的人儿？”

于是遭到每一位同学的批判和挖苦。当夜，我梦中吟诗——“罗汉松掩花里路，美人蕉映雨中棂……”

此后，竟生出一种想法——要写一篇小说，反映户口问题对中国人命运的左右。毕业后，写成，便是发表在1981年某期《雨花》杂志的《西郊一条街》。当年《雨花》很厚爱它，登在头条，配了很好的插图。1982年全国短篇小说评选前，《雨花》也推荐了它。当年有评委告诉我——那一年若没有我的《这是一片神奇的土地》，《西郊一条街》当榜上有名。去年，北京某影视单位拍的一部电视剧《城里城外》，便是他们根据《西郊一条街》改编的。

而据说，现在的五角场，早已是上海的一片繁华新区了……

阳春面

早年的五角场杂货店旁，还有一家小饭馆。确切地说，是一家小面馆，卖面条、馄饨、包子。

顾客用餐之地，不足四十平方米。“馆”这个字，据说起源于南方。又据说，北方也用，是从南方学来的——如照相馆、武馆。但于吃、住两方面而言，似乎北方反而用得比南方更多些。在早年的北方，什么饭馆什么旅馆这样的招牌比比皆是。意味着比店是小一些，比“铺”却还是大一些的所在。我谓其“饭馆”，是按北方人的习惯说法。在记忆中，它的牌匾上似乎写的是“五角场面食店”。那里九点钟以前也卖豆浆和油条，然复旦的学子们，大约很少有谁九点钟以前踏入过它的门槛。因为有门有窗，它反而不如杂货店里敞亮。栅板一下，那是多么豁然！而它的门没玻璃。故门一关，只有半堵墙上的两扇窗还能透入些阳光，也只不过接近中午的时候。两点以后，店里便又幽暗下来。是以，它的门经常敞开……

它的服务对象显然是底层大众。可当年的底层大众，几乎每一分钱都算计着花。但凡能赶回家去吃饭，便不太肯将钱花在饭店里，不管那店所挣的利润其实有多么薄。店里一向冷冷清清。

我进去过两次。第一次，吃了两碗面；第二次，吃了一碗面。

第一次是因为我一大早空腹赶往第二军医大学的医院去验血。按要求，前一天晚上吃得少又清淡。没耐心等公共汽车，便往回走。至五角场，简直可以说饥肠辘辘了，然而才十点来钟。回到学校，仍要挨过一个多小时方能吃上顿饭，身不由己地进入了店里。我是那时候出现在店里的唯一顾客。

服务员是一位我应该叫大嫂的女子，她很诧异于我的出现。我言明原因，她说也只能为我做一碗“阳春面”。

我说就来一碗“阳春面”。

她说有两种价格的——一种八分一碗，只放雪菜。另一种一角二分一碗，加肉末儿。

我毫不犹豫地说就来八分一碗的吧。依我想来，仅因一点儿肉末的有无，多花半碗面的钱，太奢侈。

她又说，雪菜也有两种。一种是熟雪菜，以叶为主；一种是盐拌的生雪菜，以茎为主。前者有腌制的滋味，后者脆口，问我喜欢吃哪种。

我口重，要了前者。我并没坐下，而是站在灶间的窗口旁，看着她为我做一碗“阳春面”。

我成了复旦学子以后，才知道上海人将一种面条叫“阳春面”。为什么叫“阳春面”，至今也不清楚，却欣赏那一种叫法。正如我并不嗜酒，却欣赏某些酒名。最欣赏的酒名是“竹叶青”，尽管它算不上高级的酒。“阳春面”和“竹叶青”一样不乏诗意呢。一比，我们北方人爱吃的炸酱面，岂不太过直白了？

那我该叫大嫂的女子，片刻为我煮熟一碗面，再在另一锅清水里焯一遍。这样，捞在碗里的面条看去格外诱人。另一锅的清水，也是专为我那一碗面烧开的。之后，才往碗里兑了汤，加了雪菜。那汤，也很清。

当年，面粉在全国的价格几乎一致。一斤普通面粉一角八分钱，一斤精白面粉两角四分钱，一斤上好挂面也不过四角几分钱。而一碗“阳春面”，只一两，却八分。而八分钱，在上海的早市上，当年能买两斤鸡毛菜……

也许我记得不准确，那毕竟是一个不少人辛辛苦苦上一个月的班才挣二十几元的年代，这是许多底层的人们往往舍不得花八分钱进入一个不起眼的小面食店吃一碗“阳春面”的原因。我是一名拮据学子，花起钱来，也不得不分分盘算。

在她为我煮面时，我问了她几句，她告诉我，她每月工资二十四元，她每天自己带糙米饭和下饭菜。她如果吃店里的一碗面条，也是要付钱的。倘偷偷摸摸，将被视为和贪污行为一样可耻。

转眼间我已将面条吃得精光，汤也喝得精光，连道好吃。她伏在窗口，看着我笑笑，竟说：“是吗？我在店里工作几年了，还没吃过一碗店里的面。”我也不禁注目着她，腹空依旧，脱口说出一句话是：“再来一碗……”她的身影就从窗口消失了。我立刻又说：“不了，太给你添麻烦。”“不麻烦，一会儿就好。”——窗口里传出她温软的话语。

那第二碗面，我吃得从容了些，越发觉出面条的筋道和汤味的鲜淳。我那么说，她就又笑，说那汤，只不过是少许的鸡汤加入大量的水，再放几只海蛤煮煮……

回到复旦我没吃午饭，尽管还是吃得下的。一顿午饭竟花两份钱，自忖未免大手大脚。

我的大学生活是寒酸的。

毕业前，我最后一次去五角场，又在那面食店吃了一碗“阳春面”，已不复由于饿，而是特意与上海作别。那时我已知晓，五角场当年其实是一个镇，名分上隶属于上海罢了。那碗“阳春面”，便吃出依依不舍来。毕竟，五角场是我在复旦时最常去的地方。那汤，也觉其更鲜淳了。

那大嫂居然认出了我。她说，她长了四元工资，每月挣二十八元了。她脸上那知足的笑，给我留下极深极深的记忆……面食店的大嫂也罢，那几位丈夫在城里做“长期临时工”的农家女子也罢，我从她们身上，看到了上海底层人的一种“任凭的本分”。即无论时代这样或若那样，他们和她们，都肯定能淡定地守望着自己的生活。那是一种生活态度，也是某种民间哲学。

也许，以今人的眼看来，会曰之为“愚”。而我，内心里却保持着长久的敬意。依我想来，民间之原则有无，怎样，亦决定，甚而更决定一个国家的性情。是的，我认为国家也是有性情的……

永久的悔

1971 年，我到北大荒的第三个年头，连队已有二百多名知识青年了，我是一排一班的班长。我们被认为或自认为是知识青年，其实并没有多少知识可言。我的班里，年龄最小的上海知青，才十七岁，还是些中学生而已。

那一年全都在“割资本主义的尾巴”。团里规定——老职工老战士家，不得养母鸡。母鸡会下蛋，当归于“生产资料”一类。至于猪，公的母的，都是不许私养的。母猪会下崽，私人一旦养了，必然形成“资本的原始积累”。公猪呐，一旦养到既肥且重，在少肉吃的年代，岂非等于“囤稀居奇”？违反了规定者，便是长出“资本主义的尾巴”了。倘自己不主动“割”，则须别人帮助“割”了。用当年的话说，主张“割得狠、割得疼、割得彻底、割出血来”。

有一年，有一名老职工和我们班在山上开创“新点”。五月里的一天，我忽听到了小鸡的吱吱叫声，发出在一纸板箱里，纸板箱摆在火炕的最里角。

我奇怪地问：“老杨，那里是什么叫？”

他笑笑，说是小鸟儿叫。

我说：“我怎么听着像是小鸡叫？”

他一本正经地说：“深山老林，哪儿来的小鸡啊？是小鸟儿叫，我发现了一个鸟窝，大概老鸟儿死了，小鸟儿们全饿得快不行了。我一时动了菩萨心肠，就连窝捧回来了，养大就放生……”他说得煞有介事，而且有全班人为他作证，我也就懒得爬上炕去看一眼，只当就是他说的那么回事儿……

不久后的一天，我见他在喂他的“鸟儿”们。它们一个个已长得毛茸茸的，比拳头大了。我指着问：“这是些什么？”

他嘿嘿一笑，反问：“你看呢？”

我说：“我看是些小鸡，不是小鸟儿。”

他说：“我当它们是些小鸟儿养着，它们不就算是些小鸟儿了吗？”

这时全班人便都七言八语起来，有的公然“指鹿为马”，说明明是些小鸟儿，偏我自己当成是些小鸡，以其昏昏，使人昏昏。有的知道骗不过我，索性替老杨讲情儿，说在山上，养几只小鸡也算不了什么，何必认真？再说，也是“丰富业余生活”内容嘛……

我也觉得大家的生活太寂寞了，不再反对。你没法儿想象，那些“小鸟儿”，不，那些小鸡，是老杨每晚猫在被窝里，用双手轮番地焐，焐了半个多月，一只只焐出来的……一日三餐，全班总是有剩饭剩菜的，它们吃得饱，长得快，又有老杨的精心护养，到了八九月份，全长成些半大鸡了。

“新点”建还是不建，团里始终犹豫，所以我们全班也就始终驻扎在山上。“十一”那一天，老杨杀了两只最大的公鸡，我们美美地喝了一顿鸡汤。

春节前，连里通知，“新点”不建了，要全班撤下山。这是大家早就盼望着的事，可几只鸡怎么办呢？大家都犯起愁来。最后一致决定，全杀了吃，其中四只是母鸡。

杀鸡的老杨几次操刀，几次放下，对它们下不了手。他恳求地望着我说：“班长，已经开始下蛋了啊！”

我说：“那又怎样？”

他说：“杀了太可惜呀！”

我说：“依你怎么办？”

他进一步恳求：“班长，让我偷偷带回连队吧！我家住在村尽头，养着也没人发现，发现了我自己承担后果。我家孩子多，又都在长身体的时候……”

而我，当时实在说不出断然不许的话……

我却不曾料到，这件事被我们班里一个极迫切要求入团的知青揭发了，于是召开了全连批判会，于是这件事上了全团的“运动简报”。批判稿是我写的，我代表全班读的。尽管我按照连里和团里的指令做了，我这个班长还是被撤了职……老杨一向为人老实，平时对我们也极好。他感到了被出卖的愤怒，也觉得当众受批判乃是他终生的奇耻大辱。一天夜里，他吊死在知青宿舍后的一棵树上……

我们被吩咐料理他的后事。他死后我才第一次到他家去，那是怎样的一个家啊！一领破炕席，三个衣衫褴褛营养不良的孩子，一个面黄肌瘦病怏怏的女人……那一种穷困情形咄咄逼人。在他死后，尤其令人心情沉重而又内疚不已……

我们将埋他的坑挖得很深很深……埋了他，我们都哭了，在他的坟头……后来每一个星期日的夜里，都会有一爬犁烧柴送到他家门前……后来我当了小学教师，教他的三个孩子。我极端地偏爱他们、偏袒他们，替他们买书包、买作业本。然而他们怕我、疏远我……

后来他们的母亲生病了，我们全班步行了二三十公里，赶到团部医院去要求献血。我住到了他们家里，每天替他们做饭，辅导他们功课，给他们讲故事听……可他们依然怕我、疏远我，甚至在他们瞪着三双大眼睛听我讲故事的时刻……

后来我调到团宣传股去了。离开连队那一天，许多人围着马车送我。我发现我的三个学生的母亲，默默地闪在人墙后，似在看着我，又不似……老板子发出赶马的吆喝声后，我见她双手将三个孩子往前一推，于是我听到他们齐声说出的一句话是“老师再见”！顿时我泪如泉涌……当年，我们连自己都不会保护自己，更遑论善于保护他人。这样想，虽然能使我心中的悔不再像难愈的伤口仍时时渗血，却不能使当年发生的事像根本没发生过一样……

如今二十多载过去了，心上的悔如牛痘结了痂，其下生长出了一层新嫩的思想——人对人的爱心应是高于一切的，是社会起码的也是必要的原则。当这一原则遭到歪曲时，人不应驯服为时代的奴隶。获得这一种很平凡的思想，我们当年付出了怎样的代价啊！……

丢失的香柚

“大串联”时期，我从哈尔滨到了成都，住气象学校，那一年我才十七岁。头一次孤独离家远行，全凭“红卫兵”袖章做“护身符”。第二天我病倒了。接连多日，和衣裹着一床破棉絮，蜷在铺了一张席子的水泥地的一角发高烧。

高烧初退那天，我睁眼看到一张忧郁而文秀的姑娘的脸，她正俯视我。我知道，她就是在我病中服侍过我的人，又见她戴着“红卫兵”袖章，愈觉她可亲。

我说：“谢谢你，大姐。”看去她比我大二三岁，一丝怅然的淡淡的微笑浮现在她脸上。

她问：“你为什么一个人从大北方串联到大南方来呀？”

我告诉她，我并不想到这里来和什么人串联，我父亲在乐山工作，我几年没见他的面了，想他。并委托她替我给父亲拍一封电报，要父亲来接我。

隔日，我能挣扎着起身了，她又来看望我，交给了我父亲的回电—写着“速回哈”三个字。我失望到顶点，哭了。

她劝慰我:“你应该听你父亲的话，别叫他替你担心，乐山正武斗，乱极了！”

我这时才发现，她戴的不是“红卫兵”袖章，是黑纱。

我说:“怎么回去呢？我只剩几毛钱了！”虽然乘火车是免费的，可千里迢迢，身上总需要带点钱啊！

她沉吟片刻，一只手缓缓地伸进衣兜，掏出五元钱来，惭愧地说：“我是这所学校的学生，‘黑五类’。我父亲刚去世，每月只给我九元生活费，就剩这五元钱了，你收下吧！”她将钱塞在我手里，拿起笤帚，打扫厕所去了。

我第二天临行时，她又来送我。

走到气象学校大门口，她站住了，低声说：“我只能送你到这儿，他们不许我迈出大门。”她从书包里掏出一个柚子给了我：“路上带着，顶一壶水。”空气里弥漫着柚香。

我说：“大姐，你给我留个通信地址吧！”

她注视了我一会儿，低声问：“你会给我写信吗？”

我说：“会的。”

她那么高兴，便从她的小笔记本上扯下一页纸，认认真真给我写下了一个地址，交给我时，她说：“你们哈尔滨不是有座天鹅雕塑吗？你在它前边照张相寄给我好吗？”

我默默点了一下头。

我走出很远，转身看，见她仍呆呆地站在那里，目送着我。

路途中缺水，我嘴唇干裂了，却舍不得吃那个柚子。

在北京转车时，它被偷走了。

回到哈尔滨的第二天，我就到松花江畔去照相。天鹅雕塑已被砸毁了，满地碎片。一片片仿佛都有生命，淌着血。我不愿让她知道天鹅雕塑砸毁了，就没给她写信……

去年，听说哈尔滨的天鹅雕塑又复雕了，我专程回了一次哈尔滨，在天鹅雕塑旁照了一张相，彩色的。按照那页发黄的小纸片上的地址，给那位铭记在我心中的大姐写了一封信，信中夹着照片。

信退回来了。信封上，粗硬的圆珠笔字写的是——“查无此人”。

她哪里去了？想到有那么多我的同龄人“消失”在十年动乱之中了，我的心便不由得悲哀起来。

红腰带

牛年是我本命年。

屈指一算，我已与牛年重逢四次了。于是联想到了孔乙己数茴香豆的情形，就有一个惆怅迷惘的声音在耳边喃喃道："多乎哉？不多也。"自然是孔乙己的传世的名言，却也像一位老朋友作难之状大窘的暗示——其实是打算多分你几颗的。可是你瞧，不多也，真的不多也！

于是自己也不免的大窘，窘而且恓惶。前边曾有过的已经消化掉在碌碌的日子里了，希望后边儿再得到起码"四颗"，而又明知着实的太贪心了。只那意味着十二年的"一颗"，老朋友孔乙己似乎都不太舍得超前"预支"给我。

人在第四次本命年中，皆有怅然若失之感。元旦前的某一天，妻下班回来，颇神秘地对我说："猜猜我给你带回了什么？"猜了几猜，没猜到。妻从挎包掏出一条红腰带塞在我手心，我问："买的？"妻说："我单位一位女同事不是向你要过一本签名的书吗？人家特意为你做的。她大你两岁，送你红腰带，是祈祝你牛年万事遂心如意，一切烦恼忧愁统统'姐'开的意思……"听了妻的话，瞧着手里做得针脚儿很细的红腰带，不禁地忆起二十四岁那一年，另一位女性送给我的另一条红腰带……

小时候，家里孩子多，又穷，母亲终日为生计操劳，没心思想到哪一年是自己哪一个儿女的本命年。我头脑中也就根本没有什么本命年的意识，更没系过什么红腰带。

二十四岁的我当然已经下乡了，是黑龙江生产建设兵团一师一团七连的小学教师。七连原属二团，在我记忆中，那一年是合并到一团的第二年，原先的二团团部变成了营部。小学校放寒假了，全营的小学教师集中在营部举办教学提高班。

几天后的一个傍晚，我去水房打水，有位女教师也跟在我身后进入了水房。

她在一旁望着我接水，忽然低声问："梁老师，你今年二十四岁对不对？"

我说："对。"

她紧接着又问："那么你属牛喽？"

我说："不错。"

她说："那么我送你一条红腰带吧！"——说着，已将一个手绢儿包塞入我兜里。

我和她以前不认识，只知她是一名上海知青。一时有点儿疑惑，水瓶满了也未关龙头，怔怔地望着她。

她一笑，替我关了龙头，虔诚地解释："去年是我的本命年，这条红腰带是去年别人送给我的。送我的人嘱咐我，来年要送给比我年龄小的人，使接受它的人能'姐'开一切烦恼忧愁。这都一月份了，提高班就你一个人比我年龄小，所以我只能送给你。再不从我手中送出，我就太辜负去年把它送给我那个人的一片真心了啊！……"

见我仍怔愣着，她又嘱咐我："希望你来年把它转送给一个女的，让'姐'开这一种善良的祈祝，也能带给别人好运。这事儿可千万别传呀！传开了，一旦有人汇报，领导当成回事儿，非进行批判不可……"

又有人打水，我只得信赖地朝她点点头，心怀着种温馨离开了水房。

那条红腰带不一般。一手掌宽，四余尺长，两面儿补了许多块补丁，当然都是红补丁。有的补丁新，有的补丁旧。有的大点儿，有的小点儿。最小的一块补丁，才衣扣儿似的。但不论新旧大小，都补得那么认真仔细，那么结实。我偷偷数了一次，竟二十几块之多。与所有的补丁相比，它显露不多的本色是太旧了。那已经不能被算作红色了，客观地说，接近着茄色，并且有些油亮了。分明的，在我之前，不知多少人系过它了。但我心里却一点儿也未嫌弃它。从那一天起，我便将它当皮带用着了……

它上边的二十几块补丁，引起了我越来越大的好奇心。我一直想向那一名上海女知青问个明白，可是她却不再主动和我接触了。在提高班的后几天我见不着她了，别人告诉我她请假回上海探家了。

一个月后，我收到了她从上海川沙县寄给我的一封信，信中说她不再回兵团了，已经转到川沙县农村插队了，也不再当小学老师了。

“我想，”她在信中写道，“你一定对那条红腰带产生了许多困惑。去年别人将它送给我时，我心中产生的困惑绝不比你少。于是我就问送给我的人，可是她什么也不知道，说不清。于是我又问送给她的人，那人也不知道，也说不清。我一个人接一个人地追问下去，终于有一个人告诉了我一些关于它的情况。现在，我把我所知道的告诉你——1948 年，在东北解放战场上，有一名部队的女卫生员，将它送给了一名伤员。那一年是他的本命年。后来女卫生员牺牲了，他在第二年将它送给了他的新婚妻子，1949 年是她的本命年。以后她又将它送给了她的弟弟，她弟弟隔年将它送给了他大学里的年轻女教师。到了 1959 年，它便在一位中年母亲手里了。她的女儿赴新疆支边，那一年是女儿的本命年。女儿临行前，当母亲的，亲自将它系在女儿腰间了。1968 年，它不知怎么一来，就从新疆到了北大荒，据说是一位姐姐从新疆寄给亲弟弟的，也有人说不是姐姐寄给亲弟弟的，而是一位姑娘寄给自己第一个恋人的……关于它，我就追问到了这么多。我给你写此信，主要是怕你忘了我把它送给你时嘱咐你的话——来年你一定要转送给一位女性，还要告诉她，她结束了她的本命年后，一定要送给比她年龄小的男性。只有这样，才能使‘姐’开人烦恼忧愁的祈祝一直延续下去……”

她的信，使二十四岁的我，非常之珍视系在我腰间的红腰带了。

我回信向她保证，我一定遵照她的嘱咐做。我甚至开始暗中调查，在我们连的女知青中，来年是谁的本命年……

但是不久我调到了团里。

第二年元旦后，我将它送给了团组织股的一名女干事。她是天津知青。

当天晚上她约我谈心。

她非常严肃地问我：“你送我一条红腰带是什么意思呢？你应该明白，你是初中知青，我是高中知青，咱俩谈恋爱年龄不合适。而且，我已经有男朋友了！……”

我说：“你误解了，这事儿没那么复杂。今年是你本命年，所以我才送给你。按年龄我该叫你姐，我送给你，是‘弟’给你好运的意思啊！”

她说：“那这也是一种迷信哪！”

我说：“就算是迷信吧。可迷信和迷信有所不同，不能一概而论的。”

“迷信和迷信会有什么不同？”她又严肃地板起了脸。

我思想上早有准备，便取出特意带在身上的那封信给她看。

待她看完，我问：“现在你如果还不愿接受，就还给我吧！”

她默默地还给了我——还的当然不是红腰带，而是那封信。

我见她眼里汪着泪了……

在我二十四岁那一年，心中的烦恼和忧愁，并不比二十二岁二十三岁时少，可以说还多起来了。我却总是这么安慰自己——也许我本该遭遇的烦恼和忧愁更多更多。幸运的红腰带肯定替我“姐”开了不少啊！二十五岁那一年，我离开兵团上大学去了……

我曾在自己的一个本命年里，系过一条独一无二的红腰带。在我人生的这第四个本命年，妻的一位女同事，一位我没见过面的“姐”送给我的红腰带，使我忆起了几乎被彻底忘却的一桩往事。

不知当年那一条补着二十几块补丁的红腰带，是否由一位姐，又送给了某一个男人？是否又多了二十几块补丁？也许，它早就破旧得没法儿再补了，被扔掉了吧？

但我却宁肯相信，它仍系在某一个男人腰间。

想想吧，一条红布，一条补了许多许多补丁的红布，一条已很难再看到最初的红颜色的红布，由一些又一些在年龄上是“姐”的女人，虔诚地送给一些又一些男人，祈祝他们在自己的本命年里“姐”开一些烦恼忧愁，这份儿愿望有多么的美好啊！它某几年在亲人和亲爱者间转送着，某几年又超出了亲情和友情的范围，被转送到了一些素无交往的男人手里——如当年那位也当过小学教师的上海女知青在水房将它送给我一样。而再过几年，它可能又在亲人和亲爱者间转送着了。它的轮回，毫无功利色彩，仅只为了将“姐”开这一好意，一年年地延续下去。除了这一目的，再无任何别的目的了……

让“姐”开烦恼忧愁和“弟”给好运的善良祈祝，在更多男人和女人的本命年里带来温馨吧！

阿门……

V 越贫穷，越有力

咱们生活在社会底层的人，
命运就像元宵做成的过程一样。
咱们是元宵的馅儿，
被在社会那只大箩筐上摇啊摇啊，
渐渐地粘满江米面。
咱们应该经得起摇，
只要咱自己不散，
命运就也会像元宵一样，
有自己的滋味儿。

野草根祭

“二……二……二小……走……了……”

电话里，从哈尔滨那端，传来二小的哥哥大小口吃的声音。很轻，但清楚，似乎就在我家楼外给我打电话。

那是春节长假结束不久的一天。夜里我被颈椎病折磨得翻来覆去，天亮后头晕沉沉的。十点多钟，又平躺在硬板床上。电话铃响了几下，我懒得接，它也就不再吵我。不料我将要睡去，又响了……

头还在晕。

我微闭着双眼问：“走了？哪去了？……”

北方民间有句俗话是：“破车子，好揽载。”指的便是我这一种人。

我常想，自己真的仿佛一辆破车子，明明载不了世上许多愁，许多忧，些个有愁的人，有忧的人，却偏将他们的愁和他们的忧，一桩桩一件件放在我这辆破车子上，巴望我替他们化之解之。

而我，只不过是个写小说的，哪里能改善“草根族”们的生存难题呢？

但我又清楚，除了我，他们也没谁可求了。

我同时清楚，他们开口求我之前，内心里其实是惴惴不安的，他们也明白我其实并没多大的能力。他们往往是在山穷水尽的情况下，向我发出最后的求援吁呼。好比溺水之人，向岸上的人们伸最后一次手。而我，乃是岸上的人们中，和他们有种种撕扯不开的故旧关系的一个。倘我不相应地也伸出手去，他们就会放弃挣扎。我伸出我的手，他们便会再扑腾一会儿。我虽多次伸出过自己的手，却没有一次真正握住过他们谁的手，一下子将谁从生存的灭顶之灾拉上岸过。他们的命况出了转机，主要还是靠自己的不甘沉没救了自己。

“别急，让我们一块儿来想想办法！”

“天无绝人之路，我尽力而为！”

这是我每说的话。

而就意味着我做了承诺。于是便揽了一件难事，于是自己便有了种烦和忧。于是，也便似乎有责任和义务。

我第一次听到“草根族”这一种说法，是十几年前一位从国外进修电影回来的朋友说的。他对我的一篇小说很感兴趣，改编成了电影剧本，且决心一试牛耳，亲自执导，那剧本起了个名——《野草根》。

我问：为什么起这么一个名字？

他说：你小说写的是底层民生形态啊。

我说：那就叫《底层》不好吗？

他认为太直白了，没意味。

我说：高尔基曾写过一部话剧剧本，便是以《底层》这一剧名公演的。

他说：国外目前将底层民众叫“草根族”，你的小说反映的是底层的底层的民生，自然生活，于社会关怀半径以外的群体，所以该叫《野草根》，我挺欣赏我起的名字的，你依我吧！

我见他那么坚持，依了他。

但他没拍成，剧本审查时被“枪毙”了。在我预料之中，在他预料之外。

后来，中国对于底层的底层之民众，有了一种比较有人情味的说法，叫“弱势群体”。这说法中包含着关注与体恤的意思，然而依我的眼看来，中国之“弱势群体”，或曰“野草根”族，似乎不是在减少着，而是在增多着。有时，则减与增的现象并存，这一行业在减着，那一行业在增着，此地减，彼地增。而谁一旦被列入增数里，谁的命况也就比底层更低了一层，谁也就由“草根族”而“野草根”了……

二小是“野草根”二十余年了，死前无栖身之所，自然也就没家，还往往没工作。其实只有小学文化的他，除了摆摊，要在当今职业竞争严酷的社会找到一份能相对干得长久的工作，几乎是不可能的。

我的父母去世以后，我将我的哥哥从哈尔滨的一所精神病院接到北京。我不想哥哥在精神病院度过一生，所以在西三旗买了房子，决心给哥哥一个属于他自己的家。我在那样打算时，心中便想到了他。我的哥哥是由我的四弟和二小护送至北京的。

我当时对他说：“这儿既是大哥的家，也是你的家。你和大哥，以后相依为命吧！我把大哥托付给你照顾最放心。”

三室一厅敞敞亮亮的房子，一切家具皆新。电视机、影碟机、冰箱、洗衣机，应有尽有。还有电子琴，还有空调，还有摆满了书的书橱，还有文房四宝，还有象棋、围棋和扑克……

我的哥哥和他喜出望外，高兴得合不拢嘴。

我给二小每月的工资是七百元，生活费由我来负担。

哥哥吸烟很凶，二小也是烟民，且有那么点儿酒瘾。

我说：“二小，这都没关系的，只要适量，不危害身体。烟酒你千万不要花自己的钱买，二哥会经常给你们送来，断不了你们的就是。你的工资基本不必动，存着，一年就是八千多。几年后，二哥再支援你一笔钱，你也算有点的本钱可以去扑奔你的人生了！”

二小诺诺连声。

从此我觉少了两桩心事，一份是牵挂于我的哥哥，一份是牵挂于二小。两份心事，都曾使我彻夜难眠过。

他把我的哥哥照顾得很好，凭良心讲，比我这个当亲弟弟的做得还好。我对二小的感激也常溢于言表。那小区有人曾私下向我告二小的状，说哪天哪天，将我的哥哥锁在家，自己去小饭店里喝酒；哪天哪天，二小才从外边回小区。言下之意，是不定往什么不干净的地方鬼混去了。

而我总是笑笑。

终日与我的哥哥相厮守，我理解二小那一份大寂寞，尽管我常去陪他们住。

我便每每提醒："二小，北京和别的城市一样，也有进行非法勾当和肮脏交易的场所，也有专布泥潭设陷阱诱别人入彀的阴险邪狞之徒，要善于识别，避免沾染其污其秽。"

二小便也每诅天发誓般地回答："二哥，我能做让你失望的事吗？"

二小确实没做过那样的事。起码在北京是没做过的。起码，没使我起过疑心。

有人又背地里向我告他的状，说他剪一次发花了八十多元。我便问他："二小，你的头发，是花八十多元剪的吗？"

二小说："是啊，二哥。"

我又问："头发不过就是一个人的头发，咱们男人花那么多钱剪一次发干什么呢？"

二小说："二哥，我才四十多岁，头发就快白一半了。不染，我自己照镜子的时候都觉得伤心。用好点儿的染发剂，就那个价。"

我想了想，掏出一百元钱给他。

我说："二哥是舍不得你花自己的钱，你以后剪发的钱，二哥补贴给你就是了。"

二小哪里肯接呢！

我逼他收下，并说："就这么定了。"

半年后，他带我的哥哥回了一次哈尔滨，我给他带上了两千元钱。十天后，他们回北京，两千元全花光了。

我的弟弟妹妹因而对我有看法，抱怨花钱太大手大脚了。我说："我们的哥哥三十余年在精神病院，几乎没快乐过。二小二十余年人生无着落，受了不少苦。哥哥是我们的手足，二小是老邻居的孩子，我和你们都因有家庭有工作而不能全身心照顾哥哥，二小替我们照顾着了。我认为他照顾得很好，我们应该永远感激。平均下来，他和大哥，也不过每人每天才花一百多元。不算多。不能以平常过生活的标准要求他们这一次的花费。"

回到北京，二小内疚地对我说："二哥，我花钱花得太冒了，连车票都是借钱买的，你扣我一月工资吧！"

我说："别胡思乱想。车票钱，二哥还。但你以后应该明白，二哥虽有些稿费收入，却来之不易啊！何况我也不是为了稿费才写作。总之我认为，节俭是美德。你不是靠技能挣钱的人，花钱大手大脚，会给别人不好的印象。"

二小脸红了。

我批评二小，一向点到为止。二小对我的话，也从不当耳旁风，一向铭记于心。这使我欣慰。

一年多以后，二小有日忽然对我说："二哥，你救人就救到底吧？"

我不禁一怔。

二小紧接着说："二哥，给我找个老婆，替我成个家吧！"

我沉吟起来。

"二哥，求求你了！我都四十多岁了，还不知道女人的滋味啊！我有时喝酒，那是借酒浇愁呀！"

我心一阵难过。

我说："那你们住呢？"

二小说："这不三个房间吗？我们两口子一间卧室，大哥一间，空一间你来时住，我们永不侵占。"

我说："二小，像你目前这种情况，哪个能自食其力的女人肯嫁给你呢？如果你们以后有了孩子，如果以后你们一家三口再陷入生活的困境，我除了赡养大哥，除了周济弟弟妹妹，再负担起对你们一家三口的责任来，二哥还有一天安心的日子过吗？别忘了，二哥也五十多了，你断不可以有一生依赖于我的念头！二哥请你来照料大哥，不过是权宜之计。对你是，对大哥也是。大哥今后还是要由我来陪过一生的。而你，要在五年内攒下笔钱，也要养好身体。五年后，你才四十七八，身体健康，到时二哥再帮你一笔钱。那时，你考虑成家才现实啊！……"

二小于是默然，也有几分怅怅然怏怏然。

我这辆"破车子"，已越来越感超载的滞重，实在不敢再让二小拖家带口地坐在我这辆"破车子"上了。那么一种情形，我连想一想都慌恐。

那一年的春节刚过，大小突然来到北京，预先也没打个招呼。两天后，我被二小找去，说有急事。

见了面，兄弟俩坐我对面，大小给了我一张诊断，郁郁地说：“二哥你看咋办？”

那诊断上写着二小的肺结核又复发了，且正有传染性。大小将二小接回了哈尔滨。

我给他们带上了一万元钱。

几天后，我说服哥哥，住进了朝阳区的一家精神病托管医院。半个月后，惦着二小，又托人捎回了五千元钱。

一个月后，二小从哈市郊县的一所医院打来电话，说住院费每天就得三百多元。

我明白他的意思，再次电汇五千……

又住院了的哥哥，我每去看他，他总说：“二小怎么还没从哈尔滨回来？写信告诉他，我想他了，让他快回北京来接我出院。”

我说：“哥呀，二小的病还没养好啊！他怕传染你啊！”

哥哥说：“我不怕。写信太慢了，打电话催他回来！我不怕传染上肺结核。”

我暗想，我的老哥哥呀，你不怕，我怕啊！你精神不好，再患上肺结核，连住院都没医院收了，我可该怎么办！

再后来，好长时间没有了二小的音信。

再再后来，听说他在这儿或那儿干点儿活。

别人曾替我分析，说二小兄弟俩的话未必可信。暗示我那也许是他们兄弟俩做的一个圈套，多骗我些钱去先花着……

我不信。

我始终觉得二小他本质上是我家老邻居的一个好孩子，始终认为他的心地是善良的。

我相信我的感觉。

即使他们真的骗了我，我也宁愿原谅他们，因为那肯定的是由于他们面临难言的困境。

终于有一天我接到了二小的电话，他说他找到了一份工作，挣钱很少。

我问多少钱？

他说才三百多元。我问累不累？

他说倒不累，替人看一个摊子。我问住哪儿？

他说还能住哪儿呢？又厚着脸皮住妹妹家了呗！他说：“二哥，我想回北京，还照顾大哥。”

我说：“二小呀，大哥适应了医院，出出入入，一反一复的，对大哥的病情不好啊！”

电话那一端，二小沉默良久后，低声问：“二哥，你是不是不想管我了？”

这一问，也将我问得不禁沉默了片刻。

“二哥，你要不管我，我活着就没什么指望了。”二小的声音，悲悲切切。

我反问：“二小缺不缺钱？”

二小说：“二哥我给你打电话不是要钱的意思。你寄来的钱，我还有两千多元没花。”

我说：“二小听着。一名下岗工人的最高抚恤金，也不过三百多元。而且他们有子女，要供子女上学。你挣的确实少，但你毕竟已开始自食其力。这是你在社会上的起点。你应该坚持一个时期。如果你确实缺钱了，就打电话告诉二哥。但别一开口五万十万地要。那二哥给不起。二哥出一本内容全新的书，也不过才三万左右的稿费。但五千六千，二哥是舍得寄给你的。而且，依二哥算来，当可使你过上半年。市郊租一间有家具的小房，不过二百元；一个人每月四百元生活费，也算可以了。所以，我再给你寄钱，半年内如果没有特殊情况，你就不应该再开口向我言钱。相当一段时间内，二小你一定要学会节俭地活着。你照顾大哥的一年多，二哥曾给你开的工资，你是怎么都花掉的呢？……”

那一天，我在电话里批评了二小。

最后我说：“我不愿你流落街头，但哪一天你真的陷入绝境，那也不要怕，有你二哥呢！”

二小在电话那端情绪乐观了。

他说：“二哥，这我就放心地活着了。”

后来大小来电话麻烦我，我关心地问起二小，他说二小在烧锅炉，一个月挣四五百了。

我说："那不是很累的活吗？他是肺结核病人，怎么干得了呢？"

大小说："现在取暖都改烧油了，不烧煤了，不累。但是责任大，要留心看仪器……"

我心遂安。

又很久没有二小的消息了。

我想，他在社会上四处乞讨似的讨的只不过是一种能够生存下去的最低等的机会而已，最终恐怕还是觉得，陪伴一个老邻居家的患了三十余年精神病的大哥，依赖一个写小说的二哥提供住处和饭食，并每月给开七百元"工资"，对于他更是一种较好的活法。即使一辈子，即使我这位"二哥"曾明确告诉他，指望我给他娶个老婆成个家，是多么不现实的念头。

但我却不像他那么想。我一直很理性地认为，陪伴我的哥哥无论对于二小还是对于我的哥哥，都只能是一个时期内的事。当时二小瘦得可怜，身体状况看去比我的哥哥还差。倘我不做出那一种安排，他是活不了多久的。事实上，他当时正是处于人生的绝境。

我希望他早有人生的另外一种出路，而我的哥哥的余生由我来负责。

我觉得他总算是找到了出路。

所以当大小在电话的那一端告诉我"二小走了"，我一时不能明白大小的话，以为二小不干那份烧锅炉的活，离开哈尔滨到外地谋另一种人生去了。

我竟有些生气，又说："那活不是不累吗？不是工资也不算低吗？不是还有住处吗？他跟你商议了吗？你也同意他走了吗？……"

我接连问过之后，大小在电话那端沉默。

"你怎么不说话？"

我断定大小也是同意了的，直想在电话里冲大小发火。

不料大小想快而快不了地回答："二……二小……死……死了……我……我们刚……刚把他……火化……"

我一时握着话筒呆住，头也突然的不晕沉了。如同被医术很高的中医师，将一枚银针深深地捻入我足以使头脑清醒的穴位。它仿佛扎在我一根极敏感又脆弱的神经上了，而那一根神经每使我对生死之真相陷于宿命的悲观。

大小的声音，听来平静。似乎在通知我一件纠缠了他很久，也使他很累很无奈而原本不过是“死马当作活马医”之事终于彻底结束了，一了百了。

“野草根”们的亲情，并不像我从前想象的那样反而更加温爱更加密切，事实上好比干旱来临时非洲原野上的野生动物，各顾各成了一种不二法则。

我低声问：“怎么才告诉我？”

连自己都听出了只不过是自言自语。

大小反问：“二哥，早两天告诉你，你能为他，回哈尔滨吗？”声音仍那么的平静。

奇怪，这话，大小倒说得一点儿都不口吃了，仿佛是背了一百遍的一句台词。

我，只有缄默。

大小告诉我，二小是这么死的—端着他的一大瓶茶水，下什么跳板，一失足，从高处摔下，头脑撞磕于水泥台的尖角，在医院里躺了三天，头肿大得不成样子，三天后就死了。

死前，嘴里还念叨着：“北京，大哥，二哥……”我心一阵酸楚。

现在，二小已经死了两个多月了。

我去医院探视我的哥哥，他必问：“给二小打电话了吗？他什么时候来北京？不是让你告诉他我不怕传染上肺结核吗？……”我只有支吾搪塞而已。

野草根，野草根，野草根啊，人命一旦若此，那是如我这样的一个写小说的二哥，既陪伴不起，也实际上安慰不了的。

有时我放眼望我们这个有着十三亿之众的国家，“草根族”竟比比皆是起来。似乎，还在一茬一茬地增多着。

而我，由于来自于他们，便从根上连着他们的根。斩不断，理还乱。优越于他们，却也只有徒自地优越于他们，并一再地辜负于他们。

我这辆“破车子”，怎载得了人世间许多困苦艰难？

也只有写下些劳什子文字，祭我和他们曾经同根的那一种破絮般的人生之缘，并安慰一下自己的无能为力……

玉　龙

玉龙是我家五十年前的近邻卢叔、卢婶家的长子。当年我刚入中学，他才上小学。我们那一条小街，是哈尔滨市极破烂不堪的一条小街，土路，一年几乎有一半的时间是泥泞的。当年我们那个同样破烂不堪的院子九户人家，共享一百多平方米的院地，而我家和卢家，是隔壁邻居，我家二十八平方米，他家约二十平方米。我曾在我的小说《泯灭》中，将那条小街写成“脏街”。我也曾在我的小说《一个红卫兵的自白》中，写到“卢叔”这样一个不幸的人物。那是一部真实与虚构相交织的小说。这样的小说，按普遍经验而言，其中具有了虚构成分的人物本是不该写出真实之姓的。然而，我却据真所写了——当年的我，哪里有什么写作经验呢？

真实的卢叔，亦即《一个红卫兵的自白》中的“卢叔”的原型，可以说是一个美男子。我家成为卢家的近邻那一年，卢叔三十六七岁。当年我还没看过一部法国电影，现在自然是看过多部了。那么现在我要说——当年的卢叔，像极了法国电影明星阿兰·德龙。

卢叔参加过抗美援朝，这是真实的。

卢叔复员后曾在铁路局任科级干部也是真实的。

不久，卢叔被开除了公职，没有了收入，成了一个靠收废品维持生计的人，这也是真实的。如今看来，那肯定是一桩受人诬陷的冤假错案。年轻的科长，有抗美援朝之资本，还居然有张欧化的脸，是美男子，肯定有飘飘然的时候。那么，被嫉妒也就不足为怪了。

卢婶当年似乎大卢叔两岁，这是我当年从大人们和他们夫妻俩开的玩笑中得知的。她年轻时肯定也是个窈窕好看的女子，身材比卢叔还略高。我们两家成邻居那一年，她已发胖，却依然有风韵。但，那显然是种根本不被她自己珍惜的风韵。底层的，丈夫有工作的人家，日子尚且都过得拮据，何况她的丈夫是个体收废品的。想来，她又哪里有心思重视自己的风韵呢？

好在卢婶是个极达观的女子、妻子和母亲。她一向乐盈盈地过他们一家的穷日子，仿佛穷根本就不是件值得多么发愁的事。用今天的说法，全院的大人当年都觉得她的幸福指数最高。那一种幸福感，是当年的我根本无法理解的。

现在的我，当然已能完全理解——与卢叔那样一个美男子成为夫妻，在底层的物质生活极其匮乏的年代，在对物质生活的憧憬若有若无的她那一类女人心里，大约等于实现了第一愿望吧？何况，卢叔是个有生活情趣的男人，还是个懂得心疼自己妻子的丈夫，同院的大人们常拿这样一句话调侃他——“这是留给你妈的，谁偷吃我打谁！”而所留好吃的，往往是难得一见的一点儿肉类食品罢了。

玉龙是卢家长子。他的姐姐叫玉梅，弟弟叫玉荣。玉荣之下，还有两个妹妹。他最小的妹妹，是我们两家成为近邻之后出生的。有一点是过来人对从前年代有时难免怀旧一下的理由，那就是比之于如今的孩子们，从前的孩子们真的格外有礼貌。这不仅体现于他们对于大人的称呼，更体现于他们对邻家子女的称呼。即使年长半岁，甚或一两个月，他们也惯于在名字后边加上“哥”或“姐”的。我家兄弟四个依次都比卢家的子女年长，故依次被卢家的孩子叫作“大哥”、“二哥”、“三哥”、“四哥”。我的哥哥精神失常以后，卢家的孩子照样见着了就叫“大哥”的。卢家的子女都很老实，从不惹是生非。我只记得玉龙与另一条街上的孩子打过一次架，原因是“他们当街耍笑我大哥”！

卢家孩子称呼我家兄弟四人，“哥”前既不加“梁家”，也不带出名字。玉龙和玉荣兄弟两个，从小又是极善良、极有正义感的孩子。我从未听卢叔或卢婶教育过他们应该怎样做人。进言之，他们在这方面是缺乏教育的。我想，他们的善良与正义，几乎只能以“天性”来解释。当年，我每天起码要听到十几次出自卢家孩子之口的“二哥”。卢家五个孩子啊，往往一出家门就碰到了一个，听到了一句啊！

如今想来，当年，每天听到那么多句“二哥”，对我是一件重要之事，那使我本能地远避羞耻的行为。被邻家的孩子特亲近地叫“二哥”，这与被自己的亲弟弟亲妹妹所叫是很不同的。被邻家的孩子特亲近地叫“二哥”，使当年的我不可能不在乎配不配的问题。

大约是 1984 年或 1985 年春节前，我第二次从北京回哈尔滨探家。

我已是年轻的一夜成名的作家，到家的当天晚上，便迫不及待地挨家看望邻居的叔叔婶婶们，自然先从卢叔家开始。

而卢家人正吃晚饭，除了卢婶，我见到了卢家全家人。卢叔瘦多了，我问他是不是病过，他说确实大病了一场。玉龙的姐姐玉梅、弟弟玉荣，还有玉龙的大妹妹，全都从兵团、农场返城了，都还没有正式工作。除了卢叔，卢家儿女们，皆以崇拜的目光看我，使我颇不自在。我六十多岁的老父亲，虽已劳累了一辈子，从四川退休回到哈尔滨后，为了使家里的生活过得宽裕点，在一个建筑队继续上班。经我父亲介绍，玉龙也在那个建筑队上班。我问玉荣为什么不也像他哥哥一样找份临时的工作？玉荣被问得有些难为情，玉龙则替弟弟说：“弟弟是兵团知青时患了肺结核，从此干不了体力活了。而要找到一份不累的工作，像玉荣那么一个毫无家庭背景的返城知青，等于异想天开。”

气氛一时就很愁闷。

我心愀然。事实上，连我返城的三弟，当时也只能托我那当了一辈子建筑工人的老父亲的“福”，也与我父亲在同一个建筑队干活。

我又问：“卢婶怎么不在家？”

卢叔反问我：“你家没谁告诉你？”

我闻言困惑。

而玉龙忧伤地说：“二哥，我妈秋天里病故了。”

玉龙实际上只有小学文化，从他口中说出“病故”二字而非“死”字，使我感觉到了他心口那一种疼的深重——不知他要对自己进行多少次提醒，才能从头脑中将“死”字抠出去，并且铆入他不习惯说的“病故”二字，足见他对他母亲的怀念之情。

我的心口也不禁疼了一下。那样一家，没有了卢婶，好比一棵树在不该落叶的季节，掉光了它的叶子。

我又没话找话地说了几句什么，逃脱似的起身告退。

“二哥……”我已站在门口时，玉龙叫了我一声。

我扭回头，见卢家人全都望着我。

卢叔凄笑着说：“大老远的，你还想着给叔带几盒好烟回来，叔多谢了。”

我说：“院里每位叔都有的。”

卢叔说：“那你给我的也肯定比给他们的多。”

而玉龙说：“二哥，我们全家都祝贺你是名人了。”

我又不知说什么好。

卢家的儿女们，一个个虔诚地点头。

因为我哥哥几天前又犯病了，我的家也笼罩在愁云忧雾之中，家人竟都没顾得上告诉我卢婶病故了……

第二年春季，父亲到北京来看孙子。

父亲告诉我，卢叔也病故了。

父亲夸玉龙是个好儿子，为了给卢叔治病，将他家在后院盖的一间小砖房卖了。

父亲惋惜地说：“因为急，卖得也太便宜了，少卖了五六百元。如果不卖，等到动迁的时候，玉龙和玉荣兄弟俩就会都有房子结婚了。”

父亲最后说：“但玉龙是为了使你卢叔走前能用上些好药，少受些罪。他做得对，所以全院都夸他是个好儿子。”

夏季，玉龙忽一日成为我在“北影”的家的不速之客——将近一米八的个子，一身崭新的铁路制服，一表人才。

他说他父亲当年的“问题”得到了纠正，所以他才能有幸成为一名铁路员工。

我问他具体的工作是什么？他说在货场管仓库，说得很满意。

他反问我：“二哥，我文化也太低呀！所以应该很满意啊，对不对？”

我和我的父亲连说：“对、对。”

我和父亲特为他高兴。

他怕误了返回哈市的列车，连午饭也不一块吃，说走就走。

我和父亲将他送出“北影”大门外。

他说：“真想和大爷和二哥合一张影。”可临时哪儿去借照相机啊！当年连我这种人还没见过手机呢！

父亲保证地说：“下次吧！下次你来之前怎么也得先通个气儿，好让你二哥预先借台照相机预备着。”

玉龙说：“大爷，我爸妈都不在了，有时我觉得活得好孤单，我以后可不可以把您当成老父亲啊？”

父亲连说：“怎么不可以！怎么不可以！”

玉龙看着我又说：“那二哥，以后你就好比是我的亲二哥了吧。”

我说：“玉龙，我们的关系不是早就那样了吗？”

望着玉龙走远的背影，父亲喃喃自语：“好孩子啊！也算熬到了出头之日了，他弟弟妹妹们有指望了……”

两年后，我有了正式工作不久的三弟“下岗”了。

那一年的冬季玉龙又出现在我面前，穿一件旧而且破了两处、露出棉花的蓝布面大衣，看去像个到北京上访的人。他很疲惫的样子，不再一表人才。我讶异于他为什么穿那么一件大衣，以为大衣里边肯定还穿着铁路员工的蓝制服。但他脱下大衣后，上身穿的却是一件洗褪了色的紫色秋衣，显然又该洗澡了。

玉龙说：“二哥，我下岗了。”

我一时陷于无语之境。

他买了我写的十几本书，说是希望通过送书的方式结识什么人，帮自己找到份能多挣几十元钱的活干，说再苦再累他都干只要能多挣几十元钱。

我一边签自己的名，一边问他弟弟妹妹们的情况如何？

他说，他弟玉荣的病还是时好时犯，好时就找临时的工作，一向只能找到又累又挣钱少的活儿，干到再次病倒了算。他姐有小孩了，也“下岗”了。他两个妹妹同样没有正式工作。

我听着，机械地写着自己的名字，不忍抬头看他，宁愿一直写下去。

书中有一本是《一个红卫兵的自白》。

我正要签上名，玉龙小声说：“二哥，这本不签了吧。”

我头也不抬地问：“为什么？”

他说：“你就听你弟的吧。”

我固执地说：“这一本书我写得不那么差。”

他沉默片刻，以更小的声音说：“二哥，不瞒你，有看了这一本书的人，撺掇我告你。”

我这才想到，在《一个红卫兵的自白》中，我写到的一个人物用了卢叔的真姓，但却加在了书中那个“卢叔”身上一些虚构的成分，还是那种有理由使卢家人提出抗议的虚构成分。我终于放下笔，缓缓抬起头，以内疚极了也怜悯极了的目光看定他说：“玉龙，你起诉二哥吧。你有权利也有理由起诉我，那样你会获得一笔名誉补偿金，而那也正是二哥愿意的。”

我说的是真诚的话。

事实上每次见到玉龙，我必问他缺不缺钱？而他总是说不缺，说真到了缺的时候，肯定会向我开口的。然而，我觉得他肯定永远不会主动向我开口的。据我所知，卢叔卢婶在世时，生活最困难的卢家，不曾向院里的任何一户邻居开口借过钱。在这一点上，卢家儿女有着他们父母的基因。

听了我的话，玉龙的脸顿时红到了脖子，当面受了侮辱般地说：“二哥，你这不是骂我吗？哪儿有弟弟告哥哥的呢？我那么做我还是人啊！”

我说："兄弟互相告，姐妹互相告，甚至父母和子女互相告，这类事全国到处发生。你放心，二哥保证，绝不生你的气。"

他说："那我自己也会一辈子生自己的气，我姐我弟我妹他们也会生我的气！二哥你要是不欢迎我了，我立刻就走好啦！"

我只得笑着说："那再版时，二哥一定做一番认真修改。"

后来，玉龙又出现在我家时，我送给他一本签了我的名也写上了他名字的《一个红卫兵的自白》，告诉他，是一本修改过的书。

他又红了脸，笑道："二哥你看你，还认真了，这你让我多不好意思！"

该脸红、该不好意思的是我，却反倒成了他。我情不自禁地拥抱了他一下。

他找着拎着的，带来了两大旅行兜五六十本书。他累得不断地出汗，说经人介绍，帮一位是东北老乡的生意人在北京跑批发，联系业务得自己出钱送礼，而送我的签名书，对他是花钱不多却又比较送得出手的礼物。

我不许他以后再买我的书，要求他提前告诉我，我会为他备好签名书，他来取就是。他说："那不行。这已经够麻烦二哥的了，怎么能还让二哥送给我书呢！何况我每次需要的又多，二哥写一本书很辛苦，绝对不行！"

到现在为止，他一次也没向我要过书。

后来，我的人生中发生了两件毫无思想准备的伤心事，先是父亲去世了，几年后母亲又去世了——这两件事对我的打击极沉重。

再后来，我将哥哥接到北京，也将玉荣请到北京帮我照顾哥哥，同时算我这个"二哥"替玉龙暂时解决了一件操心事，等于给他的弟弟安排了一份力所能及的"工作"。

但玉荣在回哈尔滨看望哥哥姐姐妹妹的日子里，不幸身亡。而我四弟的妻子不久患了尿毒症，一家人的生活顿时乱了套。

那一个时期，在我的头脑之中玉龙这个弟弟不存在了似的。两年后，等我将我这个哥哥的种种责任又落实有序了，才关心起久已没出现在我面前的玉龙来。

那是北京寒冷的冬季。我给四弟寄回了两万元钱，嘱他必须尽早聚上玉龙，不管玉龙需不需要，必须让玉龙收下那两万元钱。

不久，四弟回我电话说，交代给他的任务他完成了。

春季里的一天，下午我从外开罢一次会回到家里，见玉龙坐在我家门旁的台阶上，双眼有些浮肿，上唇起了一排火泡——他一副心力交瘁的样子，却没带书，只背一只绿书包。

进屋后，他刚一坐下，我便问他遭遇什么难事了?

他说他最小的妹妹也大病一场，险些抢救不回生命来。

我问他为什么不告诉我?

他说:“我知道四嫂那时候也生命危险啊，我什么忙都帮不上，怎么还能告诉二哥我自己着急上火的事呢?！”

“二哥，你的心意我领了，但这两万元钱我不能收。二哥的负担也很重，我怎么能收呢?”他从书包里掏出了两万元钱，放在我面前。他说等了我将近三个小时，他这次来我家就是为了送钱。两万元钱带在身上他怕丢，所以一直耐心地等我回来。

我生气了，与他撕撕扯扯地，终于又将两万元钱塞入了他的书包。

这时响起了敲门声，我开了门见是某出版社的编辑，我忘了人家约见的事了。

玉龙起身说他去洗把脸。

他洗罢脸就告辞了。

编辑同志问他是我什么人。

我如实说是老邻居家的一个弟弟，关系很亲。

编辑同志说他见过玉龙。

我心中暗惊一下，猜测或许是给对方留下了某种不良印象的“见过”。

编辑同志却说，前几天她出差从外地回到北京，目睹了这么一种情形——有一精神不正常的中年女子，赤裸着上身在广场上边走边喊，人们皆视而不见，忽有一男人上前，脱下自己的大衣，替那疯女子穿上了。

我说："你认错人了吧？"

她说："不会的。当时我也正想脱下上衣那么做，但他已那么做了。我站在旁边，看着一个非亲非故的男人为一个疯女人一颗一颗扣上大衣扣子，心里很受感动。他给我留下的印象极深，所以不会认错人。"

编辑走后，我见里屋的床上有玉龙留下的两万元钱。

那一年，玉龙出现在我面前的次数多了，隔两三个月我就会见到他一次。虽然用手机的人已经不少了，但他还没有手机，我也没有。他或者在前一天晚上往我家里打电话，那么第二天我就会在家里等他；或者贸然地就来了，每遇撞锁，便坐在我家门旁台阶上等，有时等很久。

"二哥，你瘦了。"

"二哥，你显老了。"

"二哥，你脸色不好。"

"二哥，你可得注意身体。"

以上是他一见到我常说的话，也是我一见到他想说的话。每次都是他抢先说了，我想说的话也就咽回去不说了。

那一年，我身体很差，确如他说的那样。

那一年，他的身体看去也很差，白发明显地多了，脸还似乎有点浮肿。

我暗暗心疼他，正如他发乎真情地心疼我。

他带来的书也多了。书是沉东西！

——想想吧，一个人带五六十本书，不打的，没车送，乘公交，转地铁，是一件多累的事啊！以至于我往往想给他几本我新出的书，由于心疼他，犹犹豫豫地最终也就作罢了。

他来的次数多，我于是猜到他换挣钱的地方也换得频了。

赠某某局长、处长、主任、经理……我按名单签着诸如此类的上款，而他常提醒我不要写"副"字，"赠"字前边加上"敬"字。我根本不认识那些人，他显然也一个都不认识。他只不过是在落实他"老板"交给的任务。

有次签罢书，他起身急着要走。

我说：“别急着走，坐下陪二哥说会儿话。”

他立刻顺从地坐下了。

我为他换了茶水，以闲聊似的口吻说：“怎么，不愿让二哥多知道一些你的情况吗？”

他说：“我有啥情况值得非让你知道的呢？”

我说：“比如，做了什么好事、坏事……”

他立刻严肃地说：“二哥，我绝没做过什么坏事。如果做了，我还有脸来见你吗？”

我说：“二哥的意思表达不当，我指的是好事。”

他的表情放松了，不无自卑地说：“你弟这种小民，哪儿有机会做好事啊！”

我就将编辑朋友在火车站见到的事说了一遍，问那个好人是不是他。他侧转脸，低声说：“因为大哥也是得的精神病，我不是从小就同情精神病人嘛，那事儿更不值得说了。”

我一时语塞，良久，才说：“玉龙，我是这么想的——二哥帮你在哈尔滨租个小门面，你做点儿小本生意，别再到北京四处打工了吧，太辛苦啦！”

他低下头去，也沉默良久才又说：“二哥，那不行啊。在咱们哈尔滨，租一个最便宜的而且保证能赚到钱的门面，起码一年五六万，还得先付一年的租金。二哥你负担也重，我不能花你的钱。再说，我也没有生意头脑，一旦血本无归，将二哥帮我的钱亏光了，那我半辈子添了块心病了。我打工还行，力气就是成本。趁现在还有这种不是钱的成本，挣多少是多少吧！二哥你家让你操心的事就够多的了，别为我操心了吧……”

我又语塞，沉默了良久才问出一句废话：“打工不容易是吧？”

玉龙忽地就低声哭了。

我竟乱了方寸，一时不知该怎么劝他。

他边哭边说：“二哥，有些人太贪了，太黑了，太霸道了，太欺负人了……只要有点儿权有点儿钱，就不将心比心地考虑考虑我这种人的感受了……”

我已经记不清我是怎么将他送出门的了。

我独坐家里，大口大口地深吸着烟，集中精力回忆玉龙说过的话。

我能回忆起来的是如下一些话：

“二哥，我受欺负的时候，被欺负急了就说，别以为我好欺负，我是不跟你一般见识！我二哥是作家梁晓声！多数时刻不起作用，但也有少数起作用的时候。二哥，你是玉龙的精神支柱啊！别说三哥四哥秀兰姐家的生活没有了你的帮助不行，我玉龙在精神上没有你这个支柱也撑不下去啊……

“二哥，我希望雇我的人多少看得起我点儿，有时忍不住就会说出我有一个是作家的二哥。他们听了，就要求我找你，帮他们疏通这种关系、那种关系。我知道你也没那么大神通，只能实话实说。结果他们就会认为我不识抬举，恼羞成怒让我滚蛋……

“二哥，有时我真希望你不是作家，是个在北京有实权的大官，也不必太大，局一级就行，那我在人前提起你来，底气也足多了……

“二哥，有时候我真想自己能变成一条龙，把咱们中国的贪官、黑官、腐败的官全都一口一个吞吃了！但是对老百姓却是一条好龙，逢旱降雨，逢涝驱云。而且，一片鳞一块玉，专给那些穷苦人家，给多少生多少，鳞不光，给不完……”

那一天，我吸了太多的烟，以至于放学回来的儿子，在门外站了半天才进屋。

那次见面后的一个晚上，玉龙给我打来一次电话。

他说：“二哥，我真有事求你了。”

我说：“讲。”仿佛我真的已不是作家，而是权力极大的官了。

玉龙说的事是——东北农场要加盖一批粮库，希望我能给农场领导写封信，使他所在的工程队承包盖几个粮库。

我想这样的事我的信也许能起点儿担保作用，爽快地答应了。

我用特快专递寄出了一封长信，信中很动感情地写了我家与卢家非同一般的近邻关系，以及我与玉龙的感情深度，我对他人品的了解、信任。我保存了邮寄单，再见到玉龙时郑重其事地给他看——为了证明我的信真寄了。

玉龙顿时高兴得像个小孩子，也将我像搂抱小孩子似的搂抱住，连连说：

“哎呀二哥，你亲口答应的事我还会心里不落实吗？还让我看邮寄单，你叫我多不好意思呀二哥……”

但那封信如泥牛入海，杳无回音。

而那一次，是我那一年最后一次见到玉龙。

他并没来我家找我问过，也没在打电话时问过。

我想，他是怕我在他面前觉得没面子。大概，也由于觉得我是为他才失了面子的，没勇气面对我了。

之后两年多，我没再见到过玉龙。

今年五月的一天，我应邀参加一次活动，接我的车竟是一辆车体宽大的奔驰。行至豁口，遇红灯。车停后，我发现从一条小胡同里走出了玉龙。他缓慢地走着，分明地，有点儿驼背了。剃成平头的头发，白多黑少了。穿一件褪了色的蓝上衣，这儿那儿附着黄色的粉末。脚上的旧的平底布鞋也几乎变成黄色的了。

他一脸茫然，目光惘滞，显然满腹心事。他走到斑马线前，想要过马路的样子，可却呆望着绿灯，似乎还没拿定主意究竟要不要过。

他就那么一脸茫然，目光惘滞地站在斑马线前，呆望着马路这一端的绿灯，像在呆望着红灯。

我想叫他。可是如果要使他听到我的声音，我必须要求司机降下车窗，必须将上身俯向司机那边的窗口，还必须喊。因为，奔驰车停在马路这一边，不大声喊他是听不到的。

我话到嘴边，却终究没要求司机降下车窗。

然而，玉龙到底是踏上了斑马线。

当他从车头前缓慢地走过时，坐在车内的我不由得低下了头。我怕他一转脸看到了我。那一时刻，某些与感情不相干的杂七杂八的想法在我头脑中产生了。那一时刻，我最不愿他看到他的“精神支柱”。被人当成“精神支柱”而实际上又不能在精神上给予人哪怕一点点支撑力的人，实际上也挺可怜的。

那一刻，我对自己鄙薄极了。

玉龙终于踏上了马路这一边的人行道，站在离奔驰四五步远处，似乎，还没想清楚应去往何方，去干什么。

我停止胡思乱想，立即降下车窗叫了他一声。

然而，红灯变绿灯了。

奔驰开走了。

玉龙似乎听到了我的叫声——他左顾右盼。左顾右盼的他，瞬间从我眼前消失……

几天后，传达室的朱师傅通知我："那个叫你二哥的姓卢的人，在传达室给你留下了一个纸箱子。"

纸箱子很沉。我想，必定又是书。

我将纸箱子扛回家，拆开一看——不仅有二三十本我的书，还有两大瓶蜂蜜。

一张纸上写着这样一行字："二哥，蜜是我从林区给你买的，野生的，肯定没受污染，也没有加什么添加剂。"

下边，是密密麻麻的一片需要我写在书上的名字。

所有的书我早已签写过了，然而现在都是两个多月以后了，玉龙却没来取走。他也没打过我的手机，没给我发过短信。他是有我的手机号的。

以前，他也有过将书留在传达室，过些日子再来取的时候。但隔了两个多月还不来取，这是头一次。

我也有他的手机号。

我拨过几次，每次的结果都是——该手机已停用。

他在哪里？在干什么？难道忘了书的事了吗？

不由得不安了。

后来，我就做了一场玉龙他变成了一条龙的梦。

我与四弟通了一次电话，"指示"他必须替我联系上玉龙。

四弟第二天就回电话了，说他到玉龙家去过，而玉龙家动迁后获得的小小两居室又卖了，已成了别人的家。四弟也只有玉龙的一个手机号，就是那个已停用的手机号。看来，我只有等了。不是等他来将我签了名的书取走，那一点儿都不重要了。

我盼望他再一次出现在我面前，使我知道他平安无事。

有些人的生活，做梦似的变好着。好得以至于使我们一般人觉得，作为人，而不是神，生活其实完全没必要好到那么一种程度。即使真有神，大多数的神的生活，想来也并不是多么奢华的。

有些人挣钱，姑且就说是挣钱吧，几百万几千万几亿的，几通电话，几次秘晤，轻轻松松地就挣到了。这里说的还不是贪污，受贿，是“挣”。

而有些人的生活，像垃圾片似的，要出现一个小小的好的情节，那几乎就非从头改写不可。而他们的草根之命是注定了的，靠他们自己来改写，除非重投一次胎，生到前一种人的家中去，否则，“难于上青天”。

而有些人挣钱，仍会使人联想到旧社会——受尽了屈辱、剥削和压迫。

最不幸的姑且不论，中国又该有多少玉龙，其实艰难地生活在无望与渺茫的希望之间呢？

而卢家的这一个玉龙，他有许多种借口坑、蒙、拐、骗，却在人品上竭尽全力地活得干干净净——我认为他的基因比某些达官贵人高贵得多！

我祈祷中国的人间，善待他这一个野草根阶层的精神贵族。

凡欺辱他者，我咒他们八辈祖宗！

玉龙，玉龙，快来找我……

紧绷的小街

迄今，我在北京住过三处地方了。

第一处自然是从前的北京电影制片厂院内。自1977年始，我在这里住了十二年筒子楼。往往一星期没出过北影大门，家、食堂、编导室办公楼，白天晚上数次往返于三点之间，像继续着大学生的校园生活。出了筒子楼半分钟就到食堂了，从食堂到办公室才五六分钟的路，比之于今天在上下班路上耗去两三个小时的人，上班那么近实在是一大福气了。

1988年年底，我调到了中国儿童电影制片厂，次年夏季搬到童影宿舍。这里有一条小街，小街的长度不会超过从北影的前门到后门，很窄，一侧是元大都的一段土城墙。当年城墙遗址杂草丛生，相当荒野。小街尽头是总参的某干休所，所谓“死胡同”，车辆不能通行。当年有车人家寥寥无几，“打的”也是一件挺奢侈的事，进出于小街的车辆除了出租车便是干休所的车了。小街上每见住在北影院内的老导演老演员们的身影，或步行，或骑自行车，或骑电动小三轮车，车后座上坐着他们的老伴儿。他们一位位的名字在中国电影史上举足轻重，掷地有声。当年北影的后门刚刚改造不久，小街很幽静。

又一年，小街上有了摆摊的。渐渐，就形成了街市，几乎卖什么的都有了。别的地方难得一见的东西，在小街上也可以买到。我在小街买过野蜂窝，朋友说是人造的，用糖浆加糖精再加凝固剂灌在蜂窝形的模子里，做出的“野蜂窝”要多像有多像，过程极容易。我还买过一条一尺来长的蜥蜴，卖的人说用黄酒活泡了，那酒于是滋补。我是个连闻到酒味儿都会醉的人，从不信什么滋补之道，只不过买了养着玩儿，不久就放生了。我当街理过发，花二十元当街享受了半小时的推拿，推拿汉子一时兴起，强烈要求我脱掉背心，我拗他不过，只得照办，吸引了不少围观者。我以十元钱买过三件据卖的人说是纯棉的出口转内销的背心，也买过五六种印有我的名字、我的照片的盗版书，其中一本的书名是《爱与恨的交织》，而我根本没写过那么一本书。当时的我穿着背心、裤衩，趿着破拖鞋，刚剃过光头，几天没刮胡子。我蹲在书摊前，看着那一本厚厚的书，吞吞吐吐地竟说：“这本书是假的。”

卖书的外地小伙子瞪我一眼，老反感地顶我：“书还有假的吗？假的你看半天？到底买不买？”

我说我就是梁晓声，而我从没出版过这么一本书。

他说：“我看你还是假的梁晓声呢！”

旁边有认识我的人说中国有多少叫梁晓声的不敢肯定，但他肯定是作家梁晓声。

小伙子夺去那本书，啪地往书摊上一放，说：“难道全中国只许你一个叫梁晓声的人是作家？！”

我居然产生了保存那本书的念头，想买。小伙子说冲我刚才说是假的，一分钱也不便宜给我，爱买不买。我不愿扫了他的兴又扫我自己的兴，二话没说就买下了。待我站在楼口，小伙子追了上来，还跟着一个小女子，手拿照相机。小伙子说她是他媳妇儿，说：“既然你是真的梁晓声，那证明咱俩太有缘分了，大叔，咱俩合影留念吧！”人家说得那么诚恳，我怎么可以拒绝呢？于是合影，恰巧走来人，小伙子又央那人为我们三个合影，自然是我站中间，一对小夫妻一左一右，都挽我手臂。

使小街变脏的首先是那类现做现卖的食品摊——煎饼、油条、粥、炒肝、炸春卷、馄饨、烤肉串，再加上卖菜的，再加上杀鸡宰鸭剖鱼的……早市一结束，满街狼藉，人行道和街面都是油腻的，走时沾鞋底儿。一下雨，街上淌的像刷锅水，黑水上漂着烂菜叶，间或漂着油花儿。

我在那条小街上与人发生了三次冲突。前两次互相都挺君子，没动手。第三次对方挨了两记耳光，不过不是我扇的，是童影厂当年的青年导演孙诚替我扇的。那时的小街，早六七点至九十点钟内，已是水泄不通，如节假日的庙会。即使一只黄鼬，在那种情况之下企图蹿过街去也是不大可能的。某日清晨，我在家中听到汽车喇叭响个不停，俯窗一看，见一辆自行车横在一辆出租车前，自行车两边一男一女，皆三十来岁，衣着体面。出租车后，是一辆搬家公司的厢式大车。两辆车一被堵住，一概人只有侧身梭行。

我出了楼，挤过去，请自行车的主人将自行车顺一下。

那人瞪着我怒斥："你他妈少管闲事！"

我问出租车司机怎么回事，他是不是剐蹭着人家了？

出租车司机说绝对没有，他也不知对方为什么要挡住他的车。

那女的骂道："你他妈装糊涂！你按喇叭按得我们心烦，今天非堵你到早市散了不可！"

我听得来气，将自行车一顺，想要指挥出租车通过。对方一掌推开我，复将自行车横在出租车前。我与他如是三番，他从车上取下了链锁，威胁地朝我扬起来。

正那时，他脸上啪地挨了一大嘴巴子。还没等我看清扇他的是谁，耳畔又听啪的一声。待我认出扇他的是孙诚，那男的已乖乖地推着自行车便走，那女的也相跟而去，两个都一次没回头……至今我也不甚明白那一对男女为什么会是那么一种德行。

两年后，"自由市场"被取缔，据说是总参干休所通过军方出面起了作用。

如今我已在牡丹园北里又住了十多年，这里也有一条小街，这条小街起初也很幽静，现在也变成了一条市场街，是出租汽车司机极不情愿去的地方。它的情形变得与十年前我家住过的那条小街又差不多了。闷热的夏日，空气中弥漫着腐败腥臭的气味儿。路面重铺了两次，过不了多久又沾鞋底儿了。下雨时，流水也像刷锅水似的了，像解放前财主家阴沟里淌出的油腻的刷锅水，某几处路面的油腻程度可用铲子铲下一层来。人行道名存实亡，差不多被一家紧挨一家的小店铺完全占据。今非昔比，今胜过昔，街道两侧一辆紧挨一辆停满了廉价车辆，间或也会看到一辆特高级的。

早晨七点左右“商业活动”开始，于是满街油炸烟味儿。上班族行色匆匆，有的边吃边走。买早点的老人步履缓慢，出租车或私家车明智地停住，耐心可嘉地等老人们蹒跚而过。八点左右街上已乱作一团，人是更多了，车辆也多起来。如今买一辆廉价的二手车才一两万元，租了门面房开小店铺的外地小老板十之五六也都有车，早晨是他们忙着上货的时候。太平庄那儿一家“国美”商城的免费接送车在小街上兜了一圈又一圈，相对于对开两辆小汽车已勉为其难的街宽，“国美”那辆大客车是庞然大物。倘一辆小汽车迎头遭遇了它，并且各自没了倒车的余地，那么堵塞半小时、一小时是家常便饭。“国美”大客车是出租车司机和驾私家车的人打内心里厌烦的，但因为免费，它却是老人们的最爱。真的堵塞住了，已坐上了它或急着想要坐上它的老人们，往往会不拿好眼色瞪着出租车或私家车，显然他们认为一大早添乱的是后者。

傍晚的情形比早上的情形更糟糕。六点左右，小饭店的桌椅已摆到人行道上了，仿佛人行道根本就是自家的。人行道摆满了，沿马路边再摆一排。烤肉的出现了，烤海鲜的出现了，烤玉米烤土豆片地瓜片的也出现了。时代进步了，人们的吃法新颖了，小街上还曾出现过烤茄子、青椒和木瓜的摊贩。最火的是一家海鲜店，每晚在人行道上摆二十几套桌椅，居然有开着“宝马”或“奥迪”前来大快朵颐的男女，往往一吃便吃到深夜。某些男子直吃得脱掉衣衫，赤裸上身，汗流浃背，喝五吆六，划拳行令，旁若无人。乌烟瘴气中，行人嫌恶开车的，开车的嫌恶摆摊的，摆摊的嫌恶开店面的，开店面的嫌恶出租店面的——租金又涨了，占道经营等于变相地扩大门面，也只有这样赚得才多点儿。通货膨胀使他们来到北京打拼人生的成本大大提高了，不多赚点儿怎么行呢？而原住居民嫌恶一概之外地人——当初这条小街是多么幽静啊，看现在，外地人将这条小街搞成什么样子了？！那一时段，在这条小街，几乎所有人都在内心里嫌恶同胞……

而在那一时段，居然还有成心堵车的！

有次我回家，见一辆“奥迪”斜停在菜摊前。那么一斜停，三分之一的街面被占了，两边都堵住了三四辆车，喇叭声此起彼伏。车里坐一男人，听着音乐，悠悠然地吸着烟。

我忍无可忍，走到车窗旁冲他大吼：“你他妈聋啦？！”

他这才弹掉烟灰，不情愿地将车尾顺直。于是，堵塞消除。原来，他等一个在菜摊前挑挑拣拣买菜的女人。那一时段，这条街上的菜最便宜。可是，就为买几斤便宜的菜，至于开着“奥迪”到这么一条小街上来添乱吗？我们的某些同胞多么难以理解！

那男人开车前，瞪着我气势汹汹地问：“你刚才骂谁？”

我顺手从人行道上的货摊中操起一把拖布，比他更气势汹汹地说：“骂的就是你，混蛋！”

也许见我是老者，也许见我一脸怒气，并且猜不到我是个什么身份的人，还自知理亏，他也骂我一句，将车开走了……

能说他不是成心堵车吗？！

可他为什么要那样呢？我至今也想不明白。

还有一次——一辆旧的白色“捷达”横在一个小区的车辆进出口，将院里街上的车堵住了十几辆，小街仿佛变成了停车场，连行人都要从车隙间侧身而过。车里却无人，锁了。有个认得我的人小声告诉我，对面人行道上，一个穿T恤衫吸着烟的男人便是车主。我见他望西洋景似的望着堵得一塌糊涂的场面幸灾乐祸地笑。毫无疑问，他肯定是车主。也可以肯定，他成心使坏是因为与出入口那儿的保安发生过什么不快。

那时的我真是怒从心头起，恶向胆边生。倘身处古代，倘我武艺了得，定然奔将过去，大打出手，管他娘的什么君子不君子！然我已老了，全没了打斗的能力和勇气，但骂的勇气却还残存着几分。于是撇掉斯文，瞪住那人，大骂一通混蛋王八蛋狗娘养的！

我的骂自然丝毫也解决不了问题。最终解决问题的是交警支队的人，但那已是一个多小时以后的事了。在那一个多小时内，坐在人行道露天餐桌四周的人们，吃着喝着看着“热闹”，似乎堵塞之事与人行道被占一点儿关系都没有……

十余年前，我住童影宿合所在的那一条小街时，曾听到有人这么说——真希望哪天大家集资买几百袋强力洗衣粉、几十把钢丝刷子，再雇一辆喷水车，发起一场义务劳动，将咱们这条油腻肮脏的小街彻底冲刷一遍！

如今，我听到过有人这么说——某时真想开一辆坦克，从街头一路压到街尾！这样的一条街住久了会使人发疯的！

在这条小街上，不仅经常引起同胞对同胞的嫌恶，还经常引起同胞对同胞的怨毒气，还经常造成同胞与同胞之间的紧张感。互相嫌恶，却也互相不敢轻易冒犯。谁都是弱者，谁都有底线。大多数人都活得很隐忍，小心翼翼。

街道委员会对这条小街束手无策，他们说他们没有执法权。

城管部门对这条小街也束手无策。他们说要治理，非来“硬”的不可，但北京是“首善之都”，怎么能来“硬”的呢？

新闻单位被什么人请来过，却一次也没进行报道。他们说，我们的原则是报道可以解决的事，明摆着这条小街的现状根本没法解决啊！

有人给市长热线一次次地打电话，最终居委会的同志找到了打电话的人，劝说——容易解决不是早解决了吗？实在忍受不了你干脆搬走吧！

有人也要求我这个区人大代表应该履责，我却从没向区政府反映过这条小街的情况。我的看法乃是——每一处摊位，每一处门面，背后都是一户人家的生计、生活甚至生存问题，悠悠万事，唯此为大。

在小街的另一街口，一行大红字标志着一个所在是“城市美化与管理学院”。相隔几米的街对面，人行道上搭着快餐摊棚。下水道口近在咫尺，夏季臭气冲鼻，情形令人作呕。

城管并不是毫不作为的。他们干脆将那下水道口用水泥封了，于是那儿摆着一个盛泔水的大盆了。至晚，泔水被倒往附近的下水道口，于是另一个下水道口也臭气冲鼻，情形令人作呕了。

又几步远，曾是一处卖油炸食物的摊点。经年累月，油锅上方的高压线挂满油烟嘟噜了，如同南方农家灶口上方挂了许多年的腊肠。架子上的变压器也早已熏黑了。某夜，城管发起“突击”，将那么一处的地面砖重铺了，围上了栏杆，栏杆内搭起“执法亭”了。白天，摊主见大势已去，也躺在地上闹过，但最终以和平方式告终。

本就很窄的街面，在一侧的人行道旁，又隔了一道八十厘米宽的栏杆，使那一侧无法停车了。理论上是这样一道算式——斜停车辆占路面一点五米宽即一百五十厘米的话，如此一来，无法停车了，约等于路面被少占了七十厘米。两害相比取其轻，不得已而为之的办法，一种精神上的“胜利”。这条极可能经常发生城管人员与占道经营、无照经营、不卫生经营者之间的严峻斗争的小街，十余年来，其实并没发生过什么斗争事件。斗争不能使这一条小街变得稍好一些，相反，恐怕将月无宁日，日无宁时。这是双方都明白的，所以都尽量地互相理解，互相体恤。

也不是所有的门面和摊位都会使街道肮脏不堪。小街上有多家理发店、照相馆、洗衣店、打印社，还有茶店、糕点店、眼镜店、鲜花店、房屋中介公司、手工做鞋和卖鞋的小铺面，它们除了方便于居民，可以说毫无负面的环境影响。我经常去的两家打印社，主人都是农村来的。他们的铺面月租金五六千元，而据他们说，每年还有五六万的纯收入。

这是多么养人的一条小街啊！出租者和租者每年都有五六万的收入，而且或是城市底层人家，或是农村来的同胞，这是一切道理之上最硬的道理啊！其他一切道理，难道还不应该服从这一道理吗?

在一处拐角，有一位无照经营的大娘，她几乎每天据守着一平方米多一点儿的摊位卖咸鸭蛋。一年四季，寒暑无阻，已在那儿据守了十余年了。一天才能挣几多钱啊！如果那点儿收入对她不是很需要，七十多岁的人了，想必不会坚持了吧。

大娘的对面是一位东北农村来的姑娘，去年冬天她开始在拐角那儿卖大馇子粥。一碗三元钱，玉米很新鲜，那粥香啊！她也只不过占了一平方米多一点儿的人行道路面。占道经营自然是违章经营，可是据她说，每月也能挣四五千元！因为玉米是自家地里产的，除了点儿运费，几乎再无另外的成本。她曾对我说：“我都二十七了还没结婚呢，我对象家穷，我得出来帮他挣钱，才能盖起新房啊！要不咋办呢？”

再往前走十几步，有一位农家妇女用三轮平板车卖豆浆、豆腐，也在那儿坚持十余年了。旁边，是用橱架车卖烧饼的一对夫妻，丈夫做，妻子卖，同样是小街上的老生意人。寒暑假期间，两家的两个都是小学生的女孩也来帮大人忙生计。炎夏之日，小脸儿晒得黑红。而寒冬时，小手冻得肿乎乎的。两个女孩儿的脸上，都呈现着历世的早熟的沧桑了。

有次我问其中一个：“你俩肯定早就认识了，一块儿玩不？”

她竟说：“也没空儿呀，再说也没心情！”

回答得特实在，实在得令人听了心疼。

“五一”节前，拐角那儿出现了一个五十来岁的外地汉子，挤在卖咸鸭蛋的大娘与卖鞋垫的大娘之间，仅占了一尺来宽的一小块儿地方，蹲在那儿，守着装了硬海绵的小木匣，其上插五六支风轮，彩色闪光纸做的风轮。他引起我注意的原因不仅是因为他卖成本那么低、肯定也挣不了几个小钱的东西，还因为他右手戴着原本是白色、现已脏成了黑色的线手套，一种廉价的劳保手套。

我心想：“你这外地汉子呀，北京再能谋到生计，这条街再养得活人，你靠卖风轮那也还是挣不出一天的饭钱呀！你这大男人脑子进水啦，找份什么活儿干不行，非得蹲这儿卖风轮？”然而，我一次、两次、三次、四次地看到他挤在两位大娘之间，蹲在那儿，五月份快过去了他才消失。

我买鞋垫时问大娘：“那人的风轮卖得好吗？”

大娘说：“好什么呀！快一个月了只卖出几支，一支才卖一元钱，比我这鞋垫儿还少伍角钱！”

卖咸鸭蛋的大娘接言道：“他在老家农村干活儿时，一条手臂砸断了，残了，右手是只假手。不是觉得他可怜，我俩还不愿让他挤中间呢……”

我顿时默然。

卖咸鸭蛋的大娘又说，其实她一个月也卖不了多少咸鸭蛋，只能挣五六百元而已，这五六百元还仅归她一半儿。农村有养鸭的亲戚，负责每月给她送来鸭蛋，她负责腌，负责卖。

“儿女们挣的都少，如今供孩子上学花费太高，我们这种没工作过也没退休金的老人，”——她指指旁边卖鞋垫的大娘，“哪怕每月能给第三代挣出点儿零花钱，那也算儿女们不白养活我们呀……”

卖鞋垫的大娘就一个劲儿点头。

我不禁联想到了卖豆制品的和卖烧饼的。他们的女儿，已在帮着他们挣钱了。父母但凡工作着，小儿女每月就必定得有些零花钱——城里人家尤其是北京人家的小儿女，与外地农村人家的小儿女相比，似乎永远是有区别的。

我的脾气，如今竟变好了。小街日复一日年复一年地教育了我，逐渐使我明白我的坏脾气与这一条小街是多么的不相宜。再遇到使我怒从心起之事，每能强压怒火，上前好言排解了。若竟懒得，则命令自己装没看见，扭头一走了之。

而这条小街少了我的骂声，情形却也并没更糟到哪儿去。正如我大骂过几遭，情形并没有因而就变好点儿。

我觉得不少人都变得和我一样好脾气了。

有次我碰到了那位曾说恨不得开辆坦克从街头压到街尾的熟人。

我说："你看我们这条小街还有法儿治吗？"

他苦笑道："能有什么法儿呀？理解万岁呗，讲体恤呗，讲和谐呗……"

由他的话，我忽然意识到，紧绷了十余年的这一条小街，竟自然而然地生成了一种品格，那就是人与人之间的体恤。所谓和谐，对于这一条小街，首先却是容忍。

有些同胞生计、生活、生存之艰难辛苦，在这一条小街呈现得历历在目。小街上还有所小学——瓷砖围墙上，镶着陶行知的头像及"爱满天下"四个大字。墙根低矮的冬青丛中藏污纳垢，叶上经常沾着痰。行知先生终日从墙上望着这条小街，我每觉他的目光似乎越来越忧郁，却也似乎越来越温柔了。

尽管时而紧张，但十余年来，却又未发生什么溅血的暴力冲突——

这也真是一条品格令人钦佩的小街！发生在小街上的一些可恨之事，往细一想，终究是人心可以容忍的。发生在中国的一些可恨之事，却断不能以"容忍"二字轻描淡写地对待。"为之于未有，治之于未乱。"——老聃此言胜千言万语也！

朱师傅一家

赵大爷死后，朱师傅来了。接替赵大爷，成为我们儿童电影制片厂宿舍楼的管理员。职责和赵大爷一样，担负环境卫生及安全。

朱师傅可能比我年龄小七八岁，安徽农民。自然，他住在赵大爷住过的小小门房里。门房约十平方米，隔为两间。外间是收发和传达室，朱师傅住里间。小小门房一分为二，里间摆一张单人床和一张窄桌外，也就没什么余地了。

收发和传达另有人负责。地方也特别小。所以朱师傅的起居，客观上就限定在里间了。

别人都叫他朱师傅，或叫他老朱。他年龄明明比我小，我叫他老朱自觉不合适，故也随年轻人们叫他朱师傅。他则随年轻人叫我“梁老师”。

有次我说：“朱师傅，别叫我梁老师，叫我老梁。”

他愣了愣，却说：“那哪儿成呢？那么多人都叫你梁老师，我怎么能叫你老梁呢？”

我说：“那就叫我晓声，不是也有那么多人叫我晓声吗？”

他说：“他们是你朋友啊！”

我说：“那你也当我是朋友嘛。”

他说："行，梁老师，以后我就当你是朋友！"

直到现在，他仍叫我"梁老师"——虽然，我这方面觉得，他已经拿我当朋友了。看来"梁老师"他是叫定了，没法儿要求他改了。

和赵大爷一样，朱师傅也是极有责任心的人。我们宿舍楼周围的环境卫生一直挺好，人们都是比较满意的。这受益于朱师傅的责任心和勤劳。

记不得从哪一年起，朱师傅的女儿朱霞来了。朱霞已经是大姑娘了，二十一二岁了，但看去仍像少女。自幼患了小儿麻痹，一只手有些残疾。人们都很喜欢朱霞，我也喜欢她。她是个有礼貌又懂事的姑娘。人们也都很惋惜她的病，都希望她的病能在北京治好。

不久朱师傅的妻子和儿子也一道来了。他妻子是位质朴的农村妇女。她随朱师傅叫我"梁老师"，而我称她"嫂子"，这在辈分上是颠倒的。其实我应叫她"弟妹"，但我不习惯那么叫她。而她呢，既然我称她"嫂子"，她似乎也就只有姑妄听之了。

朱师傅的儿子比朱霞小两岁，叫朱凡。朱凡是个清秀且聪明的农村小青年，比少年大不点儿的那类青年。

朱师傅常替人们修自行车。朱凡从旁看了几次，会修了。遇有谁家的自行车坏了，推到门房外，请朱师傅修，倘若朱师傅没时间亲自修，便将"任务"交代给朱凡。往往还要严肃地叮嘱："要认真修啊，不许对付！"

我曾对朱师傅说："朱师傅，别不好意思，要收钱。"

朱师傅笑着说："那哪儿行呢？那成什么事儿了呢？"

我也曾对朱凡说："你爸不好意思收钱，你有什么不好意思的？你要收！"

朱凡也和他父亲那么憨厚地笑，不吱声儿。

"朱霞，你收！"

朱霞也笑。

"嫂子，他们都不好意思，你出面收！在这一点上不必学雷锋，不必搞无偿服务！"

她同样憨厚地笑。

我也曾暗中对某些关系亲密者打招呼——“咱们都不要让人家朱师傅白修车啊！”

人们都说“对”。

其实街口就有修自行车的，但那修自行车的天一黑就收摊了。住在楼里的大人们或学生们，往往晚上了才想起自行车有毛病，怕影响第二天上班上学，于是只有求助于朱师傅。而朱师傅从来有求必应，即使自己没空儿，也是先应下来，让儿子修。尤其冬季的晚上，不能把自行车搬屋里修，只能将电灯拉到外边，冻手冻脚地修……

这不给几元钱真是让人过意不去。

但据我所知，他们是从来不收钱的。非塞钱给他们，反而会搞得他们非常窘。

我妻子的自行车，我儿子的自行车，他们也不知贪黑给修过多少次了。

我们也只能送些东西，变相地表示感谢。

朱霞曾在北京住院治过病，厂里为此发起了募捐。或多或少，是一份心。总之几乎都捐了，捐的都很情愿。

原本仅容得下一张床的传达室里间，四口之家是显然、绝对没法儿同住的。但这世上在一些人看来是显然的、绝对的事，在另外一些被逼到被推到那事前的人们，往往也就不那么显然不那么绝对了。正所谓事是死的，人是活的，生存空间是小的，人生活的心气儿却可以大一些。朱师傅捡了一张破木床，修修，将两张木床摞起来了，成了双层的床。又捡了一块板，晚上临睡前将下床接出一条。就这样，显然而又绝对解决不了的困难，似乎也就得到了一定程度的解决。朱霞和母亲每晚睡下床，睡得多么挤是可想而知的。朱凡睡上床。而朱师傅自己，则每晚在厂里到处找地方借宿。好在厂里有些供值班人员睡的床，一般情况下他借宿不会遭到拒绝。

现在，这一家四口的生活，主要靠朱师傅一人的微薄收入维持着。但我从未见朱师傅愁眉苦脸过。朱师傅另外还有没有收入呢？有是有的——四处捡些废品卖。

他清除七个垃圾通道时，常将易拉罐儿、塑料瓶眼细地挑出来攒着。我也常见他推了满满一车废品送往什么地方的废品站。

我曾听有人说："嘿，又发了，也许卖不少钱呢！"

我不相信现而今谁靠捡废品卖会"发"。倘真能，为什么我们城里人不也"发"一把呢？一个易拉罐儿几分钱，一斤废报几角钱，这我也是知道的。一车废品卖不了多少钱的。明摆着的事儿。

朱师傅挣的是城里人，尤其是北京人显然、绝对不愿挣的钱。也是显然、绝对在靠诚实的劳动挣钱。

故我常将能卖钱的废品替朱师傅积攒了，亲自送给他。

有次我问："怎么最近没见朱凡啊？"

他笑了，欣慰地说："去学电脑了！"

这一位中年的，安徽农村来的农民父亲，就用自己卖废品所得的钱，供他的儿子去学最现代的谋职技能。

现在朱凡已经在某邮局谋到了一份临时的工作。尽管收入和他父亲的收入一样很低微，但毕竟全家多了一份收入啊！

某日，朱师傅见了我，吞吞吐吐地问："你看，如果我想在车棚这一角用些胶板围一处我睡觉的地方，厂里会同意吗？"

我说："我不是早就建议你这样做了吗？只管照你的想法做吧，厂里我替你说。"

厂里的领导也很体恤他一家。

现在，朱师傅有了自己的栖身之处——就在门房的边上，一米多宽，两米多长，用胶板围的一个箱子似的"房间"。睡在里边，夏天的闷热，冬天的森冷，大约非一般城里人所能忍受。

现在，这一家人已在北京——确切地说，在我们童影的门房生活了七八年了。除了朱霞，朱师傅、"嫂子"和朱凡，都在为生活而挣钱。不管一份工作多么脏，多么累，收入多么低微，在北京人看来是多么不值得干，不屑于干，在他们看来，却都是难得的机遇……

在风天，在雨天，在寒冬里，在赤日下，我常见"嫂子"替朱师傅清理七个垃圾通道，替朱师傅打扫宿舍区和厂区的卫生。也像朱师傅一样，从垃圾里挑拣出可卖点儿钱的东西。她替朱师傅时，朱师傅则也许往废品站送废品去了，也许另有一份儿活，去挣另一份儿钱了。

“嫂子”推垃圾车的步态，腾腾有力，显示出一种“小车不倒只管推”的样子。

这一家的每一个成员，似乎总是那么乐观，似乎总是生活得那么亲情融融。

有时我不免奇怪地想——他们的乐观源于什么呢？当然，我知道，他们一家人要通过共同的努力，早日积攒下一笔钱，然后回安徽农村去盖房子。

那须是多大数目的一笔钱呢？三万，还是五万？他们离这个目标还有多远呢？

似乎，为了达到这个目标，他们再豁上七八年的时间也不足惜。而且，一定要达到，一定能达到。难道，这便是他们乐观的生活态度的因由吗？

哪一个人没有生活的目标呢？

哪一个家庭没有生活的目标呢？

但是，有多少人，有多少个家庭，身处声色犬马灯红酒绿的大都市里，不谤世妒人，不自卑自贱，不自暴自弃，一心确定一个不超出实际的寻常得不能再寻常的生活目标，全家人同舟共济，付出了一个七八年，并准备再付出一个七八年去辛辛苦苦地实现呢？

我清楚，这样的人，这样的人家，在北京也是不少的。

这一种生活态度不是很可敬吗？

自尊，自强，自立——于老百姓而言，不就是得像朱师傅一家一样吗？

十分难得的是，他们还有那么一种仿佛任什么都腐蚀不了的乐观！

这乐观可贵呀！我常对自己说——朱师傅是我的一面镜子。他这一面镜子，每每照出我这个小说家生活的矫情。

我也常对妻子和儿子说——朱师傅一家是我们一家的镜子。

相比于朱师傅和他的一家，我和我的一家，还有什么理由不乐观地生活？我们对生活所常感到的不满足不如意，不是矫情又是什么呢？

三平方米的金融海啸

这雨，可说场大雨了，小街上，便不见人影。然而，却还是有人的，都躲到人行道两侧避雨的地方去了。所谓避雨的地方，自然是那些没有门窗，竟也叫门面的菜摊或水果摊的屋顶下……

在北京的三环和四环之间，这条小街真是够脏够乱的。路宽不足十米，两侧一辆挨一辆停满了各种卧车、菜农或果农开来的大卡车、小卡车、厢式小货车以及小贩们的三轮平板车，马车也是常见的。今天是星期日，有三辆马车夹在机动车之间，一辆载满蔬菜，另一辆载满瓜果，还有一辆载的是成袋的大米——幸而已及时罩上了雨布。那情形看去颇为荒诞，仿佛这条街上有处加油站，仿佛这是一个汽油短缺的月份，一概车辆皆在排队加油，马车也不例外……

阿伟坐的地方，是雨淋不着的。不但雨淋不着他，夏季的炎日也晒不着他。而且，只要他想坐在那儿，是可以从早到晚一直坐在那儿的。那儿是一个小区的门旁，有台阶。台阶半圆形，为了美观，向两边延伸出几米，看上去像有帽翅的古代官帽。阿伟呢，就坐在左边的“帽翅”上，臀下垫块纸板。那是他合法的蹲坐之处。右边的“帽翅”，连着一家美发店的台阶。如果他坐到右边去，就不合法了，美发店的老板是有理由也有权力驱赶他离开的。当然，他若真坐到右边去，美发店的专利权那也断不至于撵他。他们已很熟。并且，广义言之，阿伟也是老板。

阿伟姓赵，原名赵韦，河南农民，已婚，并有一子。他的家庭成员，皆农民。他们祖祖辈辈是农民，已经十几代之久了。到他这一代，按名谱排下来，都逢上了韦字。韦字是没什么讲头的字，几位盼着家庭兴旺的长者一商量，就将他这一代人的韦字，加上了单立人。于是他的名，就也从赵韦，改成赵伟了。伟字自然是很有讲头了，但阿伟的人生，还没沾到伟字的什么大光。

阿伟在这条街上收废品。面前，有三平方米的合法地盘，用绿色的，两尺高的硬塑板围着。硬塑板上，白字印着北京某环保部门的名称。除此之外，他还有执照。为这一种合法性，阿伟每年须向有关部门交六千多元管理费，平均每月五百多元。

在那“官帽”的“帽翅”上，阿伟已经坐到第四年了。多垫两块纸板，他便也能够躺下。但腿是伸不开的。“帽翅”没那么长。若他躺下去，只有屈起双膝来。阿伟不常躺下，他对自己的职业形象还是挺在乎的。铁门内，有几幢二十余层的高楼。楼里人家都将废品卖给阿伟。阿伟自然也是有手机的，许多楼里人家知道他的手机号码。倘那些人家积攒的废品多了，一打他的手机，阿伟转眼便会拎着麻袋和秤出现在那些人家的门口。阿伟和小区里的人关系处得不错……

前三年，阿伟的业务充满光明。起码，他自己是心满意足的。想想吧，一个年轻农民，在北京这一条很脏很乱的小街上，一旦取得了三平方米那么一小块合法坐守的地方，刨去应缴的管理费，一年竟能有两万多元的收入，还不应该谢天谢地么？所以他总是对北京心怀着几分虔诚的感激。并且总是这么想——如果全中国的大小城市都能有北京这么多照顾穷人的挣钱机会，那么中国的农民就几乎算是熬到了共产主义啦！一个中国农民，不论是哪个省的，即使一年到头辛辛苦苦地侍弄了十几亩地，也未必就能有两万多元的回报啊！而他，几乎就是坐守罢了。这钱怎么说也算挣得容易啊！第二年他的妻子带着儿子也来到北京了，他以每月三百元的便宜价格租下了一间地下室，就在背后的小区里……

那时两口子对于生活都开始心生出有点儿伟大的憧憬来——他们盘算过攒下多少钱便足以推倒农村的旧屋盖新房了，也盘算过攒下多少钱就可以在小街上租下一间门面，经营一种什么小生意了。那有点儿伟大的憧憬需要用两个五年计划来实现。两个五年计划不才十年么？他们都年轻着，有那份耐心。

不料好景不长，今年以来，业务每况愈下，都是金融海啸给闹的。

他每日所收的废报和过期刊物的封面上，几乎随时都能扫视到“金融海啸”四个字。那四个字每每作为黑体标题，有时大得离谱，然而他只当那是和自己毫无关系的事。似乎，也和每日出现在这条小街上的人们没什么关系。一切摊位上的蔬菜瓜果并没明显地涨价。理发的价格从八元涨到了十元，然而他并没听到什么抱怨之声。但是不久，“金融海啸”竟啸到了他这一行。虽然不曾见海，其啸却来势汹汹。废品的回收价格都降了一半，而那意味着他们的收入每天、每月、每年便也减少了一半……

某天夜里，妻子轻轻推了他两次。他说：“我没睡着。”躺下以后，他就不曾合过眼睛。而妻子，却是睡着了一阵又醒来的。她已经在两个月前开始做钟点工了，做钟点工不能带着小孩。白天，他们四岁的儿子跟他一起守摊。简直可以说，小小的儿子也开始打工生涯了。

妻子没头没脑地问：“咋办？”但他一听就明白她在问什么。他说：“挺。”妻子沉默一会儿，低声哭了。他摸索到她一只手，握了握，又说：“别哭醒儿子。”儿子不知道有什么金融海啸，当然也不觉得有什么危机正压迫着他们一家三口。儿子挺乐于跟他一块坦然自若守摊的，困了就偎在他怀里睡一觉。第二天，他与妻子统一了意见，妻子当晚将儿子送回老家去了……

雨仍在下，丝毫没有停的迹象。菜摊的主人们也都躲到避雨的地方去了，隔街望着各自的菜摊而已。他们成心不罩他们的菜——萝卜、土豆、柿子、黄瓜、各类青菜，被大雨一淋，红的更红，紫的更紫，白的更白，绿的更绿了，正中摊主们的下怀。他们倒是都有点儿感激金融海啸的。“贵？金融海啸了，不涨价格，我们还有活路吗？”——他们每说这一类话。嫌贵的人听他们那么一说，就不好意思讨价还价了。

阿伟羡慕他们，然而并不后悔。毕竟，他所占据的三平方米地面是合法的。2009年六千多元的管理费，他在年初如数交了。而他们，城管人员一来到这条小街上，便顷刻作鸟兽散。

雨虽然将菜淋得更新鲜了似的，但街面上流淌着的水却那么污浊，各种各样的垃圾顺流而漂。阿伟却一向以极亲切的眼光来看这一条小街，包括此刻。因为，他视自己那三平方米地面为宝地。在过去的三年多里，他靠它挣了六七万元啊！农村里哪儿有这么宝贵的一小块地啊！

“你手机响了。”——站在铁门旁的保安对他大声说。他赶紧掏出手机。“响了两次了。”“是吗？谢谢，我没听到。”手机里传出一个小伙子的声音，催他到一幢楼里去收废品。他本想说等雨停了再去，听出小伙子很急，张张嘴没那么说……

给他开门的是个二十六七岁的小女子，看样刚迈出大学校门不久，一个三十多岁的男子在屋里对着手机大声嚷嚷：“那不行！有规定不能随便裁人！我给公司出了多年的力了，凭什么找个借口就想一脚踢开我？少废话！我不管什么金融海啸不海啸，法庭上见！……”

想必，便是他以为的小伙子。小女子刚将一纸箱塑料瓶放在门外，那男子一步跨到门口，对他大发其火：“你他妈怎么回事儿？拨过你两次手机了！”他愣了愣，低声说：“下雨，没听到。保安告诉我才听到的，对不起。”“你他妈聋了？”他又说：“对不起。”小女子默默将那男子推开，催促他：“快点儿，快点儿。”他数了数瓶子，忍气吞声地说：“总共七角。”“七角？！”——那男子又冲到了门口，指着他声色俱厉：“多少钱？再说一遍！”“八个小瓶，每个五分，五八四角。三个大瓶，每个一角，三角。四角加三角，七角。信不过我你亲自再数一遍。”“你骗谁你？！当我们没卖过瓶子啊？明明小瓶子一角，大瓶子两角，你怎么按五分收？按一角收？……”“那是去年的价，去年就是我收的……今年，你们也知道的，金融海啸了……”“啸你妈的头啊！你个收破烂儿的，也他妈敢打着金融海啸的幌子呀？你配吗你？！……七角钱！老子宁肯扔了也不卖了！……”那男子气呼呼地跨将出来，捧起纸箱，几步走到公共垃圾筒前，将纸箱扔入。之后，看也不看他一眼，返入家门，将门呼地关上……

阿伟生气地望着那门。他记得以前也来这一户收过废品，主人并非刚才那一对男女。显然，主人将房子租出去了。为了上门来收废品，他淋得落汤鸡似的。那些瓶子一扔进垃圾筒里，捡它们的权利便属于这幢楼的清洁工了。这是小区里的规定。任何别人捡，等于侵权。侵犯别人权益之事，阿伟是做不来的。尽管，他这会儿将纸箱子从垃圾筒里捧出来，没人会看到。他有点儿想那么做，但也只是一念闪过而已。这幢楼的女清洁工，也是从农村出来的。他认识她，他俩常在一起聊农村人进城打工的不容易。他俩同病相怜。他觉得他如果照自己那一闪念去做了，未免太可耻。

他也特想踹开门，将那男子也狗血喷头地骂一顿。如果对方敢跟他动手，他才不怕。打就打，都是高矮胖瘦一般般的男人，谁怕谁？却同样是一闪念而已。听了那男子对着手机嚷嚷的话，他不愿和对方一般见识了。

落汤鸡般的阿伟是在十五层楼。电梯迟迟不上来，他等不及，索性下楼梯。外边，雨终于变小。阿伟出现在楼口台阶上时，天空已经有些见晴。他抬头望望天空，郁闷情绪因之稍释。

“挺。”他喃喃自语，不料脚下一滑，从台阶上跌了下去。他站了几次，没站起来……

在医院，妻子见他一条腿上了夹板，立刻就哭了。“咋办？”“挺。”“你都这样了，还怎么挺啊……”“世上从来没有一直不过去的事儿……咱们那三平方米宝地得坚守住！不放弃，绝不放弃！哪怕把以前挣的钱再贴进去，也要守住！守住了那三平方米地方，盖新房子就还有希望，供儿子将来上学的费用就不愁！……”这农村年轻人的脸上流下泪来，然而，那话语却说得掷地有声。

“听说，不久这条街要改造了……”“咱不怕。不管怎么改造，城市人家总还是有废品的。咱那地方，是合法的！”

几天以后，阿伟又出现在他的宝地旁。由于一条腿上了夹板，他只能侧身而坐。那样，他上了夹板的腿就可以平放在水泥台上。那是很累的一种坐法。

在小区的广告板上，新贴了一张纸，上写几行字：

由于金融海啸的影响，废品收购价格全都下降了百分之五十，请大家理解。又由于本人跌断了腿，一段时期内不能上门收购，也请多多原谅！特殊时期，让我们共渡难关，朝前看。希望在前边！……

羊皮灯罩

此刻，羊皮灯罩拎在女人手里，女人站在灯具店门外，目光温柔地望着马路对面。过街天桥离地不远，横跨马路。天桥那端的台阶旁是一家小小的理发铺。理发铺隔壁，是一间更小的板房，也没悬挂什么牌匾，只在窗上贴了四个红字“加工灯罩”。窗子被过街天桥的台阶斜挡了一半，从女人所伫立的地方，其实仅可见“加工”二字。

女人望着的正是那扇窗，目光温柔且有点儿羞赧，还有点儿犹豫不决。她已经驻足相望了一会儿了。她似乎无视马路上的不息车流，耳畔似乎也听不到都市的喧杂之声。分明地，她不但在望着，内心里也在思忖着什么。

这一天是情人节。

女人另一只手拿着一枝玫瑰。

太阳在天空的位置刚刚西偏。一个难得的无风的好天气。春节使过往行人的脚步变得散漫了，样子也都那么悠闲。再过几天，就是这女人二十九岁生日了。在城市里，尤其大都市里，二十九岁的女人，倘容貌标致，倘又是大公司的职员，正充分地挥发着“白领丽人”既妩媚又成熟的魅力。

这二十九岁的来自乡下的女人，虽算不上容貌标致，却幸运地有着一张颇经得住端详的脸庞。那脸庞上此刻也呈现着一种乡下水土所养育的先天的妩媚，也隐书着城市生活所造就的后天的成熟。只不过她这一辈子怕是永远与“白领丽人”四字无缘了。因为她在北京这座全中国生存竞争最为激烈的大都市拼打了十余年，刚刚拼打出一小片属于自己的天地——一个雇了两名闯北京的乡下打工妹的小小包子铺。在那两名打工妹心目中，她却是成功人士，是榜样。她的业绩对她们的人生起着她自己意想不到的鼓舞作用。

她今天穿的是她平时舍不得穿的一套衣服。确切地说那是一套咖啡色的西服套装。对于一个二十九岁的女人，咖啡色是一种既不至于使她们给人以轻浮印象，也不至于看去显得老气的颜色。而黑色的弹力棉长袜，使她挺拔的两条秀腿格外引人注目。她脚上穿的是一双半高跟的靴子，脸上化着淡淡的妆。总之在北京二月这一个朗日，在知名度越来越高地影响着中国人的情人节的下午，这一个左手拎着一盏羊皮灯罩，右手拿着一枝红玫瑰，目光温柔且羞赧地望着马路对面那扇窗的，开家小小包子铺雇两名乡下打工妹的二十九岁的女人，要踏上离她不远的过街天桥“解决”一件对女人来说比男人尤其重大的事情。那件事有的人叫作“爱”，有的人叫作“婚姻”。

其实她并不犹豫什么，也对结果抱着感觉特别良好的预期。她非是一个脱离现实的女人。北京对她最有益的教诲就是——任何时候任何情况之下，都千万别变成一个脱离现实的人而自己懵懂不悟。她那一种感觉特别良好的预期，是马路对面那扇窗内的一个男人，不，一个青年的眼睛告诉给她的。尽管她比他大五岁，她却深信他们已心心相印。那是一双怎样的眼睛啊！充满自尊，也有点忧郁。对于那样一双眼睛，爱是无须用话语表达的。

灯具店的售货员要将她买了的羊皮灯罩包起时，她说不用。

“拎到马路对面去进行艺术雕刻吧？”

她点了一下头，一时脸色绯红。v

“凡是到我们这儿买这一种羊皮灯罩的，十有六七都拎到马路对面去加工。那小伙子特有艺术水平，不愧是专科艺术院校的学生。唉，可惜了，要不哪会沦落到那种……”

她怕被售货员姑娘看出自己脸红了，拎起羊皮灯罩赶紧离开。

一男一女从那小屋走出，女人所拎和她买的是一模一样的羊皮灯罩。女人将灯罩朝向太阳擎举起来，转动着，欣赏着。男人一会儿站在女人左边，一会儿站在女人右边，一会儿又站在女人背后，也从各个角度欣赏。隔着马路，她望不到人家那羊皮灯罩上究竟刻着什么图案或字。却想象得到，对着太阳的光芒欣赏，一定会给人一种比灯光更美好的效果。艺术加工过的羊皮灯罩，内面是衬了彩纱的。或红，或粉，或紫，或绿，各色俱全，任凭选择。那男人一手搂在女人肩上，当街在女人颊上吻了一下。她想，如果他们不满意，是不会当街有那么情不自禁的举动的。于是她内心替那扇窗里的青年感到欣慰，甚而感到自豪。望着那一对男女坐入出租车，她不再思忖什么，迈着轻快的步子踏上了天桥台阶……

半年前的某日，她到工商局去交税，路过马路对面那扇窗。突然地，玻璃从里边被砸碎了，吓了她一大跳，紧接着传出一个男人的叫嚷声："你算什么东西？你怎么敢不经我们的许可给加了一个顿号？！你今天非得用数倍的钱赔我这灯罩不可！因为我的精神也受损失了！……"

于是很多行人停住了脚步。她也停住了脚步，但见小屋内一个衣着讲究的男人，正对一个坐在桌后的青年气势汹汹。男人身旁是一个脂粉气浓的女人，也挑眉瞪眼地煽风点火："就是就是，赔！至少得赔五倍的钱……"

坐在桌后的青年镇定地望着他们，语调平静而又不卑不亢地说："赔是可以的。赔两个灯罩的钱也是可以的。但是赔五个灯罩的钱我委实赔不起，那我这一个月就几乎一分不挣了……"

同是外乡闯北京之人，她不禁地同情起那青年来，也被那青年清秀的脸和脸上镇定的不卑不亢的神情所吸引。在北京，在她看来，许许多多男人的脸，都不同程度地存在着酒色财气浸淫和污染的痕迹，有的更因是权贵是富人而满脸傲慢和骄矜，有的则因身份卑下而连同形象也一块儿猥琐了，或因心术不正欲望邪狞而样子可恶。她对大都市里形形色色男人的脸的观察已极富经验，但那青年的脸是多么清秀啊！多么干净啊！是的，清秀又干净。她只有小学五年级文化。清秀和干净四字，是她头脑中所存有的对人的面容的最高评语。她认为她动用了那最高评语是恰如其分的。

人们渐渐地听明白了——那一对男女要求那青年在他们的羊皮灯罩上完完

整整地刻下苏轼的一首什么似花非花的词，而那青年把其中一句用标点断错了。一位老者开口为青年讨公道。他说：“没错。苏轼这一首词，是和别人词的句式作的。‘恨西园、落红难缀’一句，之间自古以来就是断开的。”

那青年说：“我就是这么告诉他们的。”语调仍平静得令人肃然起敬。

那男人指着老者说：“你在这儿充的什么大瓣蒜，一边儿去。没你说话的份儿！”——他口中朝人们喷过来阵阵酒气。

老者说：“我不是大瓣蒜。我是大学里专教古典诗词的教授。教了一辈子了。”

那女人说：“我们是他的上帝！上帝跟他说话，他连站都不站起来一下！一个外地乡巴佬，凭点儿雕虫小技在北京混饭吃，还摆的什么臭架子！”

这时，理发铺里走出了理发师傅。理发师傅说：“刚才我正理着发，离不开。”说着，他进入小屋，将挡住那青年双腿的桌子移开了。那青年的两条裤筒竟空荡荡的……

理发师傅又说：“他能站得起来吗？他每天坐这儿，是靠几位老乡轮流背来背去的！他怕没法上厕所，整天都不敢喝口水！……”在众人谴责目光的咄咄盯视之下，那一对男女无地自容，拎上灯罩悻悻而去。有人问：“给钱了吗？”青年摇头。有人说：“不该这么便宜了他们！”青年笑笑，说跟一个喝醉了的人，有什么可认真的呢？……她从此忘不掉青年那一张清秀而又干净的脸了。

后来，她就自己给自己制造借口，经常从那扇窗前过往。每次都会不经意似的朝屋里望上一眼……再后来，每天中午，都会有一名打工妹，替她给他送一小笼包子。她亲手包的，亲手摆屉蒸的……再再后来，她亲自送了。并且，在他的小屋里待的时间越发地长了……终于，他们以姐弟亲昵相称了……二十九岁的这一个女人，因为迟迟地还没做妻子，已经有点儿缺乏回家乡的勇气了。二十九岁的这一个女人，虽然迟迟地还没做妻子，却有过十几次性的经历了。某种情况之下是自己根本不情愿的，某种情况之下是半推半就的。前种情况之下是为了生意得以继续，后种情况是由于心灵的深度寂寞……

现在，她决定做妻子了。她不在乎他残疾，深信他也不会在乎她比他大五岁。

她此刻柔情似水。踏下天桥，站在那小屋门外时，却见里边坐的已不是那青年，而是别的一个青年。

人家告诉她，他“已经不在了”。他在大学三年级时不幸患了骨癌，截去了双腿。他来到北京，就是希望减轻家里的经济负担，靠自己的能力医治自己的病，可癌症还是扩散了……

人家给了她一盏羊皮灯罩，说是他留给她的，说他“走”前，撑持着为她也刻下了那首什么似花非花的词……

二十九岁的这一个外省的乡下女人，顿时泪如泉涌……

不久，她将她的包子铺移交给两名打工妹经营，只身回到乡下去了。很快她就结婚了，嫁给了一个四十多岁的二茬光棍。在她的家乡那一农村，二十九岁快三十岁的女人，谈婚论嫁的资本是大打折扣的。一年后她生了一个男孩儿，遂又渐渐变成了农妇。刻了什么似花非花词的羊皮灯罩，从她结婚那一天起，一直挂着，却一直未亮过。那村里的人都舍不得钱交电费，电业所把电线绕过村引开去了……

那羊皮灯罩已落满灰尘。

又变成了农妇的这一个女人，与村里所有农妇不同的是，每每低吟一首什么似花非花的词。只吟那一首，也只知道世上有那么一首词。吟时，又多半是在奶着孩子。每吟首尾，即“似花还似非花，也无人惜从教坠”和“细看来，不是杨花，点点是离人泪”二句，必泪潸潸下，滴在自己乳上，滴在孩子小脸上……

VI 生命的事

大概我们已痛感成熟的衰老和污秽。
事实上，
纯真早已不可复得，
唯一可以自慰的是我们还未泯灭向往纯真的天性……

一只风筝的一生

这是春季里一个明媚的日子。阳光温柔，风儿和煦，鸟儿的歌唱此起彼伏。

一丛年轻的竹，在一户人家后院愉快地交谈。它们都正感觉一种生命蓬勃生长的喜悦，也都在预想和憧憬着它们的将来。有的希望做排，有的希望做桅杆，有的希望做家具，有的希望做工艺品……

还有一个说："我才不希望被做成另外的任何东西呢！我只想永永远远地是我自己，永永远远地是一棵竹！但愿我的根上不断长出笋，让我由一而十，而百，而生发成一片竹林……"

它的话音刚落，有一个男人握着砍刀走来。他是一个专做风筝卖风筝的男人，他这一天又要做一只风筝。

他上下打量那一丛年轻的竹。它们在他那种审视的目光之下，顿时都紧张得叶子瑟瑟发抖。

此刻，对那一丛年轻的竹而言，那个瘦小黧黑其貌不扬的男人，乃是决定它们命运的上帝。他使它们感到无比的怵畏。

他的目光终于只瞧着那棵"不希望被做成另外的任何东西"的竹了，他缓缓地举起了砍刀……

不待那棵竹做出哀求的表示，他已一刀砍下——在一阵如同呻吟的折断声中，它的枝叶似乎想要拽住另外那些竹的枝叶，然而它们都屏息敛气，尽量收缩起自己的枝叶避免受它的牵连……

它无助地倒下了……

被拖走了……

做风筝的男人将它剁为几段，选取了其中最满意的一段。接着将那一段劈开，砍成了无数篾子。

他只用几条篾子就熟练地扎成了一只风筝的骨架，其余的篾子都收入柜格中去了。而剩下的几段，已对他没什么用处了，被他的女人抱出去，散乱地扔在院子里，只等着晒干后当柴烧。

美丽的、蝶形的风筝很快做好了，它是用兜风性很好的彩绸裱糊成的。当做风筝的人欣赏着它的时候，风筝得意地畅想着——啊，我诞生了！我是多么漂亮多么轻盈啊！我要高高地飞翔……

后来那风筝就被一位父亲替自己六七岁的儿子买去。在另一个明媚的日子里，父亲带着儿子将风筝放起来了。它越飞越高，越飞越高，飞到了一只真的蝴蝶所根本不能达到的高度。他们还用彩纸叠了几只小花篮，一只接一只套在风筝线上，让风送向风筝……

许多行人都不由得驻足仰头观望那只美丽的风筝，风筝也自高空朝地面俯瞰着。它更加得意了，它对另一只风筝喊："瞧，多少人被我的美丽和我达到的高度所吸引呀！我比你飞得高！"

"我比你飞得高！那些人是被我的美丽和我达到的高度所吸引的……"另一只风筝不服气起来。

"我飞得高！"

"我飞得高！"

"我美丽！"

"我比你美丽！我像蝴蝶，而你像什么呀！不过像一只普通的毛色单一的鸟儿罢了……"

于是它们在空中争吵。于是它们都不顾风筝线的松紧，各自拼命往更高处升，都一心想超过对方的高度……

不幸得很，蝶形的风筝，首先挣断了控制它高度和操纵它方向的线，从空中翻着跟斗坠落着……一阵突起的大风将它刮走了……翌日，一个女人站在自家窗前，若有所思地凝视着它——它被缠在电线上了……

几只麻雀——城市里司空见惯的，最普通毛色最单一的小东西也落在电线上。它们对那只美丽的、蝶形的风筝感到十分好奇，叽叽喳喳地评论它。不久开始啄它。还大不敬地往它上面拉屎……

第一场雨下起来了……

然后风开始刮得尘土飞扬令人讨厌了……

被缠在电线上的风筝，湿了又干了，干了又湿了。它沾满尘土，肮脏了……

最初它还能吸引一些人的目光。他们一旦发现它，都不禁驻足望它一会儿，都会说出一两句惋惜的话，或内心里产生一些惋惜的想法。

风筝不但肮脏了，而且破了。它的竹篾编扎成的骨架暴露了，像鱼刺从一条烂鱼的皮下穿出来一样。

一旦发现它的人都赶紧低下头。它容易使人产生不好的联想了。只有麻雀们仍愿落近它，仍喜欢啄它。当然，更加肆无忌惮地往它上面拉屎。仿佛它变得越狼狈不堪，越使它们感到高兴似的。

还有那个女人，也一直在天天隔窗关注着它由美变丑的过程。

她是一位女散文家。那风筝触发了她的某种文思，于是不久她写成了一篇充满伤感意味的叹物散文发在报上。于是此篇散文一时被四处转载，被收入什么什么“散文精品文丛”之类。不久获奖。

女散文家用三千元奖金买了一套时装。

她的亲朋好友都说她穿上那一套时装显得气质特别得端庄，特别得高贵，总之是特别的超凡脱俗。她穿着它出现在文化活动中的社交场合，甚至行走在路上时，常会招来刮目相看的目光。她也十分需要这个，这也能使她那颗女人的心获得极大的满足。她因此暗暗感激那只被电线缠住的风筝……不，更真实更准确地说，是暗暗感激“俘虏”了那只风筝的电线……

有一位摄影家，从报上读到了女散文家那篇散文。并且，也从报上知道她那篇散文获奖了。

于是有一天，他挎着照相机，提着三脚架，按照她那篇散文所提供的线索，来到了她家住的那一条街。男摄影家被女散文家以感伤的文字所描写的一只风筝由美变丑的过程所影响，来为那只不幸的风筝拍一张艺术照片。他的初念并没什么功利目的，只不过受种中年人常常会产生的感事伤怀的心绪的驱使，想以摄影的方式，抒发凭吊某一事物的忧郁情怀罢了。

他选好了角度，支牢三脚架，耐心地期待着光线的变化，连拍了一卷儿才离去。

他将胶卷冲洗出来惊喜地发现，有一张的意境拍得格外之好。他在暗房中又进行了几次艺术处理，使那一张成了很独特的艺术照片。后来他举办了一次个人摄影展。那一张照片当然也放大了悬置其中，取题为《一只风筝的弥留之际》。他是位颇有名气的摄影家，参观的人不少。许多人都在《一只风筝的弥留之际》前沉思冥想，或故作沉思冥想状。其实那也算不上是一张怎样出色的照片，只不过令人看了觉得感伤忧郁罢了。

但当代人的问题是物质生活水平越提高了心情越忧郁，精神生活内容越丰富了精神越空虚，越没多少值得感伤的事了，越空前地感伤。这是一种时尚，一种时髦，一种病，一种互相传染而且没什么特效药可治的病。人们都觉得自己也处在弥留之际了似的，包括正年轻着的男女。

替摄影家操办摄影展的经纪人，从人们的神情中预测到了这一艺术照片的商业价值。他起先估计得太低了。他让手下人暗中将出售标价牌儿为他偷来了，打算再加一个零，或再加两个零……

突然响起了一个孩子的哭叫声——“这是我的风筝！我到处找过它！我能认出这就是我那只风筝……”这孩子曾因失去了那只风筝而非常难过，他和它之间似乎已存在着一种感情了。他央求他父亲替他将那摄影作品买下……当父亲的不忍拒绝儿子，领着儿子找到了那经纪人。经纪人伸出了一根指头；“一千？”经纪人摇摇头，向那当父亲的出示标价牌儿——一千后已被加上一个零了。孩子很懂事，知道这完全超出了父亲的经济实力，噙着泪，一步三回头地跟着父亲走了……

那摄影作品立即被一位“大款”买定。“大款”倒不太喜欢它，他喜欢的是当众在别人买不起时，自己一掷万金买下任何东西的那份好感觉。

那摄影作品被一位“大款”以万金买定的事见了报。并且，此消息报道配有那摄影作品。

女散文家那天一看报，当即给自己的代理律师拨通了电话——指出这是公然的侵权，甚至是公然的剽窃。因为摄影作品的构思，分明的来自于她那篇不但获奖还被收入“精品丛书”的散文……

于是一场“版权”官司又见报。寂寞的报界大喜过望，“炒”得个天翻地覆。那当父亲的看到了有关报道，心想若说“版权”，“原始版权”是属于我的呀！

他向女散文家和男摄影家同时进行了起诉，使得报界更加大喜过望。电台、电视台也不甘落后，分头进行采访。由于案例独特，律师界终于被诱上钩，自觉不自觉地卷入了大讨论。媒体推波助澜，使讨论发展成了辩论。于是有经济头脑的人，不失时机地就此事组织了一场法律系大学生们的辩论大赛。于是学生们在电视里唇枪舌剑，势不两立。于是有人从中大发广告效益之财，于是引起一位杂文家对此现象的批评，于是引起另一位杂文家的措辞激烈的“商榷”。于是有人支持前者，有人支持后者，掀起了一场杂文大战，使各报战火弥漫，硝烟滚滚。于是引起一部分社会学家的忧患，而另一部分社会学家认为这一切其实很正常，大可不必杞人忧天……

第二年的春天里的一个日子，在那一户人家后院，那一丛都长高了几节的年轻的竹子，又在愉快地交谈着……

“还记得咱那个不希望被做成另外的任何东西的兄弟吗？可怜的家伙，结果落了个尸骨不全的下场！”

“嗨，你不提，我们早把它忘了！我一点儿也不同情它，谁叫它那么狂妄呢……”

那用完了竹篾的男人，又握着砍刀走来了。竹们顿时全吓得悄无声息，连一片最小的叶子也不敢抖动一下……

又一只美丽的风筝将诞生了，又一根竹四分五裂了。许多种美的诞生是以另外许多种美的毁灭为代价的，而在这过程和其后，更会有许多无聊的没意思的事件随着……

孩子和雁

在北方广袤的大地上，三月像毛头毛脚的小伙子，行色匆匆地奔过去了。几乎没带走任何东西，也几乎没留下明显的足迹。北方的三月总是这样，仿佛是为躲避某种纠缠而来，仿佛是为摆脱被牵挂的情愫而去，仿佛故意不给人留下印象。这使人联想到徐志摩的诗句，“我挥一挥衣袖，不带走一片云彩”。北方的三月，天空上一向没有干净的云彩；北方的三月，“衣袖”一挥，西南风逐着西北风。然而大地还是一派融冰残雪处处覆盖的肃杀景象……

现在，四月翩跹而至了。

与三月比起来，四月像一位低调处世的长姐。其实，北方的四月只不过是温情内敛的呀。她把她对大地那份内敛而又庄重的温情，预先储存在她所拥有的每一个日子里。当她的脚步似乎漫不经心地徜徉在北方的大地上，北方的大地就一处处苏醒了。大地嗅着她春意微微的气息，开始了它悄悄的一天比一天生机盎然的变化。天空上仿佛陈旧了整整一年的、三月不爱搭理的、吸灰棉团似的云彩，被四月的风一片一片地抚走了，也不知抚到哪里去了。四月吹送来了崭新的干净的云彩。那可能是四月从南方吹送来的云彩，白而且蓬软似的。又仿佛刚在南方清澈的泉水里洗过，连拧都不曾拧一下就那么松松散散地晾在北方的天空上了。除了山的背阳面，别处的雪是都已经化尽了。凉沁沁亮汩汩的雪水，一汪汪地渗到泥土中去了。河流彻底地解冻了，小草从泥土中钻出来了，柳枝由脆变柔了，树梢变绿了。还有，一队一队的雁，朝飞夕栖，也在四月里不倦地从南方飞回北方来了……

在北方的这一处大地上有一条河，每年的春季都在它折了一个直角弯的地方溢出河床，漫向两岸的草野。于是那河的两岸，在四月里形成了近乎水乡泽国的一景。那儿是北归的雁群喜欢落宿的地方。

离那条河二三里远，有个村子，是普通人家的日子都过得很穷的村子。其中最穷的人家有一个孩子，那孩子特别聪明，那特别聪明的孩子特别爱上学。

他从六七岁起就经常到河边钓鱼。他十四岁那一年，也就是初二的时候，有一天爸爸妈妈又愁又无奈地告诉他——因为家里穷，不能供他继续上学了……

这孩子就也愁起来。他委屈，委屈而又不知该向谁去诉说，于是一个人到他经常去的地方，也就是那条河边去哭。不只大人们愁了委屈了如此，孩子也往往如此。聪明的孩子和刚强的大人一样，只在别人不常去而又似乎仅属于自己的地方独自落泪。

那正是四月里某一天的傍晚。孩子哭着哭着，被一队雁自晚空徐徐滑翔下来的优美情形吸引住了目光。他想他还不如一只雁，小雁不必上学，不是也可以长成一只双翅丰满的大雁吗？他甚至想，他还不如死了的好……

当然，这聪明的孩子没轻生。他回到家里后，对爸爸妈妈郑重地宣布：他还是要上学读书，争取将来做一个有知识有文化的人。爸爸妈妈就责备他不懂事，而他又说："我的学费，我要自己解决。"爸爸妈妈认为他在说赌气话，并不把他的话放在心上。但那一年，他却真的继续上学了。而且，学费也真的是自己解决的。也是从那一年开始，最近的一座县城里的某些餐馆，菜单上出现了"雁"字。不是徒有其名的一道菜，而的的确确是雁肉在后厨的肉案上被切被剁，被炸被烹……雁都是那孩子提供的。后来《保护野生动物法》宣传到那座县城里了，唯利是图的餐馆的菜单上，不敢公然出现"雁"字了。但狡猾的店主每回悄问顾客："想换换口味儿吗？要是想，我这儿可有雁肉。"倘若顾客反感，板起脸来加以指责，店主就嘻嘻一笑，说开句玩笑嘛，何必当真！倘若顾客闻言眉飞色舞，显出一脸馋相，便有新鲜的或冷冻的雁肉，又在后厨的肉案上被切被剁。四五月间可以吃到新鲜的，以后则只能吃到冷冻的了……

雁仍是那孩子提供的。斯时那孩子已经考上了县里的重点高中。他在与餐馆老板们私下交易的过程中，学会了一些他认为对他来说很必要的狡猾。

他的父母当然知道他是靠什么解决自己的学费的。

他们曾私下里担心地告诫他："儿呀，那是违法的啊！"

他却说："违法的事多了。我是一名优秀学生，为解决自己的学费每年春秋两季逮几只雁卖，法律就是追究起来，也会网开一面的。"

"但大雁不是家养的鸡鸭鹅，是天地间的灵禽，儿子你做的事罪过呀！"

"那叫我怎么办呢？我已经读到高中了。我相信我一定能考上大学，难道现在我该退学吗？"

见父母被问得哑口无言，又说："我也知道我做的事不对，但以后我会以我的方式赎罪的。"

那些与他进行过交易的餐馆老板们，曾千方百计地企图从他嘴里套出"绝招"——他是如何能逮住雁的？

"你没有枪，再说你送来的雁都是活的，从没有一只带枪伤的。所以你不是用枪打的，这是明摆着的事儿吧？"

"是明摆着的事儿。"

"对雁这东西，我也知道一点儿。如果它们在什么地方被枪打过了，哪怕一只也没死伤，那么它们第二年也不会落在同一个地方了，对不？"

"对。"

"何况，别说你没枪，全县谁家都没枪啊。但凡算支枪，都被收缴了。哪儿一响枪声，其后公安机关肯定详细调查。看来用枪打这种念头，也只能是想想罢了。"

"不错，只能是想想罢了。"

"那么用网罩行不行？"

"不行，雁多灵警啊，不等人张着网挨近它们，它们早飞了。"

"下绳套呢？"

"绳粗了雁就发现了，雁的眼很尖。绳细了，即使套住了它，它也能用嘴把绳啄断。”

“那就下铁夹子！”

“雁喜欢落在水里，铁夹子怎么设呢？碰巧夹住一只，一只惊一群，你也别打算以后再逮住雁了。”

“照你这么说就没法子了？”

“怎么没法子，我不是每年没断了送雁给你吗？”

“就是呀。讲讲，你用的是什么法子？”

“不讲，讲了怕被你学去。”

“咱们索性再做一种交易，告诉我给你五百元钱。”

“不。”

“那……一千！一千还打不动你的心吗？”

“打不动。”

“你自己说个数！”

“谁给我多少钱我也不告诉。如果我为钱告诉了贪心的人，那我不是更罪过了吗？”

他的父母也纳闷地问过，他照例不说。

后来，他自然顺利地考上了大学，而且第一志愿就被录取了——农业大学野生禽类研究专业，是他如愿以偿的专业。

再后来，他大学毕业了，没有理想的对口单位可去，便“下海从商”了。他是中国最早“下海从商”的一批大学毕业生之一。

如今，他带着他凭聪明和机遇赚得的五十三万元回到了家乡。他投资改造了那条河流，使河水在北归的雁群长久以来习惯了中途栖息的地方形成一片面积不小的人工湖。不，对北归的雁群来说，那儿已经不是它们中途栖息的地方了，而是它们乐于度夏的一处环境美好的家园了。

他在那地方立了一座碑——碑上刻的字告诉世人，从初中到高中的五年里，他为了上学，共逮住过五十三只雁，都卖给县城的餐馆被人吃掉了。

他还在那地方建了一幢木结构的简陋的“雁馆”，介绍雁的种类、习性、“集体观念”等一切关于雁的趣事和知识。在“雁馆”不怎么显眼的地方，摆着几只用铁丝编成的漏斗形状的东西。

如今，那儿已成了一处景点，去赏雁的人渐多。

每当有人参观“雁馆”，最后他总会将人们引到那几只铁丝编成的漏斗形状的东西前，并且怀着几分罪过感坦率地告诉人们——他当年就是用那几种东西逮雁的。他说，他当年观察到，雁和别的野禽有些不同。大多数野禽，降落以后，翅膀还要张开着片刻才缓缓收拢。雁却不是那样。雁双掌降落和翅膀收拢，几乎是同时的。结果，雁的身体就很容易整个儿落入经过伪装的铁丝“漏斗”里。因为没有什么伤痛感，所以中计的雁一般不至于惶扑，雁群也不会受惊。飞了一天精疲力竭的雁，往往将头朝翅下一插，怀着几分奇怪，大意地睡去。但它第二天可就伸展不开翅膀了，只能被雁群忽视地遗弃，继而乖乖就擒……

之后，他又总会这么补充一句：“我希望人的聪明，尤其一个孩子的聪明，不再被贫穷逼得朝这方面发展。”那时，人们望着他的目光里，便都有着宽恕了……

在四月或十月，在清晨或傍晚，在北方大地上这处景色苍野透着旖旎的地方，常有同一个身影久久伫立于天地之间，仰望长空，看雁队飞来翔去，听雁鸣阵阵入耳，并情不自禁地吟他所喜欢的两句诗：“风翻白浪花千片，雁点青天字一行。”

便是当年那个孩子了。

人们都传说——他将会一辈子驻守那地方的……

鹿心血

在我见过的所有狗中，它是一条最具有人性的狗。它叫“娜嘉”，一个好听的苏联女孩的名字，中文意思是——“希望”……

1972年年冬，按照上级命令，我们在乌苏里江边增加了一个哨所。守卫它的，是我们连的六名知识青年——我是其中的一个。

哨所并不隐蔽，用一破两半的圆木构造。我们的任务是巡逻十里长的一段江面。

连队半月给我们送一次面粉和蔬菜。北大荒冬季只能吃到白菜、萝卜、土豆——“老三样”。不但战士要吃，干部也要吃。哪一级都要吃。吃了就要唱：“我们的同志，在困难的时候，要看到成绩，要看到光明……”

难得吃顿肉。我们不像孔夫子那么娇气，三个月不知肉味就牢骚满腹。

我们都巴望哪天能捉一个特务。

却没捉到过。

捉到过一个形迹可疑者，一个“二毛子”。我们大大地兴奋了一次，轮番对他进行审讯。结果非常遗憾，他不是特务，是九连的马车老板，到江边来下套子套野兔。这令我们也大大地沮丧了一次，没收了他的兔套。兴奋是一种情绪付出，不能白白兴奋一次。

江边地带很荒凉，生长着灌木丛和杂草，野兔出没其间。捉不到特务，我们就转移愿望，套野兔。总得有个愿望才行。什么愿望都没有时，烟钱的开销就太大了。

却没获得过一根兔子毛。套住的野兔被狗叼走了。雪地上清清楚楚留下的踪迹告诉我们，狗跑过江面，消失在彼岸的土堤后。土堤后是一个村庄，可以望见各式各样的屋顶。这一带江面不宽，早晨甚至可以听到他们那个村庄的鸡啼。毫无疑问，这条“强盗狗”准是苏联人的！它竟可恶地连我们的兔套也一块叼走了。

我们恨透了这条狗，发誓逮住它，惩罚它。不弄死它，也要弄它个半死。我们设诱饵，埋“子母套”。

一天傍晚，我们听到了狗叫声。当时大家闷坐火炉四周，正无事可做，无话可聊。狗叫声在我们内心引发了一种近乎亢奋的激动，同时跳起来，好像哨所里着火了似的，争先恐后冲到外面。

我们循着狗叫声跑到一片灌木丛那里，包围被套住的狗观看，大为开心。那条狗比我们想象的要小，也不如我们想象的那么凶猛。长腰身，长腿，垂耳。深栗色的毛，闪耀着旱獭般的光泽。狗脸很灵秀，很可爱。一条漂亮的纯种俄国猎狗。钢丝套子勒在它后胯上。由于它经过了一番剧烈的挣扎，已使套口收得很紧很紧，勒入皮肉，仿佛就要将它的腰勒断了。这狗的充满痛苦的眼睛里，流露出人类的悲哀而绝望的目光，恐惧地瞧着我们。它不断啮牙，发出阵阵低鸣。但那低鸣绝不意味着进攻的企图，是防范的本能。它太痛苦了，不久连防范的本能也丧失了，一动不动地蜷伏在雪窝中，不再啮牙，也不再发出低鸣。它浑身颤抖，不知是由于痛苦，还是由于恐惧。

观看这么漂亮的猎狗这么一种可怜的样子，我们都有点暗发慈悲了。它毕竟是狗，不是狼。它不过叼走了我们套住的野兔，没咬伤我们的哪一个伙伴。如果它是一条中国狗，不是猎狗，只是一条普普通通的狗，我们都会立刻放掉它的。我们都暗暗地，深深地为它不是一条中国狗而遗憾。苏联，这一点似乎使问题的性质很不同了。一种古怪的心理，使我们这几个很喜欢狗的中国小伙子，对这条苏联狗压制下了我们天性中的善良和怜悯。

一个伙伴踢了它一脚，恨恨地说："我们走，让它在这儿受罪吧！它不被勒死，也会被冻死，或者夜里被狼活活吃掉！"

另一个伙伴反对："让狼吃掉？那未免太可惜了！弄回哨所去，宰了，够我们吃几天狗肉的！"

第三个伙伴立刻表示赞同："对！狗皮归我了！寄回上海，给我父亲做件皮坎肩儿，纯种苏联猎狗皮坎肩，不够时髦，也他妈的算稀罕！"

我们虽然都喜爱狗，但对吃狗肉还是很向往的。连里的老职工请我们吃过狗肉，这种口福给我们留下了深刻记忆。在长久不知肉味的情况下，对吃狗肉的向往就会超过对狗的喜爱。谁叫它叼走我们套的野兔，使我们的肠胃受到亏损呢？谁叫它自己又被套住了呢？谁叫它偏偏是一条苏联狗呢？肠胃的亏损是很实际的亏损，我们有权补回来。它不仁，我们也就不义了，一报还一报，我们都认为吃掉它不算多么缺德。

"好，听大家的！"班长终于发话。

于是我们就将它拖回哨所。

一到哨所，马上分工：有人劈柴添火，有人化冰烧水，有人磨刀准备剖膛破肚，有人拌油盐酱醋调佐料，有人剥蒜。

天，那会儿完全黑了下来。已看不清江对面的景物。土堤后的夜空时时空烁着细小的火星，那是晚炊的烟霭。烧木柴，烟囱里冒出的那烟都会夹带着那种细小的火星。天越黑火星越显眼，怪神秘怪好看的，使我们想起了小时候过年玩的"滴答花"。淡淡的木脂油味飘过江来。那种细小的火星的木脂油味，常常引诱我们想偷越江界，登上土堤，看看堤后的苏联村庄。

狗在哨所外，也许快勒死了，也许快冻僵了，也许预感到了无法逃脱的可悲下场，一声不叫，仿佛期待着我们结果它的生命。

水烧开了。磨刀的伙伴满意地用手指试刀锋。

忽然，我们听见江对面有人呼唤声。

"娜嘉！……"

"娜嘉！……"

“娜嘉！……”

在这黑沉沉的宁静夜晚，隔江传来的呼唤声听得真切，因为真切，呼唤声中的焦急和不安，使我们不难领略。

班长在团部俄语培训班受过培训。于是我们就问他，呼唤的是什么意思？

班长回答：“娜嘉，这是苏联女孩名，他们在呼唤孩子。”

他们呼唤孩子，与我们毫不相干。持刀的伙伴向我摆了一下头，我就欲走到外面去，将那条半死不活的狗拖进哨所。

它却突然叫了起来。呵，我从未听到过任何一条狗在任何一种情况下发出那么悲哀的叫声。那简直就不是一条狗在叫，而是一个身陷绝境的人在回应对自己的呼唤。我至今一回想起这件事，那条苏联猎狗当时那种悲哀的叫声，犹在耳畔。我是难以将这一种狗的哀叫声用文字描绘出来的，那是文字无法描绘的。狗最具有人的灵性和人的情感，在某种情况下，比如在彻底绝望的生死关头，人会叫出像兽一样的嚎叫，狗会发出像人一样的声音。无论前者抑或后者，都是震颤人心的。那条苏联猎狗的叫声，是太像太像一个就要被杀害了的孩子听到父母呼唤后的哭喊了！

那声音几乎使我们每一个人的心跳都为之屏止了。

在这狗的一阵悲哀的叫声过后，江对岸苏联老头和老妪的呼唤声更接近我们了，显然他们循着叫声，沿江对岸的土堤一面继续呼唤一面奔跑过来了。听呼唤声，他们是站在正对我们哨所的地方。在他们和我们之间，隔着冰封的乌苏里江。人的呼唤声和狗的应叫声，震颤着比冰封的江面要宽阔几倍、十几倍、几十倍的夜空。也许一阵枪声都不足以对我们，不足以对边境地带的这个无月无星、黑沉沉的夜晚产生如此强烈的震颤力。

我们都一动不动，呆呆地倾听着。

班长首先走到了哨所外面，我们也一个个走到了哨所外面。

寒冷的夜晚，静止的一切使人感到犹如被寒冷冻住了。声音是不可能被冻住的。冻不住的声音，人的呼唤声和狗的回应声，以一种穿透这犹如被冻住了的黑沉沉的夜晚和犹如被冻住了的大自然中的一切的力量，震撼着我们的心。

没有月亮也没有星星，冰封的江面是锡箔色的，能见度达不到十米之外。

我们虽然看不见那站立在对面土堤上的一对苏联老人，但我们确信，他们也许比我们想象的还要衰老，甚至可能是两个老态龙钟、步履艰难、行将就木的人。只有老到这种程度的人，才会发出那么竭尽全力、苍凉凄楚、每个字的音调都颤抖着的呼唤声。

“娜嘉！……”

“娜嘉！……”

我们不必问班长就早已明白了，他们是在呼唤这条狗。

“不他妈的发慈悲！”一个伙伴将哀叫着的狗拖进了哨所。这是一句气冲冲的话。人在极想却又很难硬起心肠的时候，往往会说出类似的话，实际上是对自己发泄的气恼。

我们又都跟着走进哨所。

持刀的伙伴，将刀朝地上狠狠一掼，走到他的铺位，仰躺下去了。

刀子深深扎入地面。

班长沉默着。

“我声明啊，我不要狗皮了……”那个来自大上海的伙伴喃喃地说，蹲到炉前去了，拨出一块炭火吸烟。

沸水冒出雾般的蒸气。

哨所小小的房间，充满蒜汁的辣味。

班长拔下刀，盯着那狗。它一被拖入哨所，就不叫了，它也瞧着班长。它眼角挂着泪。是的，它眼角挂着泪。它无声地哭了，我生平第一次亲眼看到，狗是会怎样默默地哭的。谁如果不相信狗在悲哀时会哭会流泪，谁就缺少人性！

狗的主人也哭了。他们的呼唤声告诉我们，他们是哭了。他们是边哭着边呼唤。

班长朝狗弯下身去。

“班长……”我一把抓住了班长那只拿刀的手腕，用目光苦苦向班长哀求。

班长用另一只手扳开我的手，轻轻推开了我。他并非想杀狗，是用刀去割钢丝套，好一会儿，才将钢丝套弄断。刀锋变成了锯齿。

狗慢慢站了起来，由于我们放了它，它似乎意识到自己的命运发生了转机，不像先前那么惧怕我们了。它那双狗眼有点疑惑地望着我们，本能的戒心使它不敢移动地方。它仿佛在暗暗揣度，我们对它发的慈悲，究竟是应该信任的善意，还是不应该信任的人的狡猾或计谋。它被套伤得很重，后胯毛脱皮绽，血肉模糊。

班长低声说："医药箱。"

我立刻拿来医药箱。

他又说："给狗上点药，包扎一下。否则，它的主人会非常恨我们的。"

我帮着班长毫不吝啬地往狗的伤处倒红药水，撒消炎粉。之后，又仔仔细细地给它缠了几圈药纱布。它竟非常温顺，一旦意识到我们不再想伤害它，便很驯良地听任我摆布它了。

班长在一张纸上写上几行俄文。写完，念给我们听。

他写的是：

> 我们并不想伤害你们的狗，希望它不再过到江这边来。

我献出了一个牛皮纸信封，班长将这封"国际信件"让狗叼住。

我推开哨所的门，我们望着那狗慢慢走了出去，消失在黑暗中……

从此，我们套住的野兔再没丢过。一场大雪覆盖了那条狗留在我们地上的踪迹，也覆盖了它留在我们记忆中的"形象"。

新年前几天的一个夜晚，我们熄灭马灯，都已钻入被窝儿了，忽听有什么东西在外面扒门。

"熊？……"我低声说出一个字。熊才胆敢扒有人住的宿舍的门。

大家顿时紧张起来，一个个下意识地拿起立在床头边的枪。

扒门声后，是一阵狗的焦急的低鸣。

"娜嘉！"班长仿佛具有什么特殊功能，首先听出了是那条苏联猎狗的声音。我们没听出来，因为我们已把它忘掉了。

班长穿着衬衣衬裤，赤脚蹦到地上，迫不及待地打开了门。

果然是“娜嘉”！

“娜嘉！”

“娜嘉！”

我们也都纷纷掀起被子，蹦到了地上。虽然我们曾向它的主人声明，希望它不再过到江这边来，但它的出现，却使我们感到非常高兴，也感到非常意外，非常惊诧。

“娜嘉”身后拖着什么，被门槛儿卡住了。班长赤脚从外面搬进来一辆小爬犁。

我们怀着极大的好奇心围了上去。

“娜嘉”像我们的老朋友似的，逐个往我们身上扑，柔软的舌头不断亲昵地舔我们的手。

爬犁上绑着一个小帆布口袋。班长打开口袋，我们愣住了——两只野兔，一只野鸡、一瓶酒、一封信，还有一大包用旧俄文报纸包的什么。班长打开报纸——许多油渍渍的小饼，还是热的呢！

“娜嘉”伏在我们对面，两条前腿并拢，将头舒服地枕在前腿上，转动着它那双少女般温存的眼睛，得意而友好地瞧着我们。

班长拆开信默默看着。

我们都非常急切地想知道信上写了些什么，催促班长念给我们听。

信上写的是：

非常感激你们对“娜嘉”所发的慈悲，上帝会替我们报答你们。我们无儿无女，“娜嘉”如同我们的孩子。它是一条好猎狗，就像一个有教养的好孩子。我老了，它是因为没有人再带它去打猎，熬不住寂寞，才干出蠢事。尽管它非常聪明，却无法理解什么是边境线。它叼回来的东西，我们一直冻在仓库里，从没产生过想吃掉的念头。请相信，在我们的村子里我们是两个受人尊敬的老人。我们让“娜嘉”将野兔和野鸡带给你们，物归原主。你们就要过你们的新年了，酒，是我们表示谢意的一点礼物，馅饼，是我年老的妻子亲手烤的，但愿你们爱吃，我们祈祷仁慈的上帝降福于你们……

班长的俄文水平很高，全团数一数二。否则，他也不会被任命为边防哨所的班长。以上用中文念出的那封信，相当准确地表达了俄文原信的意思。我如今怎么还居然能够记得这封信的词句，那是连我自己也解释不清的。人的头脑对某些造成深刻心理冲突的事，往往会保持格外长久的记忆。

那封我们一句话也看不懂的信，在我们每个人手中传了一遍。传回班长手中，被他投入火中烧了。

他说："野兔和野鸡，是我们套的，我们留下，馅饼是他们的一番真诚心意，我们也留了。至于这瓶酒，我们有纪律，不许喝酒，只好由'娜嘉'再带回去。"

我们都表示赞同。

"娜嘉"离去后，我们披着大衣，围着火炉，有滋有味地吃了一顿馅饼，又吸着烟聊了许多。最集中的话题，是每个人的母亲顶善于做哪一种好吃的东西。这类"精神会餐"我们时时举行，但那一次，除了食欲的刺激而外，我们的心理上还感受到了一种很不寻常的补给。只是大家都有意避开这一点，只字不谈。

以后，"娜嘉"经常越过江面，到我们哨所来，我们每个人都与它产生了特殊的感情。我们都开始喜爱上了这条漂亮的苏联猎狗。我们在江边巡逻时，它总是从容而矜持地跟随在我们身后。大概它以为是在跟随我们散步。中国的边防士兵（尽管我们是非正规的），带着一条从苏联那边跑过来的猎狗，巡逻在弥漫着敌对情绪的边境线上，旁人（无论我们的人抑或他们的人）肯定会认为简直匪夷所思。

我们也常带它追逐野兔野鸡，那时，它才真正显示出一条出色的猎狗的本领。它的速度快极了，而且是那么灵活，善于在全速追逐过程中突然转折方向，由追逐变为拦截。再狡猾的野兔一旦被它发现都难以逃脱。它完全取代了我们的兔套。

它给我们带来了多少快活啊！

"咱们的'娜嘉'……"我们甚至开始用这种大言不惭的话谈论它了。

有时，它也会留在我们哨所过一夜，看得出来，它也对我们这几个中国小伙子有了特殊的感情，对我们的哨所有了特殊的感情。

狗毕竟是狗，再聪明的狗，也不可能像人一样去理解某些事物。我常常一边逗它玩耍，一边暗想，如果它能够理解什么是国界，什么是哨所，什么是中苏关系，它恐怕就绝不会将我们的哨所当成第二个“家”了吧！

春节前，连队的马车给我们带来了从城市寄给我们的包裹。我们中有上海知青、北京知青、天津知青，也有哈尔滨知青。我们打开的包裹凑在一起，东西就很可观了：糖、饼干、香肠、肉松、巧克力、麦乳精、烟、茶、果脯、瓜子……

班长说：“我们每人拿出一份，放在一起，‘娜嘉’来了，叫它带过去。”

我们都认为这是理所当然的事。于是人人拿出最得意的一份，塞了满满一书包。

班长又说：“这件事，只能我们六个人知道。如果有第七个人知道，就证明我们之间有了出卖者。”

我接着班长的话说：“都发誓！”

我们发了誓：谁如果对第七个人讲了这件事，那就连“娜嘉”都不如。

不是一个可怕的誓言。

但对我们来说，却是一个内涵有分量的誓言。

那天，“娜嘉”没有来。

第二天，也没过来。

第三天，仍没过来。

我们都一心一意盼望着它过来。

它却似乎明白了什么是国界，似乎再也不会过来了。我们一天比一天失望。

塞满了各种好吃东西的书包，挂在柱子上，渐渐落满了灰尘。一个月后，东西少了，又过了半个月，更少了。有一天，书包空了。班长将空书包扯下来，甩到了铺位底下。

白天，我们在江边巡逻时，常常不由自主地站下，向江对面呆望，幻想着“娜嘉”突然出现在对面的土堤上，越过江面，奔向我们。

夜晚，哨所外一有什么动静，我们就会以为是“娜嘉”来了。班长好几次光着脚跳到地上，急急忙忙打开门。门外却只刮进寒风。

我们终于悟出了一个道理：“娜嘉”毕竟是一条苏联狗。我们毕竟不是它的真正主人。一旦悟出了这个简单的道理，我们便不再谈论它。我们不再谈论它，却并不意味着我们根本不再想它。

乌苏里江开化了。

我们担负着巡逻任务的这段江面，变得比冰封时宽阔多了。江水天天上涨，对面的土堤矮了。江面时刻漂浮着巨大的冰排。冰排重叠堆砌，在江中形成一座座小冰山。它会猝然崩溃，带着毁灭性的冲击力，被湍急的江流疾推而去。

一天傍晚，我和班长巡逻完，并肩往哨所走。这季节，春天虽然到了，乌苏里江虽然开化了，但气候并未明显转暖。大地上的雪，白天融化，夜晚冻结。江边罩着一层滑溜溜的冰壳。一脚踩下，发出嘎吱嘎吱的碎裂声。风，还是挺硬挺刺骨的。我们都穿着大衣。

乌苏里江在落日的余晖和晚霞的辐射下，托着千百块冰排，汹涌向前，江波闪耀着金色的粼光，冰排镀着赭红的釉彩。那情景十分壮丽，仿佛一股势不可当的岩浆流，将地切为两半。冰排互相撞击，发出阵阵奇特的骤响。

班长发现了什么，指着前面说：“你看！”

江边伏着一个人。

我们跑过去才看出，不是人，是狗。是“娜嘉”！它肯定勉强挣扎着才游上岸，一上岸，便丝毫力气也没有了。它几乎和江边的冰冻在一起，它的湿毛皮成了冰铠甲。我和班长用枪托将它四周的冰层捣碎，才抱起了它。我脱下大衣裹住它那半僵的身躯，朝哨所猛跑。

一闯进哨所，我就将“娜嘉”放在火炉旁，让它卧在大衣上。

班长立刻往炉子里添木柴，炉子一会儿就烧红了。“娜嘉”的冰铠甲融化了，流淌下来的水弄湿了我的大衣。另一个伙伴用他的大衣替换下了我的大衣，为使“娜嘉”更暖和些。它在瑟瑟发抖。

班长用自己的枕巾擦它湿漉漉的毛时，才发现它身上绑着一个小皮袋。班长解下皮袋，倒出里面的东西——全是银器，银手镯、银酒盅、银烟盒、银烛台，共十余件，还有一封信。小口袋是皮的，防水，信没湿。

班长立刻将这封信译给我们听：

> “娜嘉”两个月前被军犬咬伤。它总算活过来了，我的老伴却又病倒了。我恳求你们收下这些在你们看来也许分文不值的银器，让“娜嘉”带回一点鹿心血。我知道你们那边有养鹿场，鹿心血能治好我老伴的心脏病。不要使一个老年人的恳求落空……

“娜嘉”那张漂亮的脸毁了，好像被撕碎了又拼缝起来的玩具狗的脸，变得那么丑陋。它还失去了一只耳朵。身上，也有几处脱毛的伤痕。

班长说：“银器我们绝不能收留，但我们无论如何也要想办法弄到鹿心血！……”

我们一时都被难住了。养鹿场离我们这儿很远，鹿心血又很珍贵，绝不是什么人以什么理由都能从养鹿场买到它的。

班长问：“谁在养鹿场有熟人？”

伙伴们都没吭声。我相信他们是诚实的。

我犹豫了一下，说：“我有一个熟人，不过……”

班长打断我的话：“现在别谈什么‘不过’了！”说着，脱下自己的大衣抛给我，“马上动身到鹿场去，一弄到手就赶回来。”

这就是说，这个夜晚，我要孤单单在荒野上来回走五十余里。

大家都默默瞧着我。

我一句话也没再说，一边穿大衣，一边往外走……

我在养鹿场的那个熟人，是我的同班同学，但我们的关系并不友好，甚至可说很僵。他曾借我的一块瑞士表戴过，未还，说丢了。可别人告诉我，没丢。因此我要他非赔我不可。他却说我的表是旧的，只赔半价。我那块表分明是新的，刚买不久便被他借去戴了。我们闹翻了脸……

我来到鹿场时鹿场早已吹过熄灯号，一片黑暗。

我擂开了宿舍门，请开门的人替我叫醒王佳宾。不出我所料，他根本不愿见我。我毫无办法，在外面一声声高喊他的名字。喊了半天，他才出来，披着大衣，提着裤子，气汹汹地说："不就是一块表吗？地主逼债，也不会在深更半夜！"嘴里还骂骂咧咧。

我紧紧抓住他的一只大衣袖，生怕他再退回宿舍不出来，低声下气地说："老同学，我并不是为了那块表才深更半夜来找你啊！"

他怀疑地看了我一会儿，问："那你为什么事来找我？"

我说："求求你，无论如何帮我搞点鹿心血。"

他说："鹿心血？又不是鹿粪，鹿场遍地都是，我搞不到。"

"你一定有办法搞到！求求你啦……"听他回绝得那么干脆，我急了，用双手抓住他胳膊不放。

他说："就算我能搞到吧，可我为什么非帮你的忙呢？"

我说："只要你能搞到，那块表我不让你赔了，一分钱也不让你赔！从此我再也不对你提一个'表'字。"

他犹豫着。

我又说："帮我这次忙吧，我今后一定报答你！我妈妈的心脏病很严重，你不能对我太冷酷无情啊！"我自己都相信了自己的谎话，自己都被自己的谎话所感动了。

他终于答道："好吧，算你走运，我前几天刚弄到一点，是为别人买的。看在老同学的份儿上，给你！"

我喜出望外，一下子搂抱住了他。

他推开我，退进宿舍，片刻出来，交给我一个信封——鹿心血装在里面。

我解开大衣扣，将鹿心血揣进棉衣兜，转身就走。

他叫住我："那表，真的没丢。我不过，是想考验考验你……看你对我的交情怎么样……"

我说："没丢，表也归你了！"大步奔跑起来……

我一身热气，满头大汗回到了哨所。一进哨所，就掏出信封，高举着说："同志们，让我们喊一声'乌拉'吧！"

谁也没睡，都在等我回来。伙伴们顿时把我围住了，只有“娜嘉”似乎睡了，一动不动地蜷缩在炉旁。

黎明时分，我们将鹿心血放在银烟盒里，将银烟盒与其他银器都装入小皮口袋，将小皮口袋绑在“娜嘉”身上。

“娜嘉”，它冻病了，我们舍不得让它在冰冷的江水中再游一次，但谁也不能代替它。乌苏里，这条古老的江，无论在冰封时还是在开化时，总有一条看不见的，但又是神圣不可侵犯的界线，将它划分开。对两岸的人们来说，逾越这道界线，甚至是比生死还要严峻的。

我们轮番将“娜嘉”抱到了江边。

班长拍拍它的头，说：“娜嘉，全靠你了。”

它仿佛听懂了班长的话，勇敢地跃入冰冷的江中，朝对岸游去。

隔夜间，江水又明显上涨了。江面比昨天更宽阔了，江流比昨天更湍急了。“娜嘉”被湍急的江流冲得沉浮而下，我们在岸下不眨眼地盯着它，追随着它奔跑。

班长边跑边喊：“娜嘉，前进啊！娜嘉，前进啊！……”

快到江心时，我们都看得出来，它再也游不动了。当一块大冰排靠近它时，它的两只前爪攀住了冰排，但下半截身子还在江水中，就那么随冰排漂去。

可怕的事情发生了，另一块更加巨大的冰排，与那块冰排相撞在一起，将“娜嘉”钳在两块冰排之间。

我们连它的叫声都没有听到。只见它那两条攀在冰排上的前腿，猝然失去了支撑力。它那深栗色的半截躯体，瘫在银色的冰排上。

“娜嘉！……”

“娜嘉！……”

“娜……嘉……”

我们呼喊着，目光追随着那两块冰排，沿江岸拼命奔跑。

江面愈来愈宽阔……

江面愈来愈湍急……

两块冰排钳着“娜嘉”，急速驶向地平线，驰向乌苏里江遥远的、遥远的尽头，宛如两块巨大的璞玉衔着一颗微小的玛瑙。

班长低声说:“娜嘉，它完了……”

我们都默默地哭了。

冰排，冰排，千百块冰排，各种形状的冰排，被黎明的朝辉涂上赭色釉彩的冰排，连接不断的冰排，从我们眼前带着毁灭性的冲击力，漂过、漂过……奔涌而去……

鸳鸯劫

冯先生是我的一位画家朋友，擅画鸳鸯，在工笔画家中颇有名气。近三五年，他的画作与拍卖市场结合得很好，于是阔绰，在京郊置了一幢大别墅，还营造了几亩地的庭院。

冯先生那庭院里，蓄了一塘水。塘中养着些水鸟。无非野鸭、鸳鸯什么的，居然还有一对天鹅。自然，鸳鸯也是少不了一对的。

冯先生搬到别墅去住不久，有次亲自驾车将我接了去，让我分享他的快乐。

我二人坐在庭院里的葡萄架下，吸着烟，饮着茶，一边观赏着塘中水鸟们悠哉悠哉地游动，一边东一句西一句地闲聊。

我问："它们不会飞走吗？"

冯先生说："不会的。是从动物园托人买来的，买来之前已被养熟了。没有人迹的地方，它们反而不愿去了。"

又问："在天鹅与鸳鸯之间，你更喜欢哪一种？"

答曰："都喜欢。天鹅有贵族气，鸳鸯之美，则属小家碧玉，各有其美。"

又说："我也不能一辈子总画鸳鸯啊！我卖画的渠道挺多，不仅在拍卖行里卖，有时也有人亲自登门购画，每是新婚夫妻。倘属成功人士，要求为他们画天鹅的多。但也有普通人前来购画，那么能购到一幅鸳鸯戏荷图，往往就心满意足了。画鸳鸯是我的品牌，技熟于心，画起来快。所以，对普通人价格也就相对便宜些。普通人的眼大抵习惯于被色彩吸引，你看那雄鸳鸯的羽毛多么鲜丽，那正是他们的眼所好嘛！我卖画给他们，也不仅仅是为了钱。他们是揣着钱到我这儿来寻求对爱情的祈祝的。我满足他们那份心理需要，自己也高兴。”

我虚心求教：“听别人讲，鸳鸯鸳鸯，雄者为鸳，雌者为鸯，鸳不离鸯，鸯不离鸳，一时分离，岂叫鸳鸯，不知道这其中有没有什么传说故事？”

冯先生却说，他也不太清楚。说他只对线条和色彩以及构图技巧感兴趣，至于什么故事不故事，从来不想多知道。

三个月以后，季节已是炎夏。某日，我正睡午觉，突然被电话铃扰醒，抓起一听，对方是冯先生。他说：“惊心动魄！惊心动魄呀！哎，我刚刚亲眼看见了一场惊心动魄的事件！这会儿我的心还怦怦乱跳呢，不对个什么人讲讲，我受的那种刺激肯定平息不过去！”

我问：“光天化日，难道你那保安尽职的高档别墅区里发生溅血凶案不成？”

他说：“那倒不是那倒不是，但我的庭院里，刚刚发生一场生死存亡的大搏斗！”

我说：“你别制造悬念了，快讲。讲完了放电话，我困着呢！”

于是，冯先生语调激动地讲述起来：冯先生中午也是要休息上一个多钟点的，但他有一个习惯，睡前，总是要坐在他那大别墅的二层的落地窗前，俯视着私家庭院里的花花草草，静静地吸一锅烟斗。那天，他正要磕尽烟斗站起身来的时候，忽见一道暗影自天而降，斜坠向他庭院里的水塘。定睛细看，哎呀一声，竟是一只苍鹰，企图从水塘里攫捉一只水鸟。水鸟们受此大惊吓，四面游逃。两只天鹅，猝临险况，反应疾迅，扇着翅膀跃到了岸上。苍鹰一袭未成，不肯善罢甘休，旋身飞上天空，第二次俯冲下来，目标盯准的是那只雌鸳鸯。而水塘里，除了生长着几株荷，再没什么可供水鸟们藏身的地方。偏那些水鸟们，包括鸳鸯，久不起飞，飞的本能意识已经大大退化。

冯先生隔窗看呆了。正在那雌鸳鸯命系一发之际，雄鸳鸯不逃窜了。它一下子游到了雌鸳鸯前面，张开双翅，勇敢地扇打俯冲下来的苍鹰，结果苍鹰的第二次袭击也没成功。那苍鹰似乎急眼了，也似乎饿急了，飞上空中，又进行第三次攫捉。而雄鸳鸯，那美丽的，除了被人观赏再就几乎毫无可取之处的水鸟，也又一次飞离水面，用显然弱势的双翅扇打苍鹰的利爪，拼死保卫它的雌鸳鸯。力量悬殊的战斗，就这么接二连三地展开了。

令冯先生更加看呆了的是——塘岸上的一对天鹅，仿佛产生正义的冲动。它们又一齐伸展开了双翅，扑入塘中，同时加入了保卫战。在它们的带动之下，那些野鸭呀、鹭鸶呀，便都不再恐惧，先后参战。水塘里一时间情况大乱……

待冯先生不再发呆，冲出别墅，战斗已经结束。苍鹰一无所获，不知去向。而水面上羽毛零落一片。有鹰的，也有那些水鸟的……

我听得也有几分发呆，困意全消。待冯先生讲完，忍不住关心地问："那只雄鸳鸯怎么样了？"

他说："惨！惨！差不多可以用遍体鳞伤来形容，两只眼睛也瞎了。"

他说他已电话请来过一位宠物医院的医生，为那只雄鸳鸯处理过伤痕了，如果侥幸的话，它还能活下去。说他已将一对鸳鸯暂时养在别墅里了。

到了秋季，我带着几位朋友到冯先生那里去玩儿，发现他的水塘里增添了一道使人好奇的"风景"——一只雌鸳鸯，将它的一只翅膀，轻轻搭在雄鸳鸯的身上，在塘中缓缓地游来游去，使人联想到一对臂挽着臂散步的恋人。

而那只雄鸳鸯，往日的漂亮不再。它的背上，翅根，有几处地方裸着褐色的呈现创疤的皮。肯定的，那几处地方，是永远也不会长出鲜丽的羽毛了……

更令人心怦然一动的是——塘中的其他水鸟，包括两只雪白的气质高贵的天鹅，一和那对鸳鸯相向游着了，都自觉地给那对鸳鸯让路。仿佛那是不言而喻之事，仿佛那意味着是塘中的文明准则。尤其那一对天鹅，当它们让路时，每每曲颈，将它们的头低低地俯下，一副崇敬的姿态。

我心中自然清楚那是为什么的，悄悄对冯先生说："在我看来，它们每一只都是高贵的。"

冯先生默默点了一下头，表示完全同意我的看法。然而别人们是不清楚为什么的，纷纷向冯先生发问。冯先生略述前事，皆肃默。

是日，大家被冯先生留住，在庭院中聚餐。酒至三巡，众人逼我为一对鸳鸯作诗。搪塞不过，趁几分醉意，胡乱诌成五绝一首：

为爱岂固死，有情才相依。
劫前劫后鸟，直教人惭极。

有专业歌者，借他人熟曲，击碗而歌。皆击碗和之。罢，意犹未尽。冯先生率先擎杯至塘边，泼酒以祝。皆此行径。

然塘中鸳鸯，隐荷叶一侧，不睬岸上之人为，相偎小憩而已。两头依靠，有耳鬓厮磨状。那雌鸳鸯的一只翅膀，竟仍搭在雄鸳鸯的背上。

不久前某日，忽又接到冯先生电话，寒暄一句，随即便道："它们死了！"

我一愣，低问："谁们？"

答："我那一对鸳鸯……"

于是想到，已与冯先生中断往来两年之久了。先是，他婚变，后妻是一京漂女郎，芳龄二十一，小冯先生三十五岁。新婚正燕尔，祸事不妨来——他某次驾车回别墅区时，撞在区内水泥电线杆上，脑震荡严重。久医才轻，然落下手臂挛颤之症，无法再作画矣。后妻便闹离婚。不堪其尖言刻语之扰，同意。后妻去前，将其画作一概暗中转移。给我打电话时的冯先生，除了他那大别墅和早年间积攒的一笔存款，也就再没另外的什么了。坐吃山空，前景堪忧。

我不知该对他说什么好。而冯先生呜呜咽咽地告诉我——那塘中的其他水鸟，因为无人饲喂，都飞光了。

我又一愣，经久才问出一句话："不是，都养熟了的吗？"

又是一阵呜咽。冯先生没有回答我的疑问，他把电话挂了。

我呆呆地陷入了沉思，猛然想到了一句话——"万物互为师学，天道也"。却怎么也回忆不起来，究竟是哪一位古人说的了……

好心怎么就做下了坏事

四月中旬某日，北京的树虽已开始绿了，然而天气并未明显转暖，忽冷忽热，正是所谓春寒料峭之季。但那一日天气却难得地好——几乎没有雾霾，可见晴空白云，气温也升高到了二十度左右，外边比家里还令人觉得舒适。

中午时分，我隔窗听到鸽子的叫声——咕咕，咕咕，持续经久，听来蛮焦虑的。在邻家的外窗台上，落着一灰一白两只鸽子。白鸽雪白，比之于灰鸽，体形略小，俊美好看。灰鸽自然也是好看的，却分明是只胖鸽子，胖得富态，估计“鸽龄”比白鸽大些。世上没有不好看的鸟儿，每一只鸽子都是漂亮的——至于秃鹫，虽属禽类，我却从不将它们视为鸟儿，总觉得它们更是长翅的怪兽。

那只灰鸽并非完全的灰，它身上闪耀着紫色和孔雀蓝、翡翠绿相间的羽泽，仿佛被洒上过那三色彩粉。我们小时候，叫那样的鸽子“灰彩光”，以区别于通体全灰的叫“瓦灰”的鸽子。

白鸽不断地替“灰彩光”梳理羽毛，还时时与之碰喙，以自己的叫声回应“灰彩光”的叫声——总之两只鸽子耳鬓厮磨，缠绵不休。

忽然，“灰彩光”飞起，落在了我家厨房窗外的空调筐上。白鸽反应迅速，几乎同时落在了“灰彩光”旁边。我看出来了，它们是夫妻关系，“姐弟恋”式的夫妻。并且，还处在甜蜜蜜的阶段。

我家厨房窗口的左右两侧，是我家一间卧室和邻家一间卧室的外墙。两面外墙，夹成了五六米长的幽巷般的空间。我家住十三层，楼高二十余层，以前也常有鸽子光顾那空调筐——就高度与隐蔽性而言，是鸽子们小憩的安全之地。我家厨房未安装空调，所以空调筐里放了两摞瓷砖，其上盖塑料板。瓷砖没将空调筐占满，一边余有一掌宽的空处。“灰彩光”咕咕叫了几声，跳入那空处去了，白鸽也毫不犹豫地随之跳入，我便看不见它们，只闻其声了。

我顿悟——“灰彩光”是要在那里生蛋呀！

但我家那空调筐也太脏了呀，多年没清理过了，积了很厚的灰土。特别是那一掌宽的空处尤其肮脏，除了灰土不说，还因曾在“筐”中碎过咸菜坛子，又风干了的咸菜疙瘩仍在那里——两只鸽子怎么能卧得舒服呢？

我虽未养过鸽子，却是自幼喜欢鸽子的人。谁会不喜欢鸽子呢？不论家鸽野鸽，它们看去都是那么的温良儒雅，风度翩翩。我一向觉得鸽子是鸟类中特“君子”气质的。不是所有的鸟皆有气质可言。鹦鹉、八哥虽善学人语，但其实并无气质。孔雀有贵族气质、天鹅有仙家气质、鹤有道家气质、猫头鹰有股子先知气质，而若论“君子”气质，我认为非鸽子莫属。

出于对鸽子的自幼好感，我决定将那空调筐清理一番，以使“灰彩光”有一处条件不错的产房。儿子也在家，听了我的打算，表示支持。

我关上厨房门，打开窗子，正欲探身去，儿子问：“爸，你要干什么？”

我说：“抓住它们，请它们在厨房待会儿。”

儿子说：“何必将它们请进厨房呢？你让它们先飞走不就行了吗？”

我说：“那我替它们弄好了一处小窝，它们不再飞回来了呢？我岂不是白费事了吗？先将它们请进厨房，一会儿不是可以直接将它们放入窝里吗？”

儿子想了想，表情特理性地说：“你先别惊动它们。”

他将一只长方形的，一面透气的帆布挎包取来了，那是专为带我家的猫去看病用的。

儿子说：“你抓住了鸽子，先放这里。”

我说："笨办法。第一，放入放出的，麻烦。第二，如果将屎拉在里边，得刷洗，更麻烦。一切在我掌控之中，不用协助，你离开就是。"

儿子不以为然地离开了。

我首先抓住了白鸽，口中喃喃自语："乖，别乱飞，我是为你们好，要懂事啊。"——将它放在了矮柜上。它似乎听懂了我的话，只从矮柜上飞到厨案上，再就不飞了，困惑地歪头看我。

它的良好表现增加了我的信心，我接着将"灰彩光"抓住，同时喃喃自语一番。两只鸽子挤在狭窄的地方，无法躲避，更无法立刻飞起，所以抓住它们可以说是手到擒来之事。然而"灰彩光"的表现却不像它的郎君那么良好，我刚一将它放下，它立刻展翅飞起来。我家才十来米的空间，也不是能容一只胖鸽子飞来飞去的地方啊，结果它便接连撞在墙上，撞在窗玻璃上，撞得掉下了两片羽毛。也许由于撞得有点晕了，终于歪歪地落在了冰箱上。

儿子显然听到了声音，隔了门问："爸，要不要参谋？"

我说："不要，一切都在掌控之中。"

儿子又说："做什么决定前最好考虑周到些。"

我说："我已经说过了，一切都在我掌控之中，你最好闭上嘴从门口消失。"

接下来的事简单多了——"灰彩光"不是即将当母亲了，而是已经当母亲了。那么一会儿工夫，它居然生下两只蛋了！我将两只蛋小心翼翼地从肮脏的角落里拿起，放在了预先准备好的碗里。

我当然是做事考虑周到的人，一切也当然在我掌控之中——这么一件小事，难倒我还至于做出差错不成?

我有条不紊地做着——将厚积灰土的塑料布轻轻地卷起，塞入垃圾桶；将瓷砖一块块搬入屋里；用拖把将空调筐清洁了两番；放了一块预先备好的三合板垫底；最后将同样预备好的塑料提篮放于板上。提篮是红色的，不大不小，放那儿之前，用厚纸板围了三面，留一面透气……

这一切我做得真是有条不紊，谁能说我考虑不周呢?

接下来，无非就是将两只鸽子请出门了。我第二次抓白鸽时，它还是没乱飞，只不过有点不情愿地躲了几躲。我将它放入窗外的窝里后，它却一秒钟也没在里面呆，立刻飞走了。没飞多远，落在邻家外窗台上，疑虑重重地望着我。

我相信它会喜欢那个窝的，也相信“灰彩光”会喜欢那“产房”的。我出其不意地抓住了“灰彩光”——就在那一瞬间，极其不好的结果，也可以说是悲剧发生了。我的手不够大，而它却挺胖。我抓的是它的肩膀，那是它全身最宽的部位。我没敢用力，抓得不紧。它本能地一挣，我也本能地攥紧，却还是被它挣脱了，但——它的尾巴整齐地攥在了我的手里！整齐的意思就是，每一枚尾羽都在我的手里了！

它惊恐地在厨房里飞，东撞西撞，又撞了多次才从窗口飞出，不，那明明是仓皇地飞逃而去，摇摇晃晃地，像秃尾巴的鹌鹑，也像被击中的战机。白鸽也立刻伴之飞走……它将装着两只蛋的碗弄掉地上；一只蛋碎了，另一只掉在拖布上，侥幸完好。

我一手攥着一把鸽尾，另一只手捡起完好的蛋，看看窗外我煞费苦心为两只鸽子做的干干净净、舒舒服服的窝，傻眼了，也心疼极了！

怎么会这么个结果？我是爱它们甚至对它们心怀敬意的呀！

可我接下来能做的事，也就唯有往造成它们灾难的窝里，深怀罪过感地放入那只幸存的蛋了。并且，在放入前垫了绒片儿。为使那只蛋一目了然，还在绒片儿上铺了块红色的布。

不久，白鸽单独飞回来了。很明显，即将做父亲的它牵挂着那两只蛋。它先落在邻家的外窗台上，几分钟后，开始一点儿一点儿横移身体，保持高度戒备地接近着空调筐。终于，它鼓足勇气落在了空调筐上，却只低头看着它陪爱妻趴过的角落，对我为它们提供的窝却连瞧都不瞧一眼——我又想抓住它将它放入窝里，刚一开窗，它机警地飞走了……

儿子进入厨房，看看一地鸽子的尾羽和碎了的蛋、碗，吃惊地问：“爸，你怎么会将事情搞成这样？”

我无言以对。

两只鸽子再也没飞回来过。

至今，十几天过去了，那只幸存的鸽子蛋不知为什么也碎了。而每每向我认为见多识广的人问："完全没有了尾巴的鸽子还会活下去吗？"

没有谁肯定地回答："能。"

一想到一对即将做父母的亲亲爱爱的夫妻鸽，就因为我一片好心要为它们提供一处窝，不仅使它们的两只蛋"完蛋"了，还使母鸽残疾了，我的罪过感很难消除。就算它们在那个肮脏的角落孵出了两只小鸽子，也是根本无法在那个肮脏的角落将小鸽子抚养大的——我也只有这么安慰自己。

但我却不能不反省自己好心做下了坏事的原因：

> 我抓住两只鸽子后，根本无须将它们"请"入厨房。手一松，它们自会飞走。而它们一飞走，我想怎么做就可以怎么做，丝毫不会受到干扰。
>
> 在我将为它们提供的窝放入空调筐后，也根本不必再抓它们，只消将窗户开着，它们自会飞出去的，"灰彩光"也就断不至于没了尾巴。或许，它们没受到惊吓和伤害，有可能愿意接受我为它们提供的窝。
>
> 我既要为它们提供一处窝，就应对它们有所了解，预先搞清楚，它们比较愿意接受什么样的窝，对什么样的窝反而会心生疑虑。甚至，什么颜色会使两只无家的流浪鸽不安，这也是要有常识的。绿色的塑料提篮，内铺块红色的布，篮体又高，会不会使它们觉得是陷阱？如果并不放那篮子，只将清理干净的空调筐铺垫柔软，温暖，不但省了事，也许反而正是它们愿意接受的窝吧？
>
> 我自信满满，认为"一切都在掌控之中"，这意味着，我主观上当时是有控制欲的。否则，我不会犯那么低级的错误，居然非两次将鸽子抓在手中不可……

世上一定有不少人好心反而做下了坏事。

我想，这些人中，像我一样好大喜功自以为是，同时控制欲作祟者，估计也为数不少吧？——若是政府官员，恐怕便会激起民怨甚而民反了呀。

民可不像鸽子那般君子……

2015 年 4 月 28 日

狍的眼睛

狍子当归属于鹿的一种。比麝和獐略大，比鹿略小。由于它不像鹿和麝一样，鹿有珍贵的鹿茸、鹿心血，麝香可入药。甚至连它的皮也不像獐的皮一样可制成细软的皮革，所以它无幸列入动物的受保护“名单”。一向被人认为既没什么观赏价值，也没什么经济价值。人养火鸡、鸵鸟、狐、貂，也养山雉和野兔，就是不养狍。

所以狍似乎是动物中的劣种，是山林中的“活动罐头”，任谁都可以设套子套它，或用猎枪射杀它。

东北山林中的鄂伦春人，以狍为主要的猎捕之物。他们吃狍肉如我们汉人吃猪肉一样寻常。他们从头到脚穿的、铺的、盖的，几乎全是狍皮制品。狍皮虽然不属珍皮，而且非常容易掉毛，但却有一大优点——阻隔寒潮。鄂伦春猎人在山林中野宿，往往于雪地上铺开三边缝合了的狍皮睡袋，脱光衣服钻入进去，只将戴着狍皮帽子的头露在外，连铺带盖都是它了。哪怕雪下三十几度的严寒，睡袋内也一夜暖呼呼的。

当年我是知青，在一师一团，地处最北边陲，每月享受九元“寒带地区津贴”。连队三五里外是小山，十几里外是大山。鄂族猎人，常经过我们连，冬季上山，春季下山。连里的老职工、老战士，向鄂族学习，成为出色猎人的不少。当年中国人互比生活水平，论几“大件儿”。连里老职工、老战士们的目标是“四大件儿”——即自行车、缝纫机、收音机，加一支双筒猎枪。三四年后，仅我们一个连一百多名知青中，就有半数铺上了狍皮褥子。或向鄂族猎人买的，或向本连老职工、老战士买的。全团七个营四十余个连，往最少了估计，那些年究竟有多少只狍子丧生枪下，可想而知。新狍皮，小的十五元，大的二十元，更大的，也有二十五元一张的，最贵不超过三十元。

“北大荒”的野生动物中，野雉多，狍子也多。所以有“棒打狍子瓢舀鱼，野雉飞到饭锅里”的夸张说法。

狍天生是那种反应不够灵敏的动物，故人叫它们“傻狍子”。人觉得人傻，在当地也这么说：“瞧他吧，傻狍子似的！”

狍的确傻。再傻，它见了人还能不跑吗？当然也跑。但它没跑出去多远却会站住，还会扭回头望人，仿佛在想——我跑个什么劲儿呢？那人不一定打算伤害我吧？——往往就在它望着人发愣之际，砰！猎枪响了……

被猎枪射杀的狍子中，半数左右是这么死的。死得糊涂，死得傻，死得大意。

狍真的很傻，少见那么傻的野生动物。

夜晚，一辆汽车在公路或山路上开着，而一只狍要过路。车灯照住狍，狍就站定在路中央不动了。它似乎想弄明白是怎么回事，为什么那么亮的一片光会照住它？……司机一提速，狍被撞死了……

我是知青的六年间，每年都听说几次汽车撞死狍子的事。卡车撞死过狍子，吉普也撞死过狍子，还目睹过两次这样的事。不但汽车撞死过狍子，连拖拉机也撞死过狍子。当年老旧的一批“东方红”链履式拖拉机，即使挂到最高速五挡，那又能快到哪儿去呢！但架不住傻狍子愣是站定在光中不跑哇……

狍的样子其实一点儿都不傻。非但看上去并不傻，长得还很秀气。知道鹿长得什么样儿，就想象得到狍长得多么秀气了。狍的耳朵比鹿长一些，眼睛比鹿的眼睛还大。公狍也生角，但却不会长到鹿角那么高，也不会分出鹿角那么多的叉儿，一般只分两叉儿。狍不会碎步跑，只会奔跃。但绝不会像鹿奔得那么快，也不会像鹿跃得那么远。狍虽是野生动物，但又显然太缺乏“野外运动”的锻炼。

狍，傻在它那一双大眼睛。

狍的眼中，尤其母狍的眼中，总有那么一种犹犹豫豫、懵懂不知所措的意味。我这里将狍的眼神儿作一比，仿佛虽到了该论婚嫁的年龄，却仍那么缺乏接人待物的经验，每每陷于窘状的大姑娘的眼神儿。这样的大姑娘从前的时代是很有一些的，现在不多了。狍发现了人，并不立即就逃。它引颈昂头，凝视着人。也许凝视几秒钟，也许凝视半分钟甚至一分钟之久。要看它在什么情况之下发现了人，以及什么样的人，人在干什么。狍对老人、小孩儿和女人，戒心尤其不足。

我在连队当小学老师的两年中，有一天带领学生们捡麦穗儿，冷不丁地从麦捆后站起了一只狍子。它大概在那儿卧着晒太阳来着。一名女学生，离那只狍仅数步远。它没跑，凝视着她。她也凝视着它，蹲在地上，手中抓着把麦穗儿，一动也不动。别的同学就喊："扑它！扑它呀！"她仿佛聋了，仍一动也不动。于是发喊的同学们就围向它，纷纷将手中装麦穗的小筐小篮掷向它。当时，这些孩子们手中除了小筐小篮，也没另外的任何器物。有的筐篮，还真就准确地掷在狍身上了。当然，并不能使狍受伤。它这才跑。它一慌，非但没向远处跑，反而朝同学们跑来，结果陷于包剿。左冲右突了一阵，才得以向远处逃脱……

别的同学就都埋怨那女同学："你怎么比狍子还傻？怎么不扑它呀？"

她说："我光顾看它眼睛了，它的眼睛可真好看！"

后来，她把这件事写到作文中了，用尽她所掌握的词汇，着实地将狍的眼睛形容了一番。她觉得狍的眼睛像"心眼儿特实诚的大姑娘的眼睛"。我今天也这么在此形容，坦率地讲，是抄袭我当年的学生。

小学校的校长是转业兵，姓魏，待我如兄弟。他是连队出色的猎手之一。冬季的一天，我随他进山打猎。我们在雪地上发现了两行狍的蹄印。他俯身细看了片刻，很有把握地说肯定是一大一小。顺踪追去，果然看到了一大一小两只狍。体形小些的狍，在我们的追赶下显得格外的灵巧。它分明地企图将我们的视线吸引到它自己身上。雪深，人追不快，狍也跑不快。看看那只大狍跑不动了，我们也终于追到猎枪的射程以内了，魏老师的猎枪也举平瞄准了，那体形小些的狍，便用身体将大狍撞开了。然后它在大狍的身体前蹿来蹿去，使魏老师的猎枪无法瞄准大狍，开了三枪也没击中。魏老师生气地说——我的目标明明不在它身上，它怎么偏偏想找死呢！

但傻狍毕竟斗不过好猎手。终于，它们被我们追上了一座山顶。山顶下是悬崖，它们无路可逃了。

在仅仅距离它们十几步远处，魏老师站住了，激动地说：“我本来只想打只大的，这下，两只都别活了。回去时我扛大的，你扛小的！”他说罢，举枪瞄准。狍不像鹿或其他动物，它们被迫到绝处，并不自杀。相反，那时它们就目不转睛地望着猎人，或凝视枪口，一副从容就义的样子。那一种从容，简直没法儿细说。那时它们的眼睛，就像参加“奥运”的体操选手，连出差失，遭到淘汰已成定局，厄运如此，听天由命。某些运动员在那种情况之下，目光不也还是要望向分数显示屏吗？——那是运动员显示最后自尊的意识本能。狍凝视枪口的眼神儿，也似乎是要向人证明——它们虽是动物，虽被叫傻狍子，但却可以死得如人一样自尊，甚至比人死得还要自尊。

在悬崖的边上，两只狍一前一后，身体贴着身体。体形小些的在前，体形大些的在后。在前的分明想用自己的身体挡住子弹，它眼神儿中有一种无悔的义不容辞的意味，似乎还有一种侥幸——或许人的猎枪里只剩下一颗子弹吧？……

它们的腹部都因刚才的逃奔而剧烈起伏。它们的头都高昂着，眼睛无比镇定地望着我们——体形小些的狍终于不望我们，将头扭向了大狍，仰望大狍。而大狍则俯下头，用自己的头亲昵地蹭对方的背、颈子。接着，两只狍的脸偎在了一起，两只狍都向上翻它们潮湿的、黑色的、轮廓清楚的唇……并且，吻在了一起！我不知对于动物，那究竟等不等于吻，但事实上的确是——它们那样子多么像一对儿情人在以相吻诀别啊！……

我心中顿生恻隐。正奇怪魏老师为什么还没开枪，向他瞥去，却见他已不知何时将枪垂下了。他说：“它们不是一大一小，是夫妻啊！”他嘿嘿然不知说什么好。他又说：“看，我们以为是小狍子那一只，其实并不算小呀！它是公的。看出来没有？那只母的是怀孕了啊！所以显得大……”我仍不知该怎么表态。“我现在终于明白了，鄂伦春人不向怀孕的母兽开枪是有道理的！看它们的眼睛！人这种情况下打死它们是要遭天谴的呀！”魏老师说着，就干脆将枪背在肩上了。后来，他盘腿坐在雪地上了，吸着烟，望着两只狍。我也盘腿坐下，陪他吸烟，陪他望着两只狍。我和魏老师在山林中追赶了它们三个多小时，魏老师可以易如反掌地射杀它们了，甚至可以来个“穿糖葫芦”，一枪击倒两只，但他决定不那样了……我的棉袄里子早已被汗水湿透，魏老师想必也不例外。那一时刻，夕阳橘红色的余晖，漫上山头，将雪地染得像罩了红纱巾……

两只狍在悬崖边相依相偎，身体紧贴着身体，眷眷情深，根本不再理睬我们两个人的存在……那一时刻，我不禁想起了一首古老的鄂伦春民歌。我在小说《阿依吉伦》中写到过那首歌，那是一首对唱的歌，歌词是这样的：

> 小鹿：妈妈，妈妈，你肩膀上挂着什么东西？
>
> 母鹿：我的小女儿，没什么没什么，那只不过是一片树叶子……
>
> 小鹿：妈妈，妈妈，别骗我，那不是树叶子……
>
> 母鹿：我的小女儿，告诉你就告诉你吧，是猎人用枪把我打伤了，血在流啊！
>
> 小鹿：妈妈，妈妈，我的心都为你感到疼啊！让我用舌头把你伤口的血舔尽吧！
>
> 母鹿：我的女儿呀，那是没用的。血还是会从伤口往外流啊，妈妈已经快要死了！你的爸爸早已被猎人杀死了，以后你只有靠自己照顾自己了！和大伙一块儿走的时候，别跑在最前边，也别落在最后边。喝水的时候，别站定了喝，耳朵要时时听着。我的女儿呀，快走吧快走吧，人就要追来了！……

倏忽间我鼻子一阵发酸。

以后，我对动物的目光变得相当敏感起来……

感觉动物

猫

与狗的眼睛相比，猫的眼睛所能传达的“心思”实在是太少了。我们常能从狗的眼中，甚至常能从小狗的眼中所发现的那种忧郁的目光，从猫的眼中就几乎看不到。如果主人连续几天对自己养的狗态度粗暴，呵斥不断，那狗无论大小，目光就会变得失意和忧郁起来。的确，与猫相比，狗的“心思”未免太重。猫却似乎是少心无肠的。只要吃得饱，吃得好，猫不甚在乎主人对它的态度冷淡不冷淡。在这一点上，猫简直可以说是“荣辱不惊”。猫遭到主人的呵斥，当然也会识相地躲到一边儿去，但它不会因而在一边儿不安。如果一边儿正有着毛线团或球，如果它正有玩儿兴，定会照玩儿不误，并不管主人的心情怎样。倘我们承认狗的眼中能传达出多种类似人的目光，那么猫的眼中连一种近似人的目光都没有。当然也不是绝对的这样。比如陷于灾难之境的猫，眼中也会传达出求助的目光；重病不起的猫，眼中也会传达出乞怜的目光；垂死的猫，眼中也会传达出悲哀绝望的目光。但凡此种种，几乎任何动物都那样，实在更是生命通过眼睛反射出的意识本能。

然而并不能据此便说猫的眼睛大而无神，这么评论是欠公正的。事实上猫的眼睛大而有神，猫的眼睛在猫的脸上呈现着一种近乎完美的组合。猫脸如满月，在这么圆的一张脸上，再生出什么样的一双眼睛才好看呢？换一种说法，倘给我们一个圆，以我们人的美学经验，画上一双什么样的眼睛才觉得好呢？可能我们无论画出多少种眼睛都会觉得不满意。最终我们画出的将必是一双圆圆的眼睛。而那正是猫的眼睛。而只有这时，我们才会觉得好看。的确，在一个大圆的上半部，左右对称地搭配两个小圆，是最符合美学原理的。按照古希腊人的美学思想，圆是无可挑剔的完美的图形。正方形给人的印象太“愣”，长方形给人的印象太“板”，三角形给人的印象是缺损的，菱形给人的印象不稳定，而梯形给人的印象根本是蠢的。圆中有圆，乃美中含美，是美的同类项合并。猫脸生长猫眼，符合的正是这一种美学原理。

人越是细看一只猫，就越是会承认猫脸在一切动物的脸中，几乎是最漂亮的。而同时也会承认，在猫的脸上，猫那一双独特的眼睛是最漂亮的。当猫的眼仁变得窄长，竖了起来，它的眼睛就显得更加漂亮了。故宝石中名贵的一品叫“猫眼”。早年男孩子们弹的玻璃球中的一种，也叫“猫眼”。是较其他玻璃球备受喜爱的一种，一个可换别种的几个。

狗的忠乃至愚忠以及狗的种种责任感，种种做狗的原则，决定了狗是“入世”太深的动物。狗活得较累，实在是被人的“入世”连累了。相对于狗，猫是极“出世”的动物。猫几乎没有任何责任感。连猫捉老鼠也并非是出于什么责任，而是自己生性喜欢那样。猫也几乎没有任何原则。如果主人家的猫食粗劣，而邻家常以鲜鱼精肉喂它，它是会没商量地背叛主人而做别家宠物的。至于主人从前对它有怎样的豢养之恩，它是不管不顾的。倘主人对猫不好，猫离家出走也是常事。即使主人对它很好，它对主人的家厌倦了，也走。猫为“爱”而私奔更是常事。有的浪漫了一阵子或怀了孕，仍会回到主人家。有的则一去不返，伴“爱人”做逍遥的野猫去了。城市中的野猫，“出身”皆是离家出走的猫。

猫脸上其实断无狡猾之相。人怎么看一只猫的脸，都是看不出狡猾来的。猫脸上很少“表情”，但这一点并不足以使猫的脸显得多么冷漠。事实上猫的脸大多数情况之下是安逸祥和的。任何一只常态下的猫的脸，都给人以温良谦恭的印象。猫天生是那种不动声色的宠物。它的“荣辱不惊”，也许正是由于它脸上那种天生的不动声色的神态。猫的大眼睛中，又天生有一种“看破红尘”似的意味。一种超然度外，闲望人间，见怪不怪的意味。但这绝不证明猫城府太深。事实上猫是意识简单的动物。

猫不是好斗的动物。受到同类或异类的威胁，猫便缩颈，躬腰。而这是一种最典型的自卫的姿态。这时猫伸出一只前爪抵挡进攻，并且随时准备向后一纵，主动结束“战斗”。猫不是那种招惹不起的家伙，更不是那种不分胜负誓不罢休的家伙。猫不会为了胜负的面子问题而玩儿命。

模特们表演时的步态叫“猫步”。据我看来，她们脸上的表情，也很像猫脸所常常呈现的“表情”。这么说绝不包含有一丝一毫的贬义和讽刺。只不过认为，无表情的表情，更容易给人静态美的印象。于猫的脸，天生那样。于人的脸，尤其于表情原本比男人丰富的女人的脸，是后天训练有素的结果。那样的女人的脸，叫“冷艳”。“冷艳”之美，别有魅力，也可以称为工艺型的美。猫脸便具有工艺型的美点，但猫脸却是不冷的。通常情况下，猫脸充满温和。通常情况下，猫的眼中总是流露出知足感。

美国有一部儿童电视剧，是由一只猫和一只狗“主演”的。剧中，狗总是那么忧心忡忡，不知究竟该如何表现，才能被公认是一条好狗。而那只猫就总是善意地劝它想开点儿，不必太杞人忧天，不必太自寻烦恼。

狗说：“主人因为丢了一条鱼而又责骂了我一顿！”

猫说：“你所以就不快活？真蠢！要知道你没到这一人家之前，他们也经常丢鱼的呀！”

狗说：“你怎么知道呢？”

猫说：“因为每一次都是我偷的。”

“可既然我们是朋友了，你怎么还继续偷我主人家的鱼呢？”

“可难道因为我们是朋友了，我就非得变成一只不喜欢吃鱼的猫了吗？”

“可你偷鱼，连累的是我，你的朋友啊！”

“可我不偷鱼，营养不良的是我，你的朋友啊！”

“难道，你为了我们的友谊的巩固性，就不能别再偷鱼了吗？”

“难道，你为了我们的友谊的巩固性，就不能对主人的责骂毫不在乎吗？”

剧中猫和狗的对话，听来非常有意思，令人忍俊不禁。

狗有狗的理，猫有猫的理——狗的责任感对立于猫的“自我”意识，狗是有理也说不清了。的确，猫是多么的“自我”哦！难道不是已经“自我”得太自私了吗？一切野生的动物都是“自我”的，都是自私的。野狗亦如此。狗性中的责任感，是人性强加的结果。于人这方面，肯定为一种狗性的进步；于野狗们那方面，必视为自己同类们狗性的扭曲吧？但猫与人亲近的历史，和狗与人亲近的历史一样悠久漫长，为什么猫就能始终那么的“自我”呢？

站在动物的立场而不是站在人的立场一想，猫的“自我”意识的不变，不是倒也难能可贵么？人已经将多少动物驯化了呀！狮、虎、豹、熊、猴、羊、狗、马、象、鲸、海狮、海豹、海豚、鹰，甚至鹦鹉、鸽子、小鸟儿……不是都曾被人驯化到善于为人表演的地步吗？

但是唯独猫很少在马戏场上为人表演过节目。

据说许多世界著名的驯兽大师曾尝试过对猫进行表演训练，都以失望告终。是因为猫太笨？难道猫是笨的动物？！结论只能是这样的——猫性中有拒绝人的意识强加于己的天性。人稍一强加，它就叛人而去。人若以为加大驯化力度必可达到目的，猫就死给人看。猫的生命，不能承受被驯化之重。

猫的这一种天性，是受我尊敬的。众所周知，鲁迅是特别不喜欢猫的。他指猫而骂过一些他特别不喜欢的人。一个人如果比猫还“自我”，我也不喜欢。但就猫论猫，我认为，猫性中其实有诸条人应该学习的优点。“一个中心，两个基本点”，有民间新解——曰：“以健康为中心，活得潇洒一点儿，想得开一点儿。”我以为，一切的猫，差不多一向就是这么活着的。端详猫脸，人定会从猫的眼中，看出一种仿佛散漫澹淡，自甘闲适无为的意味。永远没什么“心思”的猫眼中，似乎永远流露着知足的、心旷神怡的达观。猫有隐士气质。都市里的猫，统有第一流隐士的气质。不是说“大隐隐于市”吗？

牛

牛大体上可分为三类吧？——野牛和畜牛，畜牛又可分为奶牛和使役牛，还有那种在斗牛场上与斗牛士们一决胜负的雄牛。

总体而言，牛的“出身”虽颇为不同，但命运都是类似的。尤其“出身”

一样的牛，彼此间的命运，绝无高低贵贱之分。不像狗和猫，有的过着比人的生活水平还要高许多的贵族狗和贵族猫的生活，有的饥一顿饱一顿，生存完全没有保障。

野牛以“籍贯”非洲的最为强壮凶猛。它们中顶大的，体重达一吨半。猎豹是不敢惹它们的了。单独的一头狮子，也是不敢挑衅于它们的。狮子扑食单独的野公牛，必须发动一场集体围攻的“战役”，否则就休想吃到一口野牛肉。因为单独的野牛，性情暴烈，面对任何强敌，都有种“拼命三郎”的劲头儿。

在一切动物中，只有三种动物是急了就红眼的——牛、狮子、野狗。虎、豹、狼虽然也凶猛，但是急了并不红眼，只不过更加张牙舞爪罢了。非洲草原上的野狗，急了也是并不红眼的。倒是家犬一旦沦为野狗，而且，一旦吃过人尸，就变成红眼的野狗了。那时它们就接近着是疯狗了。

成群的野牛，眼中都有一种散漫的、得过且过的、“事不关己，高高挂起”似的目光。人类中也常有这样一些个家伙，哪怕面前有别人正于血泊中呻吟求救，他们照样悠闲地嗑着瓜子，嚼着口香糖，或吸着烟，神情麻木地瞧着。那是除了象以外，一切集群游走的食草类动物惯常的目光。个体明明具有的防卫能力，彻底被集体的相互依赖所抵消了。狮子袭来，野牛群一阵奔逃。只要狮子扑倒了同类中的一头，集体的奔逃就停止了。于是，似乎都松了一口气。望着同类被活活分尸，似乎都在这么想：感激上帝，现在危险终于过去了。我是多么幸运啊，它不幸与我何干！

民族意识涣散的某一部分人类，之所以受外敌的欺辱，也是由于这一点。

试想，野牛并非弱小的动物啊！几十头甚至几百头野牛低下它们的头，皆挺着它们长矛似的双角冲踏过去，几只狮子算什么啊？

野牛由于集群而首先从心理上发生相互间的不良影响，忘记了自己们非同小可的强大。

单独的野牛就不一样了。

单独的野牛眼中有一种凛然。它们在草原上高傲地走着，不时举目四眺。那眼神儿中有种意思似乎是——“阳光之下每一种动物都是平等的，勿犯我！”

还有另一种意思似乎是——“人不犯我，我不犯人；人若犯我，我必犯人！”

但是，它虽然强壮凶猛，虽然颇有天不怕地不怕的孤胆英雄的气概，最终往往还是会成为狮子的口粮。因为狮子在对付它时是全家族总动员，张牙舞爪一齐上。它却没有家族后盾，也没有什么朋友“路见不平一声吼”，赶来相援。狮子的进攻又是有战术、讲策略的，而它的自卫却仅凭红了眼睛拼命，所谓“匹夫之勇”。拼乏了，也就只有停止自卫，气喘吁吁地但求速死了……

奶牛的目光与单独的野牛截然相反。它们的目光总是流露着母性的温柔，仿佛在自己个儿默默地寻思——我的乳汁多充足啊，可我的孩子们都在哪儿呢？怎么都不来吮我的奶呢？

那些无怨无悔的、甘做贤妻良母的女性的眼中，就常流露着奶牛眼中那一种温柔的目光。

现如今的中国男人，不是都互相起劲儿地批评甚至攻击“浮躁”吗？“浮躁”的确是一个不争的事实，我也每每的有点儿。“浮躁”起来了怎么办呢？喝个一醉方休？郊游？钓鱼？泡妞？服镇定药？到什么有色情消费的地方去堕落一夜？……我承认都是抑制“浮躁”的方式。但之后呢？“浮躁”是灵魂的“皮肤病”，常犯的呀！

我自己克服轻微“浮躁”的方式是闭门谢客，关了电话，静静地在家里看书。而且，当然要躺着看。

如果我觉得自己染上了重症“浮躁”，那就去逛动物园。不隐瞒，我是个常逛动物园的男人，是北京动物园的常客。水族馆离我家太远，否则我也会喜欢去。

我常想——动物园里为什么没有奶牛呢？

如果动物园里也有奶牛，我在这里不揣冒昧，建议染上了重症“浮躁”的男人到动物园里去看奶牛。

我确信奶牛的目光是完全可以医好“浮躁”症的，起码可以医好一阵子，一定比喝醉酒、泡妞、服镇定药和堕落的效果强。

我确信奶牛具有这样一种“特异功能”。

因为当年我是知青时，从生活中总结出了这样一条真理——奶牛是最不“浮躁”的畜类。你想方设法使它们“浮躁”都不容易。当年我们连分出二十几名知青调往奶牛场，多是被连领导认为不太服从管理的男知青。于是奇迹发生了，那些事实上也属于性情“浮躁”型的男知青，由被管理者而成为奶牛们的管理者以后，一个个都发生了明显的变化，都似乎被奶牛的性情同化了。

奶牛性情有些像羊，但羊本分，眼神里更多的是怯意——是承认自己是羊的那一种乖乖的，一点也不敢冒犯谁的驯服。

奶牛的目光里可没有什么怯意。

奶牛的目光不但流露温柔，而且流露平和、流露彬彬有礼的宽宏大度。

有次我到奶牛场去看望从我们连调去的知青朋友，问他性情怎么变好了？

他说：“我现在交了许多好性情的朋友啊！”

我问他那些朋友都是谁？

他就带我去牛棚里，指着奶牛们说：“就是它们啊！”

又说：“你看它们的眼睛！它们眼里有种好女人的目光不是吗？它们仿佛总用目光教诲我——改改性情吧，脾气那么糟像什么样子呢！”

我久久地注视着奶牛们的眼睛，倏忽间，内心竟如我的知青朋友一样涌起一片感动。

奶牛的温柔，奶牛眼中那一种平和那一种宽宏大度，据我看来，显示着一种涵养很高的内心定力似的。

奶牛看人时的目光中，似乎有这么一种意味——你们的孩子和你们自己，大抵都是喝我的奶长大的。你们对你们的父母你们的祖父母外祖父母的健康表示关心，也总是要为他们订份儿牛奶。我并不希图你们的报答，只要你们过得比我好，只要你们过得比我好……

从前，养奶牛的中国人家，当奶牛岁数大了，产奶越来越少了，就把它们杀了，卖它们的肉，还卖它们的皮……为什么非说是“中国人家”才这样呢？因为欧洲人，哪怕很穷很穷的人，一般也是不宰杀自己家养了多年的奶牛的。欧洲的农民，传统心理上是很感激奶牛的，他们的宗教情感，在这一点上体现得较虔诚。相比而言，中国人宰杀奶牛耕牛，那是很忍心，很下得去屠刀的，也很心安理得。这么想——反正在这头牛身上，我能多赚多少，就应该多赚多少！不赚白不赚，对头牛讲什么仁慈呀！

不知现如今奶牛场的奶牛老了都怎么处置?

而我总觉得，对奶牛和使役牛，以及一切使役牲畜，比如马、骡、驴，其实都应该落实人道政策，实行“退休制”。试想，一头奶牛为人天天产奶，直至老了，产不出奶了；一头使役牲畜为人天天干活，直至老了，再也干不动了，也可谓“无私奉献”一生了吧？也可谓“鞠躬尽瘁”了吧？人怎么可以在这种情况之下还要把它们宰杀了，吃它们的肉，熬它们的骨，剥它们的皮呢？——人这么做，是不是太唯利是图了呢?

依我想，人将来应该开辟几处“福利草场”专供“退休”后的老奶牛和其他一切老使役牲畜们“安度晚年”，自然而终才对。否则，大讲人道主义的人类，真是愧对奶牛，愧对一切被人类使役尽了最后力气的牲畜啊!

说到使役牛，无论南方的水牛，还是北方的黄牛、花牛，在劳动态度方面，在干起活儿来不偷懒、不耍滑、不怕苦、不怕累方面，真真是人的榜样呢！人是承认这一点的，表现了人的难能可贵。

要不怎么会有“老黄牛精神”的说法呢?

我们感到一个人很傲，就说他“牛劲儿的”或“牛气什么呀”!

牛身上的确有股子傲，有时甚至显得目中无人，但牛的傲不是由于它明白它具有什么强大的进攻性，而是由于它自信于它的劳动能力。所以中国话中，又有“使出了牛劲儿”的说法。役马干活儿有时犯懒，驴子干活儿有时耍奸，而骡子如果一股劲儿不能将车拉上坡，主人再怎么挥鞭子抽它往往也无济于事，那时骡子首先放弃了自信。而牛不像它们那样。牛拉不动时，比主人还急、还躁，那时它就会跟陡坡较上了劲儿。它低下头，瞪起一双牛眼，仿佛在说：“今天我拉不上去，我就不是一头牛！”牛往往拉断了套绳。爱自己牛的主人，其实此际是绝不鞭牛的，怕牛硬拼牛劲儿累伤了。他也许反而会拍拍牛脑门，牛脖子，使他的牛平息平息牛脾气。牛如果“罢工”了，那么无非是由于两种原因，或者是劳动强度确实超过了牛的最大体能极限，或者是人使役的不得法，牛犯脾气了。

牛脾气是倔脾气，倔起来，往往使人无可奈何。我见过那样的情形——人暴跳如雷地挥鞭抽牛，而牛就是岿然不动，四蹄仿佛生根了。鞭子落在身上，眼睛都不眨一下，好像鞭子没抽在它身上，抽在一头石牛身上似的……

牛一旦被惹急眼了，那可不得了，会发生惊心动魄的事。

我也亲眼见过这样的情形——一个人不知怎么把一头牛惹急眼了，或者，是那头牛看着那人别扭，不顺眼，于是竟拉着一车草向那人冲去。那人逃向草甸子，牛拉着一车草追往草甸子。草甸子里有一片塔头，人跑过塔头地带站住了，转身望牛，那意思是不信你还会拉着一车草追过来！牛偏追了过去。草捆子掉了一路，车轮也被塔头颠脱轴了，最后，连那辆车也快被牛拖散了……

还有一件事，发生在与我们连一河之隔的另一个连。一头发情期的高大种牛，恋上了一头年轻的小花牛，而人却偏要逼使它去配另一头母牛。这下它急眼了，追着去顶那人。那人一时急迫，侧身藏入了两幢砖房之间的缝隙，牛就坦克似的，一次次朝那缝隙冲撞，直撞得断了角，血染牛头。最终，那头牛把自己撞死了。而那人，也被吓得大病了一场，以后就别人谈牛他变色，畏牛如畏虎了……

我们连杀过一头牛，那是很残忍的场面。先将牛拴牢在木桩上，起初牛不知人要对它怎样，老老实实地被人拴。它们被拴惯了，并不觉得有什么不对劲儿。待到从人们的表情中看出不对劲儿了，晚了。于是牛预感到自己活不成了，牛眼中扑扑落下一串串泪来。牛此刻并不挣扎，只是悲哀而已。人举起八磅十磅的大铁锤，抡圆了，照准牛的脑门心就是一锤，于是牛发出“哞”的一声悲叫。一锤，牛的身子一抖；两锤，牛的身子又一抖。总要五六锤后，牛的两条前腿跪下了。它已不再叫，只默默流泪。某些男知青，为了显示他们的勇气，争夺铁锤，抡圆了朝牛的脑门心砸。再接着就有人取来了钐刀头，也就是两尺多长的大镰刀头，锯木段似的，从牛的颈下往上“锯”，于是血如泉喷……

我一直想不明白，非是职业屠夫的一个人，为什么会对亲自参与血腥的宰杀之事，表现出那么大的亢奋那么大的兴趣那么大的快感呢？我们人类从古代就有屠夫这一职业，不正是为了大多数人可以远避血腥的刺激吗？连队里虽然没有专职的屠夫，可是出现些个知青争先恐后人人摩拳擦掌跃跃欲试的情形，也是多么的不正常呢？细一思想，那又是青年人心理中多么可怕的一面呢？这可怕的一面，分明与“文革”中的红卫兵暴行有直接关系……

那么，该说到斗牛场上的雄牛了——在古西班牙的斗牛场上，雄牛注定是要死的。而且，在身上被“助理”斗牛士们的矛刺得血流如注之后，才由主斗牛士一剑结果性命。倘竟不能一剑致死，那就算是斗牛士的无能，看台上的老爷、夫人和少爷小姐们，必大喝倒彩。

斗牛场上的雄牛，被斗到终了之前，眼中皆喷“士可杀不可辱”的怒火。所以它明知牺牲的时刻是到了，还是要勇猛地向前做最后的一冲。牛皮是多么的厚？再锋利的剑，再威武的斗牛士，也不见得要着花架子一下能将剑刺入牛的体内直抵剑柄。在我看来，那似乎更是牛的自杀。好比对方仗剑向己，自己已然失去了继续决斗的力量，与其等待对方的伤害，莫如自己索性扑向剑端。正是借着雄牛那一股巨大的冲力，斗牛士才达到了目的。斗牛士在喝彩声欢呼声中向看台上抛送飞吻时，牛不屈的两条前腿跪下了。而此前，任何威胁，任何利诱，任何鞭打和沉重的劳役，都是不能使牛跪下的。牛一生只跪两次，是小牛吮母奶时和死前。牛死前的跪，似乎更是一种诀别的仪式，向世界诀别的仪式……

人性中冷酷残忍的一面，其实是比任何猛兽有过之而无不及的。动物并不将异类间的弱肉强食当成种热闹观看。它们虽也麻木地目睹，但也仅仅是麻木罢了，绝不至于看得激动，看得兴奋，看得喝彩欢呼。而且，几乎任何动物，倘让它们隔着铁笼看人带有表演性地杀它们的同类，它们都会产生恐惧，连狮虎豹这等猛兽也不例外。

而人不但惯于将人杀动物当成种刺激的热闹看，有时更甚至将人杀人当成种热闹看，并且往往以此自夸或互夸胆量。

我常想，倘我是一头牛，又不幸被选为斗牛，那么我一定要寻找一个机会冲到看台上去，在自己死之前，先用利角豁死七八个丑陋的人再说……

我常想，那前腿跪倒在斗牛场地上的牛，如果也能像人一样地喊，那么它一定会喊：“人，我憎恨你！”并接着用一百种毒咒来诅咒人类吧？

我常想，假如我是上帝，我不让人类的胆量如此之大，而要人的胆量小些，再小些。人类既希望要和平，要太平盛世，那么，还要很大的胆量干什么呢？更准确地说，我的意思是——除了表现在探险和营救以及自卫战争方面，人的胆量再表现于其他任何方面，几乎都谈不上是什么勇敢，有时则只表现为残忍。

我常想，人作为人，最好是别被逼到如同斗牛场上的牛那一种境况。真到了那一种地步，我们人对人的仇恨，定会比牛对人的仇恨还强烈十倍！

我常想，人作为人，也千万别像斗牛士将牛逼到绝境一样，以将自己的同胞逼上绝境为能事为快事。死于牛蹄之下牛角之下的斗牛士也是不少的，人应引以为戒，人应有这种起码的明智……

而遗憾的是，恰恰是在人和人之间，一部分人类和另一部分人类之间，一方将另一方逼上绝境之事比人对待动物，比动物对待动物的同类现象多得多。古今中外，不胜枚举。而且阴谋种种，险恶种种，歹毒种种，幸灾乐祸旁观取娱的丑陋种种……

故人类将永远需要一种自我教育，即人性的世世代代的自我教育……

蜂

在我们这个七十多亿人的地球上，我想，大约没谁会对蜜蜂不带好感吧？

蜜蜂为人类提供的利益，真可以说是妇孺皆知。但凡算是一个商店，只要它经营十种以上的食品，那么人大抵是可以从中买到蜂蜜的。即使竟买不到蜂蜜，有一点也是肯定的——它所经营的十种以上的食品，至少其中一种必包含有蜂蜜的成分。

蜂蜜这一成分还几乎被普遍地加工到药品中去。

所有不健康的和所有希望自己健康起来的人，无论大人还是儿童，首选的保健食品往往是蜂蜜，或是由蜂蜜所提炼的。

蜂王浆对人体的好处更是不消说的。

十之七八的护肤养颜品中也都包含有蜂蜜的成分。

有时人细想一想，简直会觉得不可思议——全世界有七十亿人口啊，而蜂儿又是多么小的东西啊！它采蜜的方式只不过是靠腿上纤细得需用放大镜才看得清的毫毛从花心中粘带。百只蜜蜂如此这般地辛勤劳作百次以上，大概还采集不够一克的蜜吧？而如果七十亿人口中哪怕每天只有五百分之一的人服用一点点蜜，那也是对一千万人的供给啊！

这究竟需要多少蜜蜂每天在采集不止呢？

小小的蜂儿还直接解决了多少人的生计问题啊！依赖于它们而全家生计有

指靠的，首先当是那些养蜂人。小小的蜂儿是养蜂人不计报酬的“雇工”，它们的工作态度根本无须监督，也无须用奖赏来鼓励或刺激，更无须靠惩罚制裁，因为几千万年以来，还没有过一只蜜蜂是懒惰的。

小小的蜂儿便是养蜂人的“牛”、“马”和“鱼鹰”。

农夫和车脚夫有时不得不用鞭子抽他们的牛和马，渔夫必得用绳子勒住鱼鹰的脖子，以防止它将叼到嘴里的鱼先吞入腹中。而蜂的早出晚归，却是根本不需要吆喝的，养蜂人只要将自己的蜂箱照看好就算不失其职了。

我家对面的小花园里，每年的春季，都会照例支起养蜂人的帐篷。那是一对父子。我搬到那条街上住时，独生子是少年。如今那儿子已是青年了，他的父亲老了，他已接过了他父亲的班，成为一个有经验的养蜂人了。我和他聊过。他父亲靠养十几箱蜂为他娶了媳妇成了家。他说，他要靠养蜂供他的儿子上大学。他自信那是他完全可以做到的。

我当然是一个对蜂这种小东西怀有极大敬意的人。

我对蜂的敬意甚至超过我对蚁的敬意。

因为，蚁毕竟也有讨厌的方面。当它对我们的生活构成蚁害，我们就不得不用药消灭它们，像消灭蟑螂和蚊蝇一样。而且，蚁还经常到很脏的地方钻进钻出，这是不由人不讨厌的。

但蜂儿却一向本能地往清洁的、环境优美的、有芬芳气息的地方飞。蜂儿是极其讲卫生的小东西。

我对蜂的敬意，不仅因为以上几点，还因为蜂的“和平主义”。

蜂是携带武器的小东西。它的武器便是它的刺，犹如古代的弩，犹如现代的枪。但那又是怎样的一种“弩”和“枪”呀，它的“弩弓”上只有一支“箭矢”，它的“枪膛”中仅有一颗“子弹”。

这一点决定了它们根本不可能也根本不愿意进行主动攻击。

这一点让我想起苏联的一部电影《柯楚别依》，片名用的是一位苏联国内革命战争时期红色英雄的名字。他是夏伯阳式具有传奇色彩的英雄。伏龙芝元帅曾赠他一柄战刀，战刀上刻着伏龙芝对他的一句教导：“没有必要不拔，不立战功不插。”

蜂儿的“和平主义”便体现在“没有必要不拔”这一点上。

蜂儿是敏感的小东西，它们的家园意识特别强，它们的“武器”从不用来进攻，而是用来保卫家园。由于它们特别敏感，又特别洁身自好，所以它们最难容忍人或别的动物滋扰它们的家园。倘家园受到滋扰，它们必然会群起而攻之。但它们那一种自卫性的最初的攻击，只不过表现为一种威慑，目的仅仅是为了驱赶。如果敌人在它们的警告之下并不退缩，确乎对它们的家园构成了侵犯，那么它们也就只有被迫实战了。而结果呢，不管侵犯者是人或熊，没有不惊慌逃窜的。

胜利往往注定了在小小的蜂儿这一方。

“不立战功不插”这一句话，用来形容蜂儿们也同样是非常恰当的。

蜂儿这种不战则已、战则必胜的气概，往往也被人类加以利用。正如古代中国人曾利用牛群布下过势不可当的火牛阵，古印度人曾利用受过训的狮、虎、豹充当先头部队一样，在美国对越南发动的侵略战争中，越南军民也曾利用野蜂使美方的正规部队溃不成军……

但是蜂的胜利，一向是以自己的生命换取的。当然人类在战争中的胜利，其代价也是人的伤亡。然而情况还是那么不同，因为相对于蜂儿，它们对敌人的攻击，乃是一生中唯一的一次攻击，它们根本不可能进行第二次攻击，之后，它们就必死无疑。而它们的攻击，对敌人却一般不会是致命的（某种毒蜂除外），甚至是小小不可言的。比如它们对人的攻击，涂儿滴药水儿就解痛消肿了。没有药水，涂点儿牙膏或肥皂水，也行了。

“没有必要不拔，不立战功不插”两句话，体现在蜂儿们身上，是悲壮的，是惨烈的。

它们以自己的死来实践这两句话。

一只蜂儿，用它唯一的一支“箭”，或一颗“子弹”，进行了勇敢无畏的战斗，之后不一会儿，它便掉在地上死了。

这意味着什么呢?

这意味着它们不惜以死诠释它们的和平理念及战争理念，包含有这样几层宣言性的自白：

我的装备只够进行一次性的自卫，这足以证明我是多么的主张和平……

我不会置你于死地，因为我的本性是温和的……

但我也是勇敢无畏的，我愿以我的死使你清楚一个事实——蜂的家园是不可以无端侵犯的。

你侵犯了我，你只不过受了点轻伤；我实行自卫，而我死了。我对某些我所厌恶之事即使参加了一次，即使是被迫的，我也还是耻于再活下去了——战争对我便是那样的事……

真的，在地球上，在包括人的所有生命中，还有别的什么能够做到像小小的蜂儿这样呢？

己所不欲，勿施于人。——这一点蜂儿是做到了。

己所不欲，宁死而不二。——这一点，蜂儿也做到了。

而对大多数人来说，是不太容易做到的。

所以，倘一个人被蜂蜇了，我的同情，一般并不在人这一边，而在蜂儿那一边。因为人被蜇一下只不过疼痛片刻，最多几时，而一只蜜蜂蜇了人，它接着就只有死了。何况，人被蜇，必首先是人不对的结果。

我是孩子时，曾和别人做过这样的事——将背心或薄布的衣服用唾沫弄湿一小片，然后逮蜜蜂。逮着了，就用指尖儿捏住它们的翅，迫它们蜇背心或衣服湿了的地方，它们蜇过后，刺便被“吸”在上面了。我们比赛看谁从蜂们身上“缴获”的“武器”多……

长大后，知道了我们儿时那样的恶作剧，实际上对蜂是杀害行径，便非常地后悔。

在我们这个地球上，蜂的社会形态和生命意义，是理想化得具有诗性的啊！

蚁

清晨，我在家居附近的小公园里散步，见一个孩子驻足于我前边，呆呆地瞪着铺石路面。我走到孩子身旁，也不禁好奇地看他所看——是一片树叶在“自行”移动。方向明确，显然“打算”横过石路。

一片叶子当然是不会“自行”移动的，下面肯定有虫无疑。

我最先想到的是条毛虫。我应算是个胆大的人，几次在近在咫尺的情况下遭遇过蛇，并不惊慌失措。当知青时，有次在河里游泳，潜游了一会儿，钻出水面换气，猝见一条婴儿手腕粗细、一米多长的蛇，正昂着头朝我游来。三角形的头证明它是一条毒蛇。我当机立断，赶紧又潜入水中，在水下与蛇相错而过。因为常识告诉我，蛇是不会潜游的。还有一次，我带着一个班的女知青背马草，跟随我后的姑娘忽发尖叫——她看见用绳子勒在我背上的马草捆中，有半截蛇身垂下来，扭曲甩动不已。它的上半截被绳子勒在马草中了，尾梢竟甩到了我的胯前……那我也只不过镇定地从背上解下马草捆，用镰刀砍死它罢了。

然而一条小小的毛虫或青肉虫，却往往会令我浑身一悸。有次我在家里的阳台上给花浇水，一边自言自语，奇怪哪儿来的虫将花叶吃得残缺不全？小阿姨走到阳台上看了一眼，指着花枝说：“叔叔，你眼睛不管事儿了？那不是一条大青虫吗？”我这才发现我以为的花枝，原来是一条呈“弓”形伪装在花株上的丑陋东西。我竟吓得水杯掉在地上，一口水呛入胸间，进而面色苍白，心跳剧烈，出了两手冷汗。并且，连夜噩梦，梦见家中这儿那儿，到处都是那种令我恐惧的青肉虫……

所以，当看到路上的树叶移动而近，我不由得连退两步。

我对那孩子说：“快，踩！下边准是条毛虫子！”

孩子高抬一只脚，狠狠地踏了下去。

树叶停止了移动。然而，在我和孩子的瞪视下，片刻却又开始前进了！

孩子害怕了，叫一声“妈呀”转身拔腿就跑。

在树叶被踩过的地方，铺路方砖上，留下了五六只或伤或亡的蚂蚁。

我不禁因我的判断失误顿感罪过。在那片不足半个信封大小的杨树叶下，究竟排列着多少只蚂蚁呢？十几只还是二十几只？孩子的脚刚才对于它们造成的突然而巨大的不可抗力，为什么竟没使活着的它们舍弃背负着的那片叶子四面逃窜？

我产生了一种企图赎罪的心理，驻足路旁，替那片继续向前移动的叶子担当“卫兵”，提醒过往行人勿踩踏了它。

于是，那片叶子又吸引了几个人驻足观看——忽然，叶子不再向前移动了，五六只蚂蚁从下面钻出，以很快的速度回到叶子被踏的地方，拖拽那几只或死或伤的同伴，并跟头把式地想方设法将它们“弄”到叶子上面。这一种堪称壮烈的情形，使人联想到战争或灾难境况中，人对人的搀伤扶残，生死与共……

难道，它们在叶子下面开过一次短短的“会议”吗？在叶子停止向前移动的那片刻？是否，在它们想来，它们那几只在不可抗力下伤亡了的同伴，竟意味着是“殉职烈士”和“因公伤残”呢？

毫无疑问，需要那一片叶子的，并不首先是叶子下面的蚂蚁，而是它们所属于的蚁族。它们也定是些工蚁，在为自己的蚁族搬运那一片叶子……

蚁这种小小的生命是没有思维能力的，它们的一切行为，无论多么令我们人类惊诧，甚至感动，其实都只不过是本能。故我们人类将仅靠本能生存着的生命，统称为低级生命，尤其将蚁们这一类小生命轻蔑地都叫作“虫”。但某一种本能体现在蚁这一类小“虫”们身上，却又是多么的可敬呀！

那片叶子又开始向前移动了。现在，搬运它的蚁们的数量减少了，它的重量却增加了——因为它同时也意味着是“担架”了，但叶子向前移动的速度竟反而加快了。相对于蚁，那片叶子是巨大的，将它下面的蚁们全都覆盖住了，我看不到它们齐心协力的情形，却能想象得到它们一只只会是多么的勇往直前。在它们遭到了一次自天而降的不可抗力的袭击之后，在它们的本能告诉它们，同样的袭击随时会再次发生之前，它们仍能那么的执着于一事，而且是必得竭尽全力的一事——这一点令我心大为肃然。

那片叶子终于横穿过石路，移动向路那一边的树林中去了……

我和几个观看的人，相互笑笑，也就各自无言地散去。

我不知那一处蚁穴究竟在多远的地方，那些蚁们还会有怎样的遭遇，但有一点是肯定的，这片叶子终将被搬运到蚁穴里去，即使搬运它的那些蚁们全都死了，死在最后的一只，也会向它的同类们发出信号，于是会有更多的蚁们赶来，继续完成它们未完成之事。而且，并不弃了它们的尸体不管。

那片叶子对于某一族蚁很重要吗？为搬运它而死而伤的蚁们，对于其族的利益而言，是否也算死得其所，伤得其所呢？

回到家里，我头脑中关于蚁们的一些想法，竟怎么也挥之不去了。

我记起马克·吐温曾写过一篇短文，对蚂蚁大加嘲讽——一只蚂蚁对付着一块比它大得多的骨头渣翻上钻下，煞费苦心地企图将骨渣弄到蚂蚁窝里去。马克·吐温据此得出结论认为蚂蚁是贪婪的。

而我却一向认为蚂蚁是最不贪婪的。

我认为人才是地球上最贪婪的动物。与虫、鸟、兽们的占有本能相比，人的贪婪往往令人匪夷所思。

猛兽仅一次捕杀一只食草类动物维生，而人，只要有机会，就会大开杀戒，恨不得能将视野内的动物群体一次次捕杀绝种，为的是最大量地占有它们的皮毛、肉和骨。

猛禽的捕杀行为仅仅是为了生存。

在人脑的发达程度才比动物高一点的时候，人的捕杀行为也仅仅是为了生存。后来人的大脑特别发达了，人在许多方面的占有欲望也就更加难以填平和满足了。

“微软帝国”的发展理念，说到底只不过是八个字——胜者统吃，无限占有。

还说蚁，无论它对付一块骨渣的情形多么可笑，前提却是一点儿也不可笑的，不是受自己的欲望驱使，而是为了族的生存需要。

一只蚂蚁永远不会将某种它觉得好吃的东西带到仅有它自己知道的地方藏匿起来，以便长久独享。它发现了好吃的东西，会立刻传送信号，“通告”它的同类都来享受。

“各尽所能”是马克思为人类所畅想的理想社会的原则之一，而千万年来，蚁类们一向是这样生存着的。工蚁们奉行任劳任怨的传统，兵蚁们则时时准备为捍卫族的安全奋勇迎敌，前仆后继，战死“疆场”。

“按需所取”也是马克思共产主义学说的原则之一。试想，人类的财富得积聚到什么样的程度，才经得住全体人类“按需”一取啊！

而在蚁的社会里，千万年来，它们一直是“按需所取”的。在蚁穴里，共同拥有的食物绝不会派兵蚁看守，也没有一只蚁会盗自己的“粮库”。

是的，千万年来，蚁的社会里，从没有过“内贼”，也从没有过贪占现象。

蚁的社会，是典型的“共产主义”社会。

蚁的社会，却并不因而产生“懒汉”。

蚁的本能中没有丑恶的一面，而人性的丑恶面，却往往是连人类自己也觉得恐怖的。

然而，无论我多么赞美蚁和蚁的社会，有一点也是肯定的，即使我有一百次生命，我也不打算用哪一次轮回为一只蚁，在蚁的社会里体会没有丑恶的生存秩序的美好，非因蚁只不过是小小的“虫”，而因蚁的社会里没有爱。

我还愿五十次生命仍做人，活在尽管有许多丑陋及丑恶但同时有种种爱的机会的人类社会。我留恋人类社会的首先一点，并不是因为别的诱惑，而是因为只有体现在人类身上才有丰富多彩的爱的机会……

余下的五十次生命，我祈祷上帝使我能以二十次生命变做天鹅，十次生命变做野马，十次生命变做北极犬，还有十次生命，就一次次都变做了松鼠吧！

我喜欢松鼠生存方式的活泼和样子的可爱。

我也挺羡慕蝶活得美，但一想到那美要先是毛虫才能实现，就不愿列入生命的选择了……

但我哪儿还会有九十九次生命呢？连这唯一的一次，也快耗尽了呀……

“十姐妹”出走

且说那一天我在家对面的小树林散步，遇见了几个年轻的民工。其中一个拎着纸盒箱，箱四周扎了许多透气孔，见着我，拎纸盒箱的自言自语：“这么大一个北京，竟没识货的人！”仿佛自言自语，其实说给我听。那模样，那口吻，使我联想到那个受高衙内指使，诱林冲中计的卖刀人……

我问：“什么？”

他们中有人答：“鸟儿……”

“什么鸟儿？”

“十姐妹……”

好悦心的鸟名——我不禁掀开纸箱盖儿一角往里瞅，但见十位“小姐”挤缩一处，十双黑晶晶的小眼睛瞪着我，胆怯而又乞怜。黄嘴边儿还没褪哪，羽毛还没长全哪，毛根间暴露着粉红的肉色，如同一群只扎肚兜儿的光身子小孩儿……

并不雅的些个小东西！

“卖？”

“卖！”

“多少钱？”

“二十元！”

“太小哇。”

“这您就外行啦，养鸟儿都得从小养起。”

“不好看呀，跟麻雀似的！”

“毛长全就好看了，不好看能叫‘十姐妹’吗？”

于是我一念顿生，成了“十姐妹”的“家长”。

最初养在一个极小的笼子里，用两个瓶盖儿喂它们水和小米。后来妻买回了一个漂亮的够大的笼子，于是它们“迁”入了新居，好比住在小破房里的中国老百姓，一步登天搬进了花园洋房。那一天“她们”显得好高兴噢，叽叽喳喳叫个不停。我们一家三口看着“她们”高兴，各自心里也高兴……

自从阳台上有了“十姐妹”，便热闹起来。“小姐”们一会儿“说”一会儿“唱”。“说”时其音细碎一片，吴侬软语似的，使我联想到一群上海姑娘聚在一起聊悄悄话儿。“唱”时反倒不那么动听了，类乎“喳”的一个单音，此长彼短，自我陶醉，没一个嗓子强点儿或可出息为歌唱家的。于“她们”正应了那句话——“说的比唱的好听。”

那时我正写作，便不免地会有些烦，常到阳台上去冲“她们”喝唬一句。喝唬一句大概能消停五分钟。于是最后只有关上几扇门，隔断“她们”的噪音，将自己关在最里边的小屋。

安定且无忧无虑的生活，使“她们”长大得明显，羽毛日渐丰满了，一个个都出落得非麻雀可比了。秀小的头，鱼形的身，颔下和喙根两侧，以及翅膀和尾翼之间，是洁白的绒羽和翅子。若补充些想象看它们，也还算漂亮。

有天我发现“她们”争争吵吵拥拥挤挤地围住饮水罐儿，衔了水梳理羽毛。我想——哦，“小姐”们是该洗次澡了。便将一个饼干盒盖注满清水，将笼底抽下，将笼子置于盒盖上，伫立一旁静观。“她们”不争不吵不拥不挤了，一只只侧着头，矜持地瞪我。我刚一转身离去，阳台上便溅水声大作。水珠竟透过纱门溅入室内。偷窥之，见“她们”洗得那个欢呢！而且相互梳洗……

于是便宠出了“她们”的娇惯毛病。每至中午，倘不为“她们”提供此项服务，阳台上一片抗议之声，不予理睬简直就不可能。“她们”是很讲“三大纪律八项注意”的，或者可以说很培养我的文明意识——只要我在看着，绝不下水。其实我也不稀罕看，偷窥的行为就那么一次。女人们洗澡的美妙情形我早已司空见惯了，在电影里……

原先，鸟笼放在一把椅子上的。阳台下半部是砌严的，小时候它们则只能看到一片天空，倒也都甘于做井底之蛙。有一天“她们”就以“她们”的噪音，提出了开阔视野高瞻远瞩的要求。于是中午洗过澡后，我将鸟笼挂在晾衣竿上。第一次透过阳台窗望到外面的广大世界，“她们”真是显得惊奇极了。“说”了一中午，“唱”了一中午。反反复复“唱”的，在我听来，仿佛始终是那么一句——“外面的世界很精彩……”

我听不得“她们”向我传达的那份儿幽怨，干脆启开笼门，将“她们”放飞在阳台上。不消说，从此我更得勤于打扫阳台了……

我常想起买下“她们”时的情形。不知命运如何，“她们”的那份儿胆怯好可怜的。不愁冷暖不愁饥渴了，就产生了对“居住”条件的高要求。“居住”条件大大改善了，就渐渐滋长了“贵族”习惯，每天还得洗次澡。一旦“贵族”起来了，则又开始向往自由了。给予了“她们”一个阳台的自由范围，最初的喜悦和兴奋过后，又分明地向往起“外面的世界”来……

有天它们一溜儿蹲栖在窗格上，静悄悄的，都很忧伤的样子，仿佛些个囚徒似的。我几经犹豫，开了一扇阳台窗。轻风和爽气扑人，“她们”都扇动起翅膀来……

我说：“小姐们，请吧，我还你们自由……”

“她们”一只只从敞开的窗子跳进跃出着，不停地扇翅，一会儿侧头看我，一会儿仰望天空，若有依恋之意……

我又说：“想回来时就回来，这扇窗将随时为你们打开……”

我也满怀着对“她们”的依恋，离开了阳台。

半小时后，十只鸟儿剩下五只了。

一个小时后，阳台上一只鸟儿都不见了，顿时寂静得使人悒郁……

有几只鸟儿飞回来过——吃点儿食，饮点儿水，洗次澡，又飞走……

从此，我在早晚散步时，总能听到“她们”的声音，传出自小树林里。

我的“丫头”们的声音，我是听得出来的……

有天我发现一只鹞鹰，在附近的树林上空盘旋。我想，说不定它是被我的“丫头”们的叫声引来的，伺机加害于“她们”。于是我赶快回到家里，找了一根长长的竹竿，挂上彩布，在树林中奔来奔去，挥舞着，大叫着，直至将那残害弱小的枭禽驱逐遁去……

有天我发现别人家养着两只鹦鹉的笼子里，也有一只“十姐妹”。两只鹦鹉都啄“她”，啄得“她”没处藏没处躲。紧缩一隅，尾巴挤出在笼外。见了我，便在笼子里“炸”飞起来，叫个不停，其音哀婉。我想，那一定是我的“丫头”中的一只，想吃食，想饮水，或想洗澡，误入了别人家的阳台……

于是我将“她”讨回，养了几日，又放飞了……

有天早晨，在公园里，我见到一个张网人，一次用网粘住了三只“十姐妹”。我想那也肯定是我放飞的鸟儿，我将“她们”再次买下，养了几日，也又放飞……

“外面的世界很精彩，外面的世界很无奈”——在人的城市里，对鸟儿们也是这样的……

自由，在本质上，其实也是人对他人的责任感最完善的摆脱，正如我不可能也不打算每见到别人笼子里的一只“十姐妹”都买下放飞一样。在这么一种社会形态下，若同时没有法的威慑，没有宗教对心灵的影响，大多数人，就只有像我养过的“十姐妹”一样，提高防范的能力，并靠运气活着了……

有天夜里，我做了一个梦，梦见老了的自己，被十个女儿围绕着，还有十个女婿侍守一旁——尽管这有悖计划生育法，而且“十姐妹”也并非就全是“丫头”，但仍没妨碍我做了那么一个很幸福的梦……

咪妮与巴特

我家所住的院子，临街有一处很大的门洞，终年被两扇对开的铁栅栏门封着。左边那一扇大门上，另有小门供人出入。但不论出者入者，须上下十来级台阶。小门旁，从早到晚有一名保安值勤，看去还是个半大孩子，一脸稚气未褪。

我第一次见到咪妮，是在去年夏天的一个中午。它“岿然不动”地蹲在小保安脚边，沐浴着阳光，漂亮得如同工艺品。它的脸是白色的，自额、眼以上，黄白相间的条纹布满全身。尾巴从后向前盘着，环住爪，看去只有两三个月大，一点儿也不怕人，显得挺孤傲的，大睁着一双仿佛永远宠辱不惊的眼，居高临下地、平静地望着街景。猫的平静，那才叫平静呢。

我问小保安：“你养的？”

他说：“我哪儿有心思养啊，是只小野猫。”

从楼里出来了一个背书包的女孩儿，她高兴地叫了声“咪妮！”——旋即俯身爱抚，边说：“咪妮呀，好几天没见到你了。昨天夜里下那么大雨，你躲在哪儿啊？没挨淋吧？”

小野猫仍一动不动，只眯了眯眼，表示它对人的爱抚其实蛮享受的。

那女孩儿我熟识，她家和我家住同一楼层，上五年级了。

我问："你给它起的名字？"

她"嗯"一声，从书包里取出小塑料袋，内装着些猫粮，接着将猫粮倒在咪妮跟前，看它斯文地吃。

我又问："既然这么喜欢，干吗不抱回家养着啊？"

她的表情顿时变得失意了，小声说："妈妈不许，怕影响我学习。"

"多漂亮的小猫呀，模样太可爱了！"——不经意间，有位女士也站住在台阶前了。

我和她也是认识的，她是某出版社的一位退休编辑，家住另一条街，常到这条街来买东西。

女孩儿立刻说："阿姨，那您把它抱回家养着吧！"

连小保安也忍不住说："您要是把它抱回家养着，我替它给您鞠一躬！这小猫可有良心了，谁喂过它一次，一叫，它就会过去。"

退休的女编辑为难地说："可我家已经有一只了呀，而且也是捡的小野猫。"

他们三个的目光一齐望向我，我亦为难地说："几个月前，我家也收养了一只小野猫。"

于是我们四个的目光一齐望向咪妮，它吃饱了，又蹲在小保安脚边，不动声色，神态超然地继续望街景。给我的感觉是，作为一只猫，它似乎懂得自己应该是有尊严的。只要自己时时刻刻不失尊严，那么它和人的关系就接近着平等了。确乎的，它一点儿都不自卑，因为它没被抛弃过……

而和它相比，巴特分明是极其自卑的。巴特是一条流浪街头的小狐犬，大概一岁多一点儿。小狐犬是长不了太大的，它的体重估计也就七八斤，一只大公鸡也能长到那么重。它的双耳其实比狐耳大，却不如狐耳那么尖那么秀气。全身都是白色的，只有鼻子是褐色的。小狐犬的样子介于狐和犬之间，说不上是一种漂亮的狗。它招人喜欢的方面是它的聪明，它的善解人意。

我第一次见到它，是在离我们这个社区不太远的一条马路的天桥上。我过天桥时，它在天桥上蹿来蹿去，一忽儿从这一端奔下去，一忽儿从那一端奔上来，眼中充满慌恐，偶尔发出令人心疼的哀鸣。奔得精疲力竭了，才终于在天桥上卧下，浑身发抖地望着我和另一个男人。我俩已驻足看它多时了，那男人告诉我——他亲眼所见，一个女人也就是它的主人，趁它在前边撒欢儿，坐入一辆小汽车溜了……

尽管我对它心生怜悯，但一想到家里已经养着一只小野猫了，遂打消了要将它抱回家去的闪念。我试图抚摸抚摸它，那起码足以平复一下它的惶恐心理，不料刚接近一步，它迅速站起，跑下了天桥……

从那一天起，它成了附近街上的流浪狗。有一个雨天，我撑伞去邮局寄信，又见到了它。它当时的情况太糟了，瘦得皮包骨，腹部完全凹下去，分明多日没吃过什么了。白色的毛快变成灰色的毛了，左肩胛还沾着一片泥巴，我猜或是被自行车轮撞了一下，或是被什么人踢了一脚。它摇摇晃晃地过街，不顾泥不顾水的。邮局对面有家包子铺，几名民工在塑料棚下吃包子，它分明想到棚下去寻找点儿吃的。如果不是饿极了，小狐犬断不会向陌生人聚拢的地方凑去的。然而它连走到那里的气力也没有了，四腿一软，倒在水洼中。我赶紧上前将它抱起，否则它会被过往车辆压死。在我怀里，那小狗的身子抖个不停，比我在天桥上见到它那次抖得还剧烈。但凡有一点儿挣动之力，它是绝不会允许我抱它的。它眼中满是绝望。我去棚下买了一屉小包子给它吃——有我在眼前看着，它竟不敢吃。我将它放在一处安全的、不湿的地方，将装包子的塑料袋摊开在它嘴边，它却将头一偏。

一名民工朝我喊：“嗨，你守在那儿，它是不会吃的！”我起身离开数步，回头再看，它才狼吞虎咽地吃起来……以后，只要我在街上看见它，总是要买点儿什么东西喂它。渐渐地，它对我比较信任了。有次吃完，跟着我走，一直将我送到我们那个院子的台阶前。“巴特”是我对它的叫法，我小时候养过一只狗就叫“巴特”。

某日，我在台阶上喂咪妮，巴特出现了。它蹿上台阶，与咪妮争食猫粮，咪妮吓得躲开。我说：“巴特，不许抢，一块儿吃。你看，有很多，够你吃的！”我的声音严厉了点儿，它居然退开，尽管很不情愿，并发出极低微的喉音，像小孩子委屈时的呢哝，扭头看我，眼神很困惑。当我将咪妮抱过来放在猫粮旁，巴特的头转向了一旁。那一时刻，这无家可归的可怜的流浪狗，表现出了一种令我肃然起敬的良好的教养，一种对于一条饥饿的小狗来说实在难能可贵的绅士风度。多好的小狗啊！我不禁想，这么听话这么乖的一条小狗，它的主人怎么就忍心将它抛弃了呢？我抚摸了它一下，又用温柔的语调说：“不是不允许你吃，是希望你谦让点儿。吃吧吃吧，你也吃吧！”它这才又将嘴巴伸向了猫粮。两个小家伙吃饱以后，并没马上分开，而是互相端详，试探地接近对方。当彼此都接受了，咪妮卧在小保安脚边，一下一下舔自己的毛。巴特却不安分，绕着咪妮转，不停地嗅它，还不时用头拱它一下。而咪妮并不想和巴特闹，不理睬巴特的挑逗，闭上了眼睛。巴特倒也识趣，停止骚扰，也在咪妮身旁卧下。不一会儿，两个小家伙都睡着了，咪妮将下颏搁在巴特背上，睡相尤其可爱。

小保安苦笑道：“看，我好像成了专在这儿保护它俩的人了！”

傍晚，我碰到了那个经常喂咪妮的女孩儿，她在门洞里玩滑板。她停住滑板，问我：“伯伯，你猜它俩躲到哪儿去了？”我反问：“谁俩呀？”她说：“咪妮和巴特呀，保安叔叔告诉我，你叫那条小流浪狗巴特，我喜欢你给它起的名字。”我说：“我也喜欢你给那只小野猫起的名字。”“你猜它俩躲哪儿去了？”我摇头。“我知道，您想不想去看？”我犹豫一下，点了点头。在我们那个院子最里边，有一处休闲之地。草坪上，曲折地架起尺许高的木板踏道。在两段木板的转角，女孩儿蹲了下去。她说：“它俩在木板底下呢。”仅仅蹲着并不能看到木板底下。女孩儿又说：“您得学我这样。”我便学她那样，将头偏向一旁，并低垂下去，于是看到——咪妮和巴特，正在一块纸板上嬉闹。女孩儿说：“纸板是我为它俩放在那儿的。”两个小家伙发现我和女孩儿在看它们，停止嬉闹，先后钻出，跟我和女孩儿亲热了一阵，复钻入木板底下，继续佯斗。

看着一条被抛弃的、心理创伤很深的流浪小狗与一只孤独然而高傲的小野猫成了一对好朋友，我心温暖。比之于人的社会，那一时刻，我忽然觉得，小猫小狗之间建立友爱，则要容易多了。

自那一天起，两个小家伙形影不离。它们有了一个共同的家，便是那木板踏道的底下。看着它们在一起高兴的人多了，喂它们东西吃的人也多了。小保安不知从哪儿捡了两个旧沙发垫塞到了木板下，还有人将一大块旧地板革铺在踏道上，防止雨漏下去。两个小家伙喜欢相依相偎地睡在“家”里了。据女孩儿说，咪妮睡时，仍将头枕在巴特背上，似乎那样它才睡得舒服，睡得安全……

偶尔，它俩也会跑下台阶，穿过街道，在对面的小铺子间蹶蹶逛逛的。大概它们以为，人都是善良的。而街对面那些开小铺面的外地人，以及他们的孩子，确实都挺善待它们。看到家养的小猫小狗在一起是一回事，看到一条小流浪狗和一只小野猫形影不离是另外一回事：咪妮和巴特，使那一条街上的许多大人和孩子的心，都因它们而变得柔软了。

我出差了数日，返京第二天中午，艳阳高照，然而暑热已过，天气好得令人心旷神怡。吃罢午饭，我带足猫粮狗粮，去到了门洞那儿，却不见咪妮和巴特。

小保安说："都死了……"

我一愣。

他告诉我——一天下午，咪妮和巴特又跑到街对面去了，偏巧街对面停着一辆"宝马"，车窗摇下一边，内坐一妖艳女郎，怀抱一狮子狗。那狗一发现咪妮和巴特，凶吠不止。咪妮和巴特便迅速跑回台阶上，蹲在小保安脚边。那女郎没抱紧狮子狗，狮子狗从车窗蹿了出去，追到了台阶上。咪妮野性一发，挠了狮子狗一爪子。女郎赶到，见她的狮子狗鼻梁上有了道血痕，说是破了她那高贵的狗的狗相，非要打死咪妮不可。小保安及时抱起咪妮，说咪妮不过是一只小野猫，有身份的人何必跟一只小野猫计较？而这时，巴特和那狮子狗，已扑咬作一团。女郎尖叫锐喊，从花店中闯出一彪形大汉，奔上台阶，看准了，狠狠一脚，将小巴特踢得凌空飞起，重重地摔在水泥街面上。咪妮挣脱小保安的怀抱，转身逃入院中。那女郎踏下台阶，也对奄奄一息的巴特狠踢几脚。一切发生在不到一分钟内，等人们围向巴特，"宝马"已开走了……

我听得目瞪口呆，良久才问了一句话是："那，那咪妮呢？"

"也死了……躲在木板底下，三天不出来，三天不吃东西……怎么叫它也不出来，喂它什么都不吃……活活渴饿死的……我和几个小朋友把它和巴特埋在一块儿了……"

我一转身，见说完话的女孩儿，无声地哭。

我，将手伸入了衣兜。无话可说之时，我便只有吸烟。

我三口五口就吸完了一支烟。

何以解恨？唯有香烟。

唯有香烟……

VII 时间的玫瑰

在春季撒下花种，
或者移栽花秧。
企盼着自己喜爱的花儿，
日日地生长、吐蕾，
在夏季里姹紫嫣红开成一片。
虽在秋季里凋零却并不忧伤。
仔细收下了花籽儿，
待来年再种，
相信花儿能开得更美……

母亲播种过什么

预感竟是真的有过的。似乎父亲和母亲逝前，总是会传达给我一些心灵的讯息。

十月中旬，我和毕淑敏见过一面。她告诉我她在师大进修心理学，我便向她请教——我说今年以来，无论白天还是夜晚，无论睡着还是醒着，我眼前常有这样一幅画面移动着——在冬季，在北方小村外的雪路上，一只羊拉着一架爬犁，谨慎又从容地向村里走着。爬犁上是一桶井水，不时微少地荡出，在桶外和爬犁上结了一层晶莹的冰。爬犁后同样步态谨慎而又从容地跟随着一位少女，扎红头巾，脸蛋儿亦冻得通红，袖着双手。而漫天飘着清冽的小雪花儿……

并且，我向毕淑敏强调，此电影似的画面，绝非我从任何一本书中读到过的情节，也绝非我头脑中产生的构思片断。事实上一年多以来，尽管此画面一次比一次清晰地向我浮现，但我却从未打算将这画面用文字写出来……

毕淑敏沉吟片刻，答出一句话令我暗讶不已。

她说："你不妨问问你母亲。"

我母亲属羊。母亲的母亲也属羊。而这都是毕淑敏所不知道的。

而母亲于昏迷中入院的第二天，哈尔滨降下了入冬的第一场雪……

我的思想是相当唯物的。但受情感的左右，难免也会变得有点儿唯心起来——莫非母亲的母亲，注定了要在这一年的冬季，将她的女儿领走？我没见过外祖母。但知外祖母去世时，母亲尚是少女……

那么那一桶清澈的井水意味些什么呢？

在医院里，在母亲的病床前，以及在母亲出殡的过程中，我见到了母亲的一些干儿女。

我早知母亲有些干儿女。究竟有多少，并不很清楚。凡三十余年间，有的见过几面，有的竟不曾见过。但我清楚，在漫长的三十余年间，他们对母亲怀着很深很深的感情。

他们当年皆是我弟弟那一辈的小青年。

话说当年，指的是“上山下乡”运动开始以后。许多家庭的长子长女和次子次女，和我以及我的三弟一样，都恋恋不舍地告别了家庭和城市。城市中留下的大抵是各个家庭的小儿女，年龄在十六七岁和十八九岁之间。那个年代，这些平民家庭的小儿女啊，似些孤独的羔羊，面对今天这样明天那样的政治风云，彷徨、迷惘、无奈、亲情失落不知所依。他们中，有人当年便是丧父或失母的小儿女。

既都是平民家的小儿女，所分配的工作也就注定了不能与愿望相符。或做街头小食杂店的售货员，或做挖管道沟的临时工，或在生产环境破败的什么小厂里学徒……

某一年夏天，是知青的我回哈探家，曾去酱油厂看过我四弟的劳动情形。斯时他们几名小工友，刚刚挥板锨出几吨酱渣，一个个只着短裤，通体大汗淋漓，坐在车间的窗台上，任穿堂凉风阵阵扑吹，唱印度电影《流浪者》中的“拉兹之歌”——

> 我和任何人都没来往，
> 命运啊，
> 我的星辰，
> 你把我引向何方引向何方
> ……

他们心中的苦闷种种，是不愿对自己的家庭成员吐诉的。但是这些城市中的小儿女，又是多么需要一个耐心倾听他们吐诉的人啊！那倾听者，不仅应有耐心，还应有充满心间的爱心。还应在他们渴望安慰和体恤之时，善于安慰，善于劝解，并且，由衷地予以体恤……

于是，他们后来都非常信赖也不无庆幸地选择了母亲。

于是，母亲也就以她母性的本能，义不容辞地将他们庇护在自己身边。像一只母鸡展开翅膀，不管自家的小鸡抑或别人家的小鸡，只要投奔过来，便一概地遮拢翅下……

那些城市中的小儿女啊，当年他们并没有什么可回报母亲的。只不过在年节或母亲生病时，拎上一包寻常点心或两瓶廉价罐头聚于贫寒的我家看望母亲。再就是，改叫“大娘”为叫“妈”了。有时混着叫，刚叫过“大娘”，紧接着又叫“妈”。与点心和罐头相比，一声“妈”，倒显得格外的凝重了。

既被叫“妈”，母亲自然便于母性的本能而外，生出一份油然的责任感。母亲关心他们的许多方面——在单位和领导和工友的关系；在家中是否与亲人温馨相处；怎样珍惜友情，如何处理爱情；须恪守什么样的做人原则，交友应防哪些失误；不借政治运动之机伤害他人报复他人；不可歧视那些被政治打入另册的人，等等……

母亲以她一名普通家庭妇女善良宽厚的本色，经常像叮咛自己的亲儿女一样，叮咛她的干儿女们不学坏人做坏事，要学好人做好事。

此世间亲情，竟延续了三十年之久。我曾很不以为然过，但母亲对我的不以为然也同样不以为然。她不与我争辩，以一种心理非常满足的、默默的矜持，表明她所一贯主张的做人态度。直至她去世前三天，还希望能为她的一个干女儿和一个干儿子促成一次大媒……

而他们，一个帮着四弟将母亲送入医院，一个一小时后便闻讯匆匆赶到医院，三十几个小时不曾回家，不曾离开过医院！母亲逝后，她的干儿女们都纷纷来到了弟弟家。我说——不必在家中设灵位了吧！他们说——要设。我说——不必非轮守四十八小时灵了吧！他们说——要守。这些三十年前的城市平民家庭的小儿女啊，三十年前是小徒工们，如今仍是工人们。只不过，有的“下岗”了。只不过，都做了父母了。他们都是些沉默寡言之人。我离开哈市时，仍分不清他们中几个人的名字。他们不与我多说什么，甚至根本就不主动与我说话。他们完完全全是冲他们与母亲之间那一种三十年之久的亲情，而为母亲守灵，为母亲烧纸，为母亲送丧的。三十年间，我下乡七年，上大学三年，居京二十年，我曾给予母亲的愉快时日，比他们给予的少得多。回到北京，我常默想——从今后，我定当以胞弟胞妹视待他们和她们啊！至于我自己的几名中学挚友与母亲之间的亲情，比三十年更长久，从我初一时就开始着了。那是世间另一种亲情，心感受之，欲说还休，欲说还休……

每独坐呆想，似乎有了一种答案——那时时浮现过我眼前的画面中那一桶清澈的井水，是否便意味着是人世间的一种温馨亲情呢？母亲的母亲，给予在母亲心里了。而母亲只不过从内心里荡出了一些，便获得了多么长久又多么足以感到欣慰的回报啊！这么想很唯心，但请不要责怪儿子的痴思。

愿此亲情在我们中国老百姓间代代相传。

没了它，意味着是我们普通人的人生多么大的损失啊！

母亲我爱您。

母亲安息吧……

父亲的遗物

心里总想着应向母亲认错，可直至母亲也去世了，认错的话竟没机会对母亲说过……

我站在椅上打开吊柜寻找东西，蓦地看见角落里那一只手拎包。它是黑色的，革的，很旧的，拉锁已经拉不严了，有的地方已经破了。虽然在吊柜里，竟也还是落了一层灰尘。

我呆呆站在椅上看着它，像一条走失了多日又终于嗅着熟悉的气味儿回到了家里的小狗看着主人……

那是父亲生前用的手拎包啊！

父亲病故十余年了，手拎包在吊柜的那一个角落也放了十余年了。有时我会想到它在那儿。如同一个读书人有时会想到对自己影响特别大的某一部书在书架的第几排。更多的日子里更多的时候，我会忘记它在那儿。忘记自己曾经是儿子的种种体会……

十余年中，我不止一次地打开过吊柜，也不止一次地看见过父亲的手拎包，但是却从没把它取下过。事实上我怕被它引起思父的感伤。从少年时期至青年时期至现在，我几乎一向处在多愁善感的心态中。我觉得我这个人被那一种心态实在缠绕得太久了。我怕陷入不可名状的亲情的回忆。我承认我每有逃避的企图……

然而这一次我的手却不禁地向父亲的遗物伸了过去。近年来我内心里常涌起一种越来越强烈的倾诉愿望，但是我却不愿被任何人看出我其实也有此愿。这一种封闭在内心里的愿望，那一时刻使我对父亲的遗物倍觉亲切。尽管我知道那即使不是父亲的遗物而是父亲本人仍活着，我也断不会向父亲倾诉我人生的疲惫感。

我的手伸出又缩回，几经犹豫，最终还是把手拎包取了下来……

我并没打开它。

我认真仔细地把灰尘擦尽，转而腾出衣橱的一格，将它放入衣橱里了。我那么做时心情很内疚。因为那手拎包作为父亲的遗物，早就该放在一处更适当的地方。而十余年中，它却一直被放在吊柜的一角。那绝不是该放一位父亲的遗物的地方。一个对自己父亲感情很深的儿子，也是不该让自己父亲的遗物落满了灰尘的啊！

我不必打开它，也知里面装的什么——一把刮胡刀。在我很小的时候，就见过父亲用那一把刮胡刀刮胡子。父亲的络腮胡子很重，刮时发出刺啦刺啦的响声。父亲死前，刮胡刀的刀刃已被用窄了，大约只有原先的一半那么宽了。因为父亲的胡子硬，每用一次，必磨一次。父亲的胡子又长得快，一个月刮五六次，磨五六次，四十几年的岁月里，刀刃自然耗损明显。如今，连一些理发店里，也用起安全刀片来了。父亲那一把刮胡刀，接近于文物了……

手拎包里还有一个小小的牛皮套，其内是父亲的印章。父亲一辈子只刻过那么一枚印章。木质的，比我用的钢笔的笔身粗不到哪儿去。父亲一生离不开那印章。是工人时每月领工资要用，退休后每三个月寄来一次退休金，每月六十余元，一年仅用数次……

一对玉石健身球，是我花五十元为父亲买的。父亲听我说是玉石的，虽然我强调我只花了五十元，父亲还是觉得那一对健身球特别宝贵似的。他只偶尔转在手里，之后立刻归放盒中。其中一只被他孙子小时候非要去玩，结果掉在阳台的冰泥地上摔裂了一条纹……

父亲当时心疼得直跺脚，连说："哎呀，哎呀，你呀，你呀！真败家，这是玉石的你知道不知道哇！……"

再有，就是父亲身份证的影印件了。原件在办理死亡证明时被收缴注销了。我预先影印了，留作纪念。手拎包的里面，还有一层。那道拉锁是好的。影印件就在夹层里。

除了以上东西，父亲这一位中国第一代建筑工人，再就没留下什么遗物了。仅有的这几件遗物中，健身球还是他的儿子给他买的。

手拎包的拉锁，父亲生前曾打算换过，但那要花三元多钱。花钱方面仔细了一辈子的父亲舍不得花三元多钱。父亲曾试图自己换，结果发现皮革已有些糟了，“咬”不住线了，自己没换成。我曾给过父亲一只开什么会发的真皮的手拎包。父亲却将那真皮的手拎包收起来了，舍不得用。他生前竟没往那真皮的手拎包里装过任何东西……

他那只旧拎包夹层的拉锁既然仍是好的，父亲就格外在意地保养它，方法是经常为它打蜡。父亲还往拉锁上安了一个纽扣那么大的小锁。因为那夹层里放过对父亲来说极重要的东西——有六千元整的存折。那是父亲一生的积攒。他常说是为他的孙子我的儿子积攒的……

父亲逝前一个月，我为父亲买了六七盒“蛋白注射液”，大约用了近三千元钱。我明知那绝不能治愈父亲的癌症，仅为我自己获得一点儿做儿子的心理安慰罢了。父亲那一天状态很好，目光特别温柔地望着我笑了。

可母亲走到了父亲的病床边，满脸忧愁地说：“你有多少钱啊？买这种药能报销吗？你想把你那点儿稿费都花光呀？你们一家三口以后不过了呀？……”

当时，已为父亲花了一万多元，父亲的单位效益不好，还一分钱也没给报销。母亲是知道这一点的。在已无药可医的丈夫和她的儿子之间，尤其当母亲看出我这个儿子似乎要不惜一切代价地延缓父亲的生命时，她的一种很大的忧虑便开始转向我这一方面了……

当我捧着药给父亲看，告诉父亲那药对治好父亲的病疗效多么显著时，却听母亲从旁说出那种话，我的心情可想而知……仰躺着已瘦得虚脱了的父亲低声说：“如果我得的是治不好的病，就听你妈的话，别浪费钱了……”沉默片刻，又说：“儿子，我不怕死。”再听了父亲的话，我心凄然。那药是我求人写了条子，骑自行车到很远的医院去买回来的呀！进门后脸上的汗还没来得及擦一下呀……结果我在父亲的病床边向母亲大声嚷嚷了起来……“妈妈，你再说这种话，最好回哈尔滨算了！……”我甚至对母亲说出了如此伤她老人家心的冷言冷语……

母亲是那么地忍辱负重。她默默地听我大声嚷嚷，一言不发。而我却觉得自己的孝心被破坏了，还哭了……母亲听我宣泄够了，离开了家，直至半夜十一点多才回家。如今想来，母亲也肯定是在外边的什么地方默默哭过的……哦，上帝，上帝，我真该死啊！当时我为什么不能以感动的心情去理解老母亲的话呢？我伤母亲的心竟怎么那么的近于冷酷呀？！一个月后，父亲去世了，母亲回哈尔滨了……心里总想着应向母亲认错，可直至母亲也去世了，认错的话竟没机会对母亲说过……

母亲留下的遗物就更少了。我选了一条围脖和一个半导体收音机。围脖当年的冬季我一直围着，企图借以重温母子亲情。半导体收音机是我为母亲买的，现在给哥哥带到北京的精神病院去了。他也不听。我想哪次我去看他，要带回来，保存着。

我写字的房间里，挂着父亲的遗像一位面容慈祥的美须老人。书架上摆着父亲和我们兄弟四人一个妹妹青少年时期的合影，都穿着棉衣。我们一家竟没有一张“全家福”。在哈尔滨市的四弟家里，有我们年龄更小时与母亲的合影。那是夏季的合影。那时母亲才四十来岁，看上去还挺年轻……父亲在世时，常对我儿子说：“你呀，你呀，几辈子人的福，全让你一个人享着了！”现在上高三了的儿子，却从不认为他幸福。面临高考竞争的心理压力，也使儿子过早地体会了人生的疲惫……现在，我自己竟每每想到死这个字了。我也不怕死。只是觉得，还有些亲情责任未尽周全。我是根本不相信另一个世界之存在的。但有时也孩子气地想，倘果有冥间，那么岂不就省了投胎转世的麻烦，直接地又可以去做父母的儿子了吗？那么我将再也不会伤父母的心了。

在我们这个阳世没尽到的孝，我就有机会在阴间弥补遗憾了。阴间一定有些早夭的孩子，那么我愿在阴间做他们的老师。阴间一定没有升学竞争吧？那么孩子们和我双方的教与学一定是轻松快乐的。我希望父亲做一名老校工。我相信父亲一定会做得非常敬业。我希望母亲为那阴间的学校养群鸡。母亲爱养鸡。我希望阴间的孩子们天天都有鸡蛋吃。这想法其实并不使我悲观。恰恰相反，常使我感觉到某种乐观的呼唤。故我又每每孩子气地在心里说：爸爸，妈妈，耐心等我……

兄　长

如果，谁面对自己的哥哥，心底油然冒出“兄长”二字的话，那么大抵，谁已老了。并且，谁的“兄长”肯定更老了。

这个“谁”，倘是女性，那时刻她眼里，几乎会漫出泪来。而若是男人，表面即使不动声色，内心里也往往百感交集。男人也罢，女人也罢，这种情况之下的他或她以及兄长，又往往早已是没了父母的人了。即使这个人曾有多位兄长，那时大概也只剩对面或身旁那唯一的一个了。于是同时觉得变成了老孤儿，便更加互生怜悯了。老人而有老孤儿的感觉，这一种忧伤最是别人难以理解和无法安慰的，儿女的孝心只能减轻它，冲淡它，却不能完全抵消它。

有哥的人的一生里，心底是不大会经常冒出“兄长”二字的。“兄长”二字太过文化了，它一旦从人的心底冒了出来，会使人觉得，所谓手足之情类似一种宗教情愫，于是几乎想要告解一番，仿佛只有那样才能驱散忧伤……

几天前，在精神病院的院子里，我面对我唯一的哥哥，心底便忽然冒出了“兄长”二字。那时我忧伤无比，如果附近有教堂，我将哥哥送回病房之后，肯定会前去祈祷一番的。我的祷词将会很简单，也很直接：“主啊，请保佑我，也保佑我的兄长……”我一点儿也不会因为这样的祈求而感到羞耻。

我的兄长大我六岁，今年已经六十八周岁了。从二十岁起，他一大半的岁月是在精神病院里度过的。他是那么渴望精神病院以外的自由，而只有当我是一个退休之人了，他才会有自由。我祈祷他起码再活十年，不病不瘫地再活十年。我不奢望上苍赐他更长久的生命。因为照他现在的健康情况看来，那分明是不实际的乞求。我也祈祷上苍眷顾于我，使我再有十年的无病岁月。只有在这两个前提之下，他才能过上十年左右精神病院以外的较自由的生活。对于一个四十八年中大部分岁月是在精神病院中度过的，并且至今还被软禁在精神病院里的人，我认为我的乞求毫不过分。如果有上帝、佛祖或其他神明，我愿与诸神达成约定：假使我的乞求被恩准了，哪怕在我的兄长离开人世的第二天，我的生命也必结束的话，那我也宁愿，绝不后悔！

在我头脑中，我与兄长之间的亲情记忆就一件事：大约是我三四岁时，我大病了一场，高烧，母亲后来是这么说的。我却只记得这样的情形——某天傍晚，我躺在床上，对坐在床边心疼地看着我的母亲说我想吃蛋糕。之前我在过春节时吃到过一块，觉得那是世上最好吃的东西。外边下着瓢泼大雨，母亲保证说雨一停，就让我哥去为我买两块。当年，在街头的小铺子里，点心乃至糖果也是可以论块买的。我却哭了起来，闹着说立刻就要吃。于是当年十来岁的哥哥脱了鞋、上衣和裤子，只穿裤衩，戴上一顶破草帽，自告奋勇，表示愿意冒雨去为我买回来。母亲被我哭闹得无奈，给了哥哥一角几分钱，于心不忍地看着哥哥冒雨冲出了家门。外边又是闪电又是惊雷的，母亲表现得很不安，不时起身走到窗前往外望。我觉得似乎过了挺长的钟点哥哥才回来，他进家门时的样子特滑稽，一手将破草帽紧拢胸前，一手拽着裤衩的上边。母亲问他买到没有，他哭了，说第一家铺子没有蛋糕，只有长白糕，第二家铺子也是，跑到了第三家铺子才买到的。说着，哭着，弯了腰，使草帽与胸口分开，原来两块用纸包着的蛋糕在帽兜里。那时刻他不是像什么落汤鸡，而是像一条刚脱离了河水的娃娃鱼。那时刻他也有点儿像在变戏法，是被强迫着变出蛋糕来的。变是终归变出来了两块，却委实变得太不容易了，所以哭，大约因为觉得自己笨。

母亲说："你可真死心眼儿，有长白糕就买长白糕嘛，何必多跑两家铺子非买到蛋糕不可呢？"

他说："我弟要吃的是蛋糕，不是长白糕嘛！"

还说，母亲给他的钱，买三块蛋糕是不够的，买两块还剩下几分钱，他自作主张，还为我买了两块酥糖……

“妈，你别批评我没经过你同意啊，我往家跑时都摔倒了。”

其实对于我，长白糕和蛋糕是一样好吃的东西。我已几顿没吃饭了，转眼就将蛋糕狼吞虎咽地吃了下去。

而母亲却发现，哥哥的胳膊肘、膝盖破皮了，正滴着血。当母亲替哥哥用盐水擦过了伤口，对我说也给你哥吃一块糖时，我连最后一块糖也嚼在嘴里了……

是的，我头脑中只不过就保留了对这么一件事的记忆。某些时候我试图回忆起更多几件类似的事，却从没回忆起过第二件。每每我恨他时，当年他那种像娃娃鱼又像变戏法的少年的样子，就会逐渐清楚地浮现在我眼前。于是我内心里的恨意也就会逐渐地软化了，像北方人家从前的冻干粮，上锅一蒸，就暄腾了。只不过在我心里，热气是回忆产生的。

是的——此前我许多次地恨过哥哥。那一种恨，可以说是到了憎恨的程度。也有不少次，我曾这么祈祷：上帝呵，让他死吧！并且，毫无罪过感。

我虽非教徒，但由于青少年时读过较多的外国小说，大受书中人物影响，倍感郁闷、压抑了，往往也会像那些人物似的对所谓上帝发出求助的祈祷。

千真万确，我是多次憎恨过我的哥哥的。

我上小学三年级时，哥哥已经在读初三了，而我从小学四年级到六年级的三年里，正是哥哥从高一到高三的阶段。那时，我又有了两个弟弟一个妹妹。而实际上，家中似乎只有我和两个弟弟一个妹妹四个孩子。除了过年过节和星期日，我们四个平时白天是不太见得到哥哥的。即使星期日，他也不常在家里。我们能见到母亲的时候，并不比能见到哥哥的时候多一些。而是建筑工人的父亲，则远在大西南。某几年这一省，某几年那一省。从我小学一年级的时候起，父亲就援建“大三线”去了——每隔两三年才得以与全家团圆一次，每次十二天的假期。那对父亲如同独自一人的万里长征，尽管一路有长途汽车和列车可乘坐，但中途多次转车，从大西南的深山里回到哈尔滨的家里，每次都要经历五六天的疲惫途程。父亲的工资当年只有六十四元，他每月寄回家四十元，自己花用十余元，每月再攒十余元。如果不攒，他探家时就得借路费了，而且也不能多少带些钱回到家里了。到过我家里的父亲的工友曾同情地对母亲说：“梁师傅太仔细了，舍不得买食堂的菜吃，自己买点儿酱买几块豆腐乳下饭，二分钱一块豆腐乳，他往往就能吃三天！”

那话，我是亲耳听到了的。

父亲寄回家的钱，十之八九是我去邮局取的。从那以后，每次看着邮局的人点钱给我，我的心情不是高兴，而竟特别地难受。正是由于那种难受使我暗下决心，初中毕业后，但凡能找到份工作，我一定不读书了，早日为家里挣钱才更要紧!

那话，哥哥也是当面听到了的。

父亲的工友一走，哥哥哭了。

母亲已经当着来人的面落过泪了，见哥哥一哭，便这么劝：儿子别哭，你可一定要考上大学对不对？家里的日子再难，妈也要想方设法供你到大学毕业！等你大学毕业了，家里的日子不就有缓了吗？爸妈不就会得你的济了吗？弟弟妹妹不就会沾你的光了吗……

从那以后，我们见到哥哥的时候就更少了，学校几乎成了他的家了。从初中起，他就是全校的学习尖子生，也是学生会和团的干部，他属于那种多项荣誉加于一身的学生。这样的学生，在当年，少接受一种荣誉也不可能，那是自己做不了主的事。将学校当成家，一半是出于无奈，一半也是根本由不得他自己做主。我们的家太小太破烂不堪，如同城市里的土坯窝棚。在那样的家里学习，要想始终保持全校尖子生的成绩是不太可能的，所以他整天在学校里，为那些给予他的荣誉尽着尽不完的义务，也为考上大学刻苦学习。

每月四十元的生活费，是不够母亲和我们五个儿女度日的。母亲四处央求人为自己找工作。谢天谢地，那几年临时工作还比较好找。母亲最常干的是连男人们也会叫苦不迭的累活儿脏活儿。然而母亲是吃得了苦的。只要能挣到份儿钱，再苦再累再脏的活儿，她也会高高兴兴地去干。每月只不过能挣二十来元吧。那二十来元，对我家的日子作用重大。

一年四季，我和弟弟妹妹们的每一天差不多总是这样开始的：当我们醒来，母亲已不在家里，不知何时上班去了。哥哥也不在家里了，不知何时上学去了。倘是冬季，那时北方的天还没亮。或者，炉火不知何时已生着了，锅里已煮熟一锅粥了，不是玉米粥，便是高粱米粥。或者，只不过半熟，得待我起床了捅旺火接着煮。也或者，锅火并没生，屋里冷森森的，锅里是空的，须我来为弟弟妹妹们弄顿早饭吃。煮玉米粥或高粱米粥是来不及了的，只有现生火，煮锅玉米面粥……

我从小学二三年级起就开始做饭、担水、收拾屋子，做几乎一切的家务了。在当年的哈尔滨，挑回家一担水是不容易的。我家离自来水站较远，不挑水也要走十来分钟。对于才小学二三年级的孩子，挑水得走二十来分钟了，因为中途还要歇两三歇。我是决然挑不起两满桶水的，一次只能挑半桶。如果我早上起来，发现水缸里居然已快没水了，我对哥哥是很恼火的。我认为挑水这一项家务，不管怎么说也应该是哥哥的事。但哥哥的心思几乎全扑在学习上了，只有星期日他才会想到自己也该挑水的，一想到就会连挑两担，那便足以使水满缸了。而我呢，其实内心里也挺期待他大学毕业以后，能分配到较令别人羡慕的工作，挣较多的钱，使全家人过上较幸福的生活。这种期待，往往很有效地消解了我对他的恼火。

然而我开始逃学了。

因为头一天晚上没写完作业或根本就没顾得上写，第二天上午忙得顾此失彼，终究还是没得空写——我逃学。

因为端起锅时，衣服被锅底灰弄黑了一大片，洗了干不了，不洗再没别的衣服可换（上学穿的一身衣服当然是我最体面的一身衣服了）——我逃学。

因为一上午虽然诸事忙碌得还挺顺利，但是背上书包将要出门时，弟弟妹妹眼巴巴地望着我，都显出我一走他们会害怕的表情时——我逃学。

因为外边大雪纷飞，天寒地冻，而家里若炉火旺着，我转身一走不放心；若将炉火压住，家里必也会冷得冻手冻脚——我逃学。

因为外边在下雨，由于房顶处处破损，屋里也下小雨，我走了弟弟妹妹们不知如何是好——我逃学……

我对每一次逃学几乎都有自认为正当的辩护理由。而逃学这一种事，是要付出一而再、再而三的代价的。我头一天若逃学了，晚上会睡不着觉的，唯恐面对老师当着全班同学面的训问不知如何回答是好。结果第二天又逃学，第三天还逃学。最多时，我连续逃学过一个星期，并且教弟弟妹妹怎样帮我圆谎。纸里包不住火，谎言终究是要被戳穿的。有时是同学受了老师的指派到家里来告知母亲，有时是老师亲自到家里来了。往往的，母亲明白了真相后，会沉默良久。那时我看出，母亲内心里是极其自责的，母亲分明感觉到对不住我这个二儿子。

而哥哥却生气极了，他往往这么谴责我："你为什么要逃学呢？为什么不爱学习呢？上学对于你就是那么不喜欢的事吗？你看你使妈妈多难堪，多难过！你是不对的！还说谎，会给弟弟妹妹们什么影响？！明天我请假，陪你去上学！"

却往往的，陪我去上学的是母亲。母亲不愿哥哥因为陪我去上学而耽误他的课。

哥哥谴责我时，我并不分辩。我内心里有多种理由，但那不是几句话就自我辩护得明白的。那会儿，我是恨过我的哥哥的。他一贯以学校为家，以学习为"唯此为大"之事。对于家事，却所知甚少。以他那样一名诸荣加身的优秀学生看来，我这样一个弟弟简直是不可理喻的，也是一个令他蒙羞的弟弟。在我的整个小学时期，我是同学们经常羞辱的"逃学鬼"，在哥哥眼中是一个令他失望的、想喜欢也喜欢不起来的弟弟。

1962 年，我家搬了一次家。饥饿的年头还没过去，我们竟一个也没饿死，几乎算是奇迹。而哥哥对于我和弟弟妹妹，只不过意味着有一个哥哥。他在家也只不过就是我们学习的榜样。

那一年我该考中学了，哥哥将要考大学了。

六月，父亲回来探家了。那一年父亲明显地老了，而且特别瘦，两腮都塌陷了。他快五十岁了，为了这个家，每天仍要挑挑抬抬的。他竟没在饥饿的年代饿倒累垮，想来也算是我家的幸事了。

一天，屋里只有父亲、母亲和哥哥在的时候，父亲忧郁地说："我快干不动了，孩子们一个个全都上学了，花销比以前大多了，我的工资却十几年来一分钱没涨，往后怎么办呢？"

母亲说："你也别太犯愁，那么多年苦日子都熬过来了，再熬几年就熬出头了。"

父亲说："你这么说是怪容易的，实际上你不是也熬得太难了吗？我看，千万别鼓励老大考大学了，让他高中一毕业就找工作吧！"

母亲说："也不是我非鼓励他考大学，他的老师、同学和校领导都来家里做过我的工作，希望我支持他考大学……"

父亲又对哥哥说："老大，你要为家庭也为弟弟妹妹们做出牺牲！"

哥哥却说："爸，我想过了，将来上大学的几年，争取做到不必您给我寄钱。"

父亲火了，大声嚷嚷："你究竟还是不是我儿子？！难道我在这件事上就一点儿也做不了主了吗？！"

他们都以为我不在家，其实我只不过趴在外屋小炕上看小说呢。那一时刻，我的同情是倾向于父亲一边的。

在父亲的压力之下，哥哥被迫停止了高考复习，托邻居的一种关系，到菜市场去帮着卖菜。

又有一天，哥哥傍晚时回到家里，将他一整天卖菜挣到的两角几分钱交给母亲后，哭了。那一时刻，我的同情又倾向于哥哥了。

他的同学和老师都认为，他天生似乎是可以考上北大或清华的学生。我也特别地怜悯母亲，要求她在父亲和哥哥之间立场坚定地反对哪一方，对于她都未免太难了。

是我和哥哥一道将父亲送上返回四川的列车的。父亲从车窗探出头对哥哥说："老大，我该说的都说了，你自己再三考虑吧！"父亲流泪了。哥哥也流泪了。列车就在那时开动了。等列车开远，我对哥哥说："哥，我恨你！"依我想来，哥哥即使非要考大学不可，那也应该暂且对父亲说句谎话，以使父亲能心情舒畅一点儿地离家上路。可他居然不。

多年以后，我理解哥哥了。母亲是将他作为一个"理想之子"来终日教诲的，说谎骗人在他看来是极为可耻的，那怎么还能用谎话骗自己的父亲呢?

哥哥没再去卖菜，也没重新开始备考。他病了，嗓子肿得说不出话，躺了三天。同学来了，老师来了，邻居来了，甚至街道干部也来了，所有的人都认为父亲目光短浅，不要听父亲的。连他的中学老师也来了，还带来了退烧消炎的药。居然有那么多的人关心我的哥哥，以至于当年使我心生出了几分嫉妒。直至那时，我在街坊四邻和老师同学眼中，仍是一个太不让家长省心的孩子。

哥哥考上了唐山铁道学院——他是为母亲考那所学院的。哈尔滨当年有不少老俄国时期留下的漂亮的铁路员工房。母亲认为，只要哥哥以后成了铁道工程师，我家也会住上那种漂亮的铁路房。

父亲给家里写了一封有一半错字的亲笔信，以严厉到不能再严厉的词句责骂哥哥。哥哥带着对父亲对家庭对弟弟妹妹的深深的内疚踏上了开往唐山的列车。

我上的中学，恰是哥哥的母校。不久全校的老师几乎都认得我了。有的老师甚至在课堂上问："谁是梁绍先的弟弟？"——哥哥虽然考上的不是清华、北大，但他是在发着烧的情况之下去考的呀！而且他放弃了几所保送大学，而且他是为了遵从母命才考唐山铁道学院的！1962 年，在哈尔滨市，底层人家出一名大学生，是具有童话色彩的事情。这样的一个家庭，全家人都是受尊敬的。

我这名初中生的虚荣心在当年获得了巨大的满足，我开始以哥哥为荣，我也暗自发誓要好好学习了。第一个学期几科全考下来，平均成绩九十几分，我对自己满怀信心。

饥饿像一只大手，依然攥紧着大多数中国人的胃，从草根草籽到树皮树叶，底层中国人几乎将一切能吃的东西都吃遍了，吃光了，并尝试吃许多自认为可以吃的，以前没吃过不敢吃的东西。父亲在大西北挨饿，哥哥在大学里挨饿，母亲和我们在家里挨饿。哥哥居然还不算学校里家庭生活最困难的学生，他每月仅领到九元钱的助学金。他又成了大学里的学生会干部，故须带头减少口粮定量，据说是为了支援亚非拉人民闹革命。父亲不与哥哥通信，不给他寄钱，也挤不出钱来给他寄。哥哥终于也开始撒谎了——他写信告诉家里，不必为他担什么心，说父亲每月寄给他十元钱。那么，他岂不是每月就有十九元的生活费了么？这在当年是挺高的生活费标准了，于是母亲真的放心了，并因父亲终于肯宽恕哥哥上大学的"罪过"而感动。哥哥还在信中说他投稿也能挣到稿费。其实他投稿无数，只不过挣到了一次稿费，后来听哥哥亲口说才三元……

哥哥第一个假期没探家，来信说是要带头留在学校勤工俭学。第二个假期也没探家，说是为了等到父亲也有了假期，与父亲同时探家。而实际上，他是因为没钱买车票才探不成家。

哥哥上大学的第二个学年开始不久，家里收到了一封学校发来的电报——"梁绍先患精神病，近日将由老师护送回家。"

电文是我念给母亲听的。

母亲呆了，我也呆了。

邻居家的叔叔婶婶们都到我家来了，传看着电报，陪母亲研究着，讨论着——精神病与疯了是一个意思，抑或不是？好心的邻居们都说肯定还是有些区别的。我从旁听着，看出邻居们是出于安慰。我的常识告诉我，那完全是一个意思，但是我不忍对母亲说。

母亲一直手拿着电报发呆，一会儿看一眼，一直坐到了天明。

而我虽然躺下了，却也彻夜未眠。

第二天我正上最后一堂课时，班主任老师将我叫出了教室——在一间教研室里，我见到了分别一年的哥哥，还有护送他的两名男老师。那时天已黑了，北方迎来了第一场雪。护送哥哥的老师说哥哥不记得往家走的路了，但对母校路熟如家。

我领着哥哥他们往家走时，哥哥不停地问我：家里还有人吗？父亲是不是已经饿死在大西北了？母亲是不是疯了？弟弟妹妹们是不是成了街头孤儿……

我告诉他母亲并没疯时，不禁泪如泉涌。

那时我最大的悲伤是——母亲将如何面对她已经疯了的“理想之子”？

哥哥回来了，全家人都变得神经衰弱了。因为哥哥不分白天黑夜，几乎终日喃喃自语。仅仅十五平方米的一个破家，想要不听他那种自语声，除非躲到外边去。母亲便增加哥哥的安眠药量，结果情况变得更糟，因为那会使哥哥白天睡得多，夜里更无法入睡。但母亲宁肯那样。那样哥哥白天就不太出家门了，而这不至于使邻居们特别是邻家的孩子们因为突然碰到了他而受惊。如此考虑当然是道德的，但我家的日子从此过得黑白颠倒了。白天哥哥在安眠药的作用下酣睡时，母亲和弟弟妹妹们也尽量补觉。夜晚哥哥喃喃自语开始折磨我们的神经时，我们都凭意志力忍着不烦躁。六口人挤着躺在同一铺炕上，希望听不到是不可能的。当年城市僻街的居民社区，到了夜晚寂静极了。哥哥那种喃喃自语对于家人不啻是一种刑罚。一旦超过两个小时，人的脑仁儿都会剧痛如灼的。而哥哥却似乎一点儿不累，能够整夜自语。他的生物钟也黑白颠倒了。母亲夜里再让他服安眠药，他倒是极听话的，乖乖地接过就服下去。哥哥即使疯了，也还是最听母亲话的儿子。除了喃喃自语是他无法自我控制的，在别的方面，母亲要求他应该怎样不应该怎样，他都表现得很顺从。弟弟妹妹们临睡前都互相教着用棉团堵耳朵了。母亲睡前也开始服安眠药了。不久我睡前也开始服安眠药了……

两个月后，精神病院通知家里有床位了。

于是一辆精神病院的专车开来，哥哥被几名穿白大褂的男人强制性地推上了车。当时他害怕极了，不知要将他送到哪里去，对他怎么样。母亲为了使他不怕，也上了车。

家人的精神终于得以松弛，而我的学习成绩一败涂地。

我又旷了两天课。也不用服安眠药，在家里睡起了连环觉。

哥哥住了三个月的院，在家中休养了一年。他的精神似乎基本恢复正常了。一年后，他的高中老师将他推荐到一所中学去代课，每月能开回三十五元的代课工资了。据说，那所中学的老师们对他上课的水平评价挺高，学生们也挺喜欢上他的课。

那时母亲已没工作可干，家里的生活仅靠父亲每月寄回的四十元勉强维持。忽一日一下子每月多了三十五元，生活改善的程度简直接近着幸福了。

那是我家生活的黄金时期。

家里还买了鱼缸，养了金鱼。也买了网球拍、象棋、军棋、扑克。在母亲，是为了使哥哥愉快。我和弟弟妹妹们都知道这一点的至关重要，都愿意陪哥哥玩玩。

如今想来，那也是哥哥人生中的黄金时期。

他指导我和弟弟妹妹们的学习十分得法，我们的学习成绩都快速地进步了。我和弟弟妹妹们都特别尊敬他了，他也经常表现出对我们每个弟弟妹妹的关心。母亲脸上又开始有笑容了。甚至，有媒人到家里来，希望能为哥哥做成大媒。

又半年后，哥哥的代课经历结束了。

他想他的大学了。

精神病院开出了“完全恢复正常”的诊断书，于是他又接着去圆他的大学梦了。那一年哥哥读的桥梁设计专业迁到四川去了，而父亲也仍在四川。父亲的工资涨了几元，他也转变态度，开始支持哥哥上大学了。父亲请假到哥哥的大学里去看望了哥哥一次，还与专业领导们合影了。哥哥居然又当上了学生会干部，他的老师称赞他跟上学习并不成问题，同意他从大三第一学期开始续读。因为他在家里自学得不错，大二补考的成绩还是中上。

一切似乎都朝良好的方面进展。

那一年已经是 1965 年了。

然而哥哥的大三却没读完——转年“文革”开始，各大学尤其乱得迅猛，乱得彻底。有人“大串联”去了，有人赴京请愿告状了，有人留在学校打“派仗”。

哥哥又被送回了家里。

这一次他成了“政治型”的疯子。

他见到母亲说的第一句话居然是“妈，我不是‘反革命’！”

哈尔滨也成了一座骚乱之城，几乎每天都有令人震动的事发生，也时有悲惨恐怖之事发生。全家人都看管不住哥哥了，经常是，一没留意，哥哥又失踪了。也经常是，三天五天找不到。找到后，每见他是挨过打了。谁打的他，在什么情况下挨的打，我和母亲都不得而知。母亲东借西借，为哥哥再次住院凑钱。钱终于凑够了，却住不进精神病院去。精神病人像急性传染病患者一样一天比一天多，床位极度紧张。盼福音似的盼到了入院通知书，准备下的住院费又快花光了。半年后才住上院。那半年里，我和母亲经常在深夜冒着凛冽严寒跟随哥哥满城市四处去“侦察”他幻觉中的“美蒋特务”的活动地点。他说只有他亲自发现了，才能证明自己并非“反革命”。他又整夜整夜地喃喃自语了。他很可怜地对母亲解释，他不是自己非要那样折磨亲人，而是被特务们用仪器操控的结果，还说他的头也被折磨得整天在疼。母亲则只有泪流不止。

在那样的一些日子里，我曾暗自祈祷：上帝啊，让我尽快没了这样的一个哥哥吧！

即使那时我也并没恨过哥哥，只不过太可怜母亲。我怕哪一天母亲也精神崩溃了，那可怎么办呢？对于我和弟弟妹妹们，母亲才是无比重要的。我们都怕因为哥哥这样了，哪一天再失去母亲。怕极了。

哥哥住了三个月的院，花去了不少的钱，都是母亲借的。报销单据寄往大学，杳无回音。大学已经彻底瘫痪了。而续不上住院费，哥哥被母亲接回家了，他的病情一点儿也没减轻。

在接下来的一年里，全家人的精神又倍受折磨，整天提心吊胆。哥哥接连失踪过几次，有次被关在某中学的地下室，好心人来报信，我和母亲才找到了他，他的眼眶被打青了。还有一次他几乎被当街打死，据说是因为他当众呼喊了句什么反动口号。也有一次是被公安局的“造反派”关押了起来，因为他不知从哪儿搞到了笔和纸，写了一张反动的大字报贴到了公安局门口……

“上山下乡”运动开始了。

我毫不犹豫地第一批就报了名。

每月能挣四十多元钱啊！我要无怨无悔地去挣！那么，家里就交得起住院费了，母亲和弟弟妹妹们就获拯救了。

我下乡的第二年，三弟也下乡了。我和三弟省吃俭用寄回家的钱，几乎全都用以支付哥哥的住院费了。后来四弟工作了，再后来小妹也工作了。他俩的学徒工资头三年每月十八元。尽管如此，还是支付不起哥哥的常年住院费，因为那每月要八十几元。但毕竟的，我们四个弟弟妹妹都能挣钱了。幸而街道挺体恤我家的，经常给开半费住院的证明。而半费的住院者，院方是比较排斥的。故每年还有半年的时间，哥哥是住在家里的。

有一年我回家探亲，家里的窗上安装了铁条，钉了木板，玻璃所剩无几。镜子、相框，甚至暖壶，一概易碎的东西一件没有了，菜刀、碗和盘子都锁在箱子里。

我发现，母亲额上有了一处可怕的疤，很深。那肯定是皮开肉绽所造成的。我还在家里发现了自制的手铐、脚镣、铁链。四弟的工友帮着做的。四弟和小妹谈起哥哥简直都谈虎变色了。四弟说哥哥的病不是从前那种“文疯”的情况了。而母亲含着泪说，她额上的伤疤是被门框撞的。那时刻，我内心里产生了憎恨。我认为哥哥已经注定不是哥哥了，而是魔鬼的化身了。那时刻，我暗自祈祷：上帝啊，为了我的母亲、四弟和小妹的安全，我乞求你，让他早点儿死吧！以往我回家，倘哥哥在住院，我必定是要去看望他两次的。第二天一次，临行一次。那次探亲假期里，我一次也没去看他。临行我对四弟留下了斩钉截铁的嘱咐：

能不让他回家就不让他回家！我的一名知青朋友的父亲是民政部的领导，住院费你们别操心，我要让他永远住在精神病院里！我托了那种关系。哥哥便成了精神病院的半费常住患者……而我回到兵团的次年，成了复旦大学的“工农兵学员”。这件事，我是颇犯过犹豫的。因为我一旦离开兵团，意味着每月不能再往家里寄钱了，并且，还需家里定期接济我一笔生活费。我将这顾虑写信告诉了三弟，三弟回信支持我去读书，保证每月可由他给我寄钱。这样的表示，已使我欣然。何况当时，我自觉身体情况不佳，有些撑不住抬大木那么沉重的劳动了，于是下了离开兵团的决心。

在复旦的三年，我只探过一次家，为了省钱。分配到北京电影制片厂后，我又将替哥哥付医药费的义务承担了。为了可持续地承担下去，我曾打算将独身主义实行到底。两个弟弟和小妹先后成家，在父母的一再劝说和催促之下，我也只有成家了。接着自己也有了儿子，将父母接到北京来住，埋头于创作，在北京“送走了”父亲，又将母亲接来北京，攒钱帮助弟弟妹妹改善住房问题……各种责任纷至沓来，使我除了支付住院费一事，简直忘记了还有一个哥哥。哥哥对于我，似乎只成了“一笔支出”的符号。

1977年母亲去世时，我坐在病床边，握着母亲的手，问母亲还有什么要嘱咐我的。

母亲望着我，眼角淌下泪来。

母亲说：“我真希望你哥跟我一块儿死，那他就不会拖累你了……”

我心大恸，内疚极了，俯身对母亲耳语：“妈妈放心，我一定照顾好哥哥，绝不会让他永远在精神病院里……”

当天午夜，母亲也“走了”……

办完母亲丧事的第二天，我住进一家宾馆，命四弟将哥哥从精神病院接回来。

哥哥一见我，高兴得像小孩似的笑了，他说：“二弟，我好想你。”

算来，我竟二十余年没见过哥哥了，而他却一眼就认出了我！

我不禁拥抱住他，一时泪如泉涌，心里连说：哥哥，哥哥，实在是对不起！对不起……

我帮哥哥洗了澡，陪他吃了饭，与他在宾馆住了一夜。哥哥以为他从此自由了。而我只能实话实说：现在还不行，但我一定尽快将你接到北京去！

一返回北京，我动用轻易不敢用的存款，在北京郊区买了房子。简易装修，添置家具。半年后，我将哥哥接到了北京，并动员邻家的一个弟弟“二小”一块儿来了。“二小”也是返城知青，常年无稳定工作、稳定住处。我给他开一份工资，由他来照顾哥哥，可谓一举两得。他对哥哥很有感情，由他来替我照顾哥哥，我放心。

于是哥哥的人生，终于接近是一种人生了。

那三年里，哥哥生活得挺幸福，“二小”也挺知足，他们居然都渐胖了。我每星期去看他们，一块儿做饭、吃饭、散步、下棋，有时还一块儿唱歌……

却好景不长，“二小”回哈尔滨探望他自己的哥哥及妹妹时，某日不慎从高处跌下，不幸身亡。这噩耗使我伤心了好多天，我只好向单位请了假，亲自照看哥哥。

我对哥哥说：“哥，二小不能回来照顾你了，他成家了……”

哥哥怔愣良久，竟说：“好事。他也该成家了，咱们应该祝贺他，你寄一份礼给他吧。”

我说：“照办。但是，看来你又得住院了。”

哥哥说：“我明白。”

那年，哥哥快六十岁了。他除了头脑、话语和行动都变得迟钝了，其实没有任何可能具有暴力倾向的表现。相反，倒是每每流露出次等人的自卑来。

我说：“哥，你放心，等我退休了，咱俩一块儿生活。”

哥哥说：“我听你的。”

哥哥在北京先后住过了几家精神病院，有私立的，也有公立的。现在住的这一所医院，据说是北京市各方面条件最好的。每月费用四千元左右。幸而我还有稿费收入，否则，即或身为教授，只怕也还是难以承担。

前几天，我又去医院看他。天气晴好，我俩坐在院子里的长椅上，我看着他喝酸奶，一边和他聊天。在我们眼前，几只野猫慵懒大方地横倒竖卧。而在我们对面，另一张长椅上坐着一对老伴儿，他们中间是一名五十来岁的健壮患者，专心致志、大快朵颐地吃烧鸡。那一对老伴儿，看去是从农村赶来的，都七十五六岁了。二老腿旁，也都斜立着树杈削成的拐棍。他们身上落了一些尘土，一脸疲惫。

我问哥：“你当年为什么非上大学不可？”

哥哥说：“那是一个童话。”

我又问：“为什么是童话？”

哥哥说：“妈妈认为只有那样，才能更好地改变咱们家的穷日子。妈妈编那个童话，我努力实现那个童话。当年我曾下过一种决心，不看着你们几个弟弟妹妹都成家立业了，我自己是绝不会结婚的……”他看着我苦笑。原来哥哥也有过和我一样的想法！我心一疼，黯然无语，呆望着他，像呆望着另一个自己的化身。

哥哥起身将塑料盒扔入垃圾筒，复坐下后，看着一只猫反问：“你跟我说的那件事，也是童话吧？”

“什么事？”我的心还在疼着。

“就是，你保证过的，退休了要把我接出去，和我一起生活……”

想来，那一种保证，已是六七年前的事了，不料哥哥始终记着。他显然也一直在盼着。

哥哥已老得很丑了。头发几乎掉光了，牙也不剩几颗了，背驼了，走路极慢了，比许多六十八九岁的人老多了。而他当年，可是一个一身书卷气、儒雅清秀的青年，从高中到大学，追求他的女生多多。

我心又是一疼。

我早已能淡定地正视自己的老了，对哥哥的迅速老去，却是不怎么容易接受的，甚至有几分慌恐、恓惶，正如当年从心理上排斥父亲和母亲无可奈何地老去一样。

“你忘了吗？”哥哥又问，目光迟滞地望着我。

我赶紧说：“没忘，哥，你还要再耐心等上两三年……”

“我有耐心。”他信赖地笑了，话说得极自信。随后，眼望向了远处。

其实，我晚年的打算从不曾改变——更老的我，与老态龙钟的哥哥相伴着走向人生的终点，在我看来，倒也别有一种圆满滋味在心头。对于绝大多数的人，人生本就是一堆责任而已。参透此谛，爱情是缘，友情是缘，亲情尤其是缘，不论怎样，皆当润砾成珠。

对面的大娘问："是你什么人呀？"

我回答："兄长。"

话一出口，自窘起来。现实生活中，谁还说"兄长"二字啊！

大娘耳背，转脸问大爷："是他什么人？"

大爷大声冲她耳说："是他老哥！"

我问大娘："你们看望的是什么人啊？"

她说："我儿子。"看儿子一眼，她又说，"儿子，慢点儿吃，别噎着。"

大爷说："为了给他续上住院费，我们把房子卖了。没家了，住女婿家去了……"

他们的儿子津津有味地吃着，似乎老父亲老母亲的话，他一句也没听到。

我心接着一疼。这一次，疼得格外锐利。我联想到了电视新闻报道的那件事——一位崩溃了毅忍力的母亲，绝望之下毒死了两个一出生便严重智障的女儿。也联想到了电影前辈秦怡在接受采访时讲述的实情——她的患精神病的儿子一犯病往往劈头盖脸地打她……

中国境内，不是所有精神病患者的家里，都有一个有稿费收入的小说家，或一位著名的电影演员啊！

我又暗自祈祷了：上帝啊，人间有些责任，哪怕是最理所当然之亲情责任，亦绝非每一个家庭只靠伦理情怀便承担得了的！您眷顾他们吧，您拯救他们吧……

这一次，在我意识中，上帝不是任何神明，而是——我们的国……

第一支钢笔

它是黑色的，笔身粗大，外观笨拙。全裸的笔尖、旋拧的笔帽。胶皮笔囊内没有夹管，吸墨水时，捏一下，缓慢鼓起。墨水吸得太足，写字常常“呕吐”，弄脏纸和手。我使用它，已经二十多年了。笔尖劈过，断过，被我磨齐了，也磨短了。笔道很粗，写一个笔画多的字，大稿纸的两个格子也容不下。已不能再用它写作，只能写便笺或信封。

它是我使用的第一支钢笔，母亲给我买的。那一年，我升入小学五年级。学校规定，每星期有两堂钢笔字课。某些作业，要求学生必须用钢笔完成。全班每一个同学，都有了一支崭新的钢笔。有的同学甚至有两支。我却没有钢笔可用，连支旧的也没有。我只有蘸水钢笔，每次完成钢笔作业，右手总被墨水染蓝。染蓝了的手又将作业本弄脏。我常因此而感到委屈，做梦都想得到一支崭新的钢笔。

一天，我终于哭闹起来，折断了那支蘸水笔，逼着母亲非立刻给买一支吸水笔不可。

母亲对我说：“孩子，妈妈不是答应过你，等你爸爸寄回钱来，一定给你买支吸水笔吗？”

我不停地哭闹，喊叫：“不，不，我今天就要。你去给我借钱买。”

母亲叹了口气，为难地说：“你这孩子，真不懂事。这月买粮的钱，是向邻居借的；交房费的钱，也是向领导借的；给你妹妹看病，还是向领导借的钱。为了今天给你买一支吸水笔，你就非逼着妈妈再去向邻居借钱吗？叫妈妈怎么张得开口啊？”

我却不管母亲好不好意思再向邻居张口借钱，哭闹得更凶。母亲心烦了，打了我两巴掌。我赌气哭着跑出了家门……

那天下雨，我在雨中游荡了大半日不回家，衣服淋湿了，头脑也淋得平静了，心中不免后悔自责起来。是啊，家里生活困难，仅靠在外地工作的父亲每月寄回几十元钱过日子，母亲不得不经常向邻居开口借钱。母亲是个很顾脸面的人，每次向邻居家借钱，都需鼓起一番勇气。

我怎么能为了买一支吸水笔，就那样为难母亲呢？我觉得自己真是太对不起母亲了。

于是我产生了一个念头，要靠自己挣钱买一支钢笔。这个念头一产生，我就冒雨朝火车站走去。火车站附近有座坡度很陡的桥，一些大孩子常等在坡下，帮拉货的手推车夫们推上坡，可讨得五分钱或一角钱。

我走到那座大桥下，等待许久，不见有推车来。雨越下越大，我只好站到一棵树下躲雨。雨点劈劈啪啪地抽打着肥大的杨树叶，冲刷着马路。马路上不见一个行人的影子，只有公共汽车偶尔驶来驶去。几根电线杆子远处，就迷迷蒙蒙地看不清楚什么了。

我正感到沮丧，想离开，雨又太大，等下去，肚子又饿，忽然发现了一辆手推车，装载着几层高高的木箱子，遮盖着雨布。拉车人在大雨中缓慢地、一步步地朝这里拉来。看得出，那人拉得非常吃力，腰弯得很低，上身几乎俯得与地面平行了，两条裤腿都挽到膝盖以上，双臂拼力压住车把，每迈一步，似乎都使出了浑身的劲儿。那人没穿雨衣，头上戴顶草帽。由于他上身俯得太低，无法看见他的脸，也不知他是个老头儿，还是个小伙儿。

他刚将车拉到大桥坡下，我便从树下一跃而出，大声问：“要帮一把吗？”

他应了一声。我没听清他应的是什么，明白是正需要我“帮一把”的意思，就赶快绕到车后，一点也不隐藏力气地推起来。车上不知拉的何物，非常沉重。还未推到半坡，我便一点力气也没有了，双腿发软，气喘吁吁。那时我才知道，对于有些人来说，钱并非容易挣到的。即使一角钱，也是并非容易挣到的。我还空着肚子呢。又推了几步，实在推不动了，产生了“偷劲”的念头。反正拉车人是看不见我的。我刚刚松懈了一点力气，就觉得车轮顺坡倒转。不行，不容我“偷劲”。那拉车人，也肯定是凭着最后一点力气在坚持，在顽强地向坡上拉。我不忍心“偷劲”了。我咬紧牙关，憋足一股力气，发出一个孩子用力时的哼哼声，一步接一步，机械地向前迈动步子。

车轮忽然转动得迅速起来。我这才知道，已经将车推上了坡，开始下坡了。手推车飞快朝坡下冲，那拉车人身子太轻，压不住车把，反被车把将身子悬起来，腿离了地面，控制不住车的方向。幸亏车的方向并未偏往马路中间，始终贴着人行道边，一直滑到坡底才缓缓停下。

我一直跟在车后跑，车停了，我也站住了。那拉车人刚转过身，我便向他伸出一只手，大声说：“给钱。”那拉车人呆呆地望着我，一动不动，也不掏钱，也不说话。我仰起脸看他，不由得愣住了。“他”……原来是母亲。雨水，混合着汗水，从母亲憔悴的脸上直往下淌。母亲的衣服完全淋透了，像从水里捞出来的一样，湿漉漉地贴在身上，显出了她那瘦削的两肩的轮廓。她胸口剧烈地起伏着，脸色苍白，大口大口地喘着气。

我望着母亲，母亲望着我，我们母子完全怔住了。就在那一天，我得到了那支钢笔，梦寐以求的钢笔。母亲将它放在我手中时，满怀期望地说：“孩子，你要用功读书啊。你要是不用功读书，就太对不起妈妈了……”在我的学生时代，我一刻都没有忘记过母亲满怀期望对我说的这番话。如今，二十多年过去了，我已经是个成年人了，母亲变成老太婆了。那支笔，也可以说早已完成它的历史使命了。但我，却要永远保存它，永远珍视它，永远不抛弃它。

我的小学

一

我永远忘不了这样一件事：某年冬天，市里要来一个卫生检查团到我们学校检查卫生，班主任老师吩咐两名同学把守在教室门外，个人卫生不合格的学生，不准进入教室。我是不许进入教室的几个学生之一。我和两名把守在教室门外的学生吵了起来，结果他们从教员室请来了班主任老师。

班主任老师上下打量着我，冷起脸问："你为什么今天还要穿这么脏的衣服来上学？"

我说："我的衣服昨天刚刚洗过。"

"洗过了还这么脏？"老师指点着我衣襟上的污迹。

我说："那是油点子，洗不掉的。"

老师生气了："回家去换一件衣服。"

我说："我就这一件上学的衣服。"

我说的是实话。

老师认为我顶撞了她，更加生气了，又看我的双手，说：“回家叫你妈把你两手的皴用砖头蹭干净了再来上学！”接着像扒乱草堆一样乱扒我的头发，“瞧你这满头虮子，像撒了一脑袋大米！叫人恶心！回家去吧！这几天别来上学了，检查过后再来上学！”

我的双手，上学前用肥皂反复洗过，用砖头蹭也未必能蹭干净。而手的生皴，不是我所愿意的。我每天要洗菜，淘米，刷锅，刷碗。家里的破屋子四处透风，连水缸在屋内都结冰，我的手上怎么不生皴？不卫生是很羞耻的，这我也懂，但卫生需要起码的“为了活着”的条件，这一点我的班主任老师便不懂了。阴暗的，夏天潮湿冬天寒冷的，像地窖一样的一间小屋，破炕上每晚拥挤着大小五口人，四壁和天棚每天起码要掉下三斤土，炉子每天起码要向狭窄的空间飞扬四两灰尘……母亲每天早起晚归去干临时工，根本没有精力照料我们几个孩子，如果我的衣服居然还干干净净，手上没皴头上没有虮子，那倒真是咄咄怪事了！我当时没看过《西行漫记》，否则一定会顶撞一句：“毛主席当年在延安住窑洞时还当着斯诺的面捉虱子呢！”

我认为，对于身为教师者，最不应该的，便是以贫富来区别对待学生。我的班主任老师嫌贫爱富。我的同学中的区长、公社书记、工厂厂长、医院院长们的儿女，他们都并非品学兼优的好学生，有的甚至经常上课吃零食、打架，班主任老师却从未严肃地批评过他们一次。

对班主任老师尖酸刻薄的训斥，我只有含侮忍辱而已。

我两眼涌出泪水，转身就走。

这一幕却被语文老师看到了。

她说：“梁绍生，你别走，跟我来。”扯住我的一只手，将我带到教员室。她让我放下书包，坐在一把椅子上，又说：“你的头发也够长了，该理一理了，我给你理吧！”说着就离开了办公室。学校后勤科有一套理发工具，是专为男教师们互相理发用的。我知道她准是取那套理发工具去了。

可是我心里却不想再继续上学了。因为穷，太穷，我在学校里感到一点尊严也没有。而一个孩子需要尊严，正像需要母爱一样。我是全班唯一的一个免费生。免费对一个小学生来说是精神上的压力和心理上的负担。“你是免费生，你对得起党吗？”哪怕无意识地犯了算不得什么错误的错误，我也会遭到班主任老师这一类冷言冷语的训斥。我早听够了！

语文老师走出教员室，我便拿起书包逃离了学校。我一直跑出校园，跑着回家。

“梁绍生，你别跑，别跑呀！小心被汽车撞了呀！”

我听到了语文老师的呼喊。她追出了校园，在人行道上跑着追我。

我还是跑，她紧追。

“梁绍生，你别跑了，你要把老师累坏呀！”

我终于不忍心地站住了。

她跑到我跟前，已气喘吁吁。

她说：“你不想上学啦？”

我说：“是的。”

她说：“你才小学四年级，学这点文化将来够干什么用？”

我说：“我宁肯和我爸爸一样将来靠力气吃饭，也不在学校里忍受委屈了！”

她说：“你这种想法是错误的。小学四年级的文化，将来也当不了一个好工人！”

我说：“那我就当一个不好的工人！”

她说：“那你将来就会恨你的母校，恨母校所有的老师，尤其会恨我。因为我没能规劝你继续上学！”

我说：“我不会恨您的。”

她说：“那我自己也不会原谅我自己！”

我满心间自卑、委屈、羞耻和不平，哇的一声哭了。

她抚摸着我的头，低声说：“别哭，跟老师回学校吧，啊？我知道你们家里生活很穷困，这不是你的过错，没有什么值得自卑和羞耻的。你要使同学们看得起你，每一位老师都喜爱你，今后就得努力学习才是啊！”

我只好顺从地跟她回到了学校。

二

如今想起这件事，我仍觉后怕。没有我这位小学语文老师，依着我从父亲的秉性中继承下来的那种九头牛拉不动的倔犟劲儿，很可能连我母亲也奈何不得我，当真从小学四年级就弃学了。那么今天我既不可能成为作家，也必然像我的那位小学语文老师说的那样—当不了一个好工人。

一位会讲故事的母亲和从小的穷困生活，是造成我这样一个作家的先决因素。狄更斯说过—穷困对于一般人是种不幸，但对于作家也许是种幸运。的确，对我来说，穷困并不仅仅意味着童年生活的不遂人愿。它促使我早熟，促使我从童年起就开始怀疑生活，思考生活，认识生活，介入生活。虽然我曾千百次地诅咒过穷困，因穷困感到过极大的自卑和羞耻。

我发现自己也具有讲故事的“才能”，是在小学二年级。认识字了，语文课本成了我最早阅读的书籍，新课本发下来未过多久，我就先自通读一遍了。当时课文中的生字，标有拼音，读起来并不难。

一天，我坐在教室外的楼梯台阶上正聚精会神地看语文课本，教语文课的女老师走上楼，好奇地问：“你在看什么书？”

我立刻站起，规规矩矩地回答：“语文课本。”

老师又问：“哪一课？”

我说：“下堂您要讲的新课—《小山羊看家》。”

“这篇课文你觉得有意思吗？”

“有意思。”

“看过几遍了？”

“两遍。”

“能讲下来吗？”

我犹豫了一下，回答：“能。”

上课后，老师把我叫起，对同学们说：“这一堂讲第六课—《小山羊看家》。下面请梁绍生同学先把这一篇课文讲述给我们听。”

我的名字本叫梁绍生，梁晓声是我在“文革”中自己改的名字。文革中兴起过一阵改名的时髦风，我在一张辞去班级“勤务员”职务的声明中首次署了现在的名字——梁晓声。

我被老师叫起后，开始有些发慌，半天不敢开口。

老师鼓励我：“别紧张，能讲述到哪里，就讲述到哪里。”

我在老师的鼓励下，终于开口讲了：“山羊妈妈有四个孩子，一天，山羊的妈妈要离开家……”

当我讲完后，老师说：“你讲得很好，坐下吧！”

看得出，老师心里很高兴。

全班同学都很惊异，对我十分羡慕。

一个穷困人家的孩子，他没有任何值得自我炫耀的地方，当他的某一方面“才能”当众得以显示，并且被羡慕，并且受到夸奖，他心里自然充满骄傲。

以后，语文老师每讲新课，总是提前几天告诉我，嘱我认真阅读，到讲那一堂新课时，照例先把我叫起，让我首先讲述给同学们听。

我们的语文老师，是一位主张教学方法灵活的老师。她需要我这样一名学生，喜爱我这样一名学生。因为我的存在，使她在我们这个班讲的语文课生动活泼了许多。而我也同样需要这样一位老师，因为是她给予了我在全班同学面前显示自己讲故事“才能”的机会。而这样的机会当时对我是重要的，使我幼小的意识中也有一种骄傲存在着，满足着我匮乏的虚荣心。后来，老师的这一语文教学方法，在全校推广了开来，引起区和市教育局领导同志的兴趣，先后到我们班听过课。从小学二年级至小学六年级，我和我的语文老师一直配合得很默契。她喜爱我，我尊敬她。小学毕业后，我还回母校看望过她几次。“文革”开始，她因是市的教育标兵，受到了批斗。记得有一次我回母校去看她，她刚刚被批斗完，握着扫帚扫校园，剃了“鬼头”，脸上的墨迹也不许她洗去。

我见她那样子，很难过，流泪了。

她问：“梁绍生，你还认为我是一个好老师吗？”

我回答：“是的，您在我心中永远是一位好老师。”

她惨然地苦笑了，说：“有你这样一个学生，有你这样一句话，我挨批挨斗也心甘情愿了！走吧，以后别再来看老师了，记住老师曾多么喜爱你就行！”

那是最后一次见到她。

不久，她跳楼自杀了。

她不但是我的小学语文老师，还是我小学母校的少先队辅导员老师。她在同学们中组织起了全市小学校的第一个“故事小组”和第一个“小记者委员会”。我小学时不是个好学生，经常逃学，不参加校外学习小组，除了语文成绩较好，算术、音乐、体育都仅是个“中等”生，直到五年级才入队。还是在我这位语文老师的多次力争下有幸戴上了红领巾，也是在我这位语文老师的力争下才成为“故事小组”和“小记者委员会”的成员。对此我的班主任老师很有意见，认为她所偏爱的是一个坏学生。我逃学并非因为我不爱学习。那时母亲天不亮就上班去了，哥哥已上中学，是校团委副书记兼学生会主席，也跟母亲一样，早晨离家，晚上才归，全日制，就苦了我。家里还有两个弟弟一个妹妹，我得给他们做饭吃，收拾屋子和担水，他们还常常哭着哀求我在家陪他们。将六岁、四岁、二岁的小弟小妹撇在家里，我常常于心不忍，便逃学，不参加校外学习小组。班主任老师从来也没有到我家进行过家访，因而不体谅我也就情有可原，认为我是一个坏学生更理所当然。班主任老师不喜欢我，还因为穿在我身上的衣服一向很不体面，不是过于肥大就是过于短小，不仅破，而且脏，衣襟几乎天天带着锅底灰和做饭时弄上的油污。在小学没有一个和我要好过的同学。

语文老师是我小学时期在学校里的唯一的一个朋友。我至今不忘她，永远都难忘。不仅因为她是我小学时期唯一关心过我喜爱过我的一位老师，不仅因为她给予了我唯一的竖立起自豪感的机会和方式，还因她将我向文学的道路上推进了一步——由听故事到讲故事。

三

语文老师牵着我的手，重新把我带回了学校，重新带到教员室，让我重新坐在那把椅子上，开始给我理发。语文教员室里的几位老师百思不得其解地望着她。一位男老师对她说：“你何苦呢？你又不是他的班主任。曲老师因为这个学生都对你有意见了，你一点儿不知道？”

她笑笑，什么也未回答。

她一会儿用剪刀剪，一会儿用推子推，将我的头发剪剪推推摆弄了半天，总算“大功告成”。她歉意地说：“老师没理过发，手太笨，使不好推子也使不好剪刀，大冬天的给你理了个小平头，你可别生老师的气呀！”

教员室没面镜子。我用手一摸，平倒是很平，头发却短得不能再短了。哪里是“小平头”，分明是被剃了一个不彻底的秃头。虮子肯定不存在了，我的自尊心也被剪掉剃平。

我并未生她的气。随后她又拿起她的脸盆，领我到锅炉房，接了半盆冷水再接半盆热水，兑成一盆温水，给我洗头，洗了三遍。只有母亲才如此认真地给我洗过头。我的眼泪一滴滴落在脸盆里。

她给我洗好头，再次把我领回教员室，脱下自己的毛坎肩，套在我身上，遮住了我衣服前襟那片无法洗掉的污迹。她身材娇小，毛坎肩是绿色的，套在我身上尽管不伦不类，却并不显得肥大。教员室里的另外几位老师，瞅着我和她，一个个摇头不止，忍俊不禁。她说：“走吧，现在我可以送你回到你们班级去了！”

她带我走进我们班级的教室后，同学们顿时哄笑起来。大冬天的，我竟剃了个秃头，棉衣外还罩了件绿坎肩，模样肯定是太古怪太滑稽了！

她生气了，严厉地喝问我的同学们：“你们笑什么？有什么可笑的？哄笑一个同学迫不得已的做法是可耻的行为！如果我是你们的班主任，谁再敢哄笑我就把谁赶出教室！”

这话她一定是随口而出的，绝不会有任何针对我的班主任老师的意思。我看到班主任老师的脸一下子拉长。班主任老师也对同学们呵斥：“不许笑！这又不是耍猴！”班主任老师的话，更加使我感到被当众侮辱，而且我听出来了，班主任老师的话中，分明包含着针对语文老师的不满成分。语文老师听没听出来，我无法知道。我未看出她脸上的表情有什么变化。她对班主任老师说：“曲老师，就让梁绍生上课吧！”班主任老师拖长语调回答：“你对他这么尽心尽意，我还有什么话可说？”

市教育局卫生检查团到我们班检查卫生时，没因为我们班有我这样一个剃了秃头，棉袄外套件绿色毛坎肩的学生而贴在我们教室门上一面黄旗或黑旗。

他们只是觉得我滑稽古怪，惹他们发笑而已……

从那时起直至我小学毕业，我们班主任老师和语文老师的关系一直不融洽。我知道这一点，我们班级的所有同学也都知道这一点，而这一点似乎完全是由于我这个学生导致的。几年来，我在一位关心我的老师和一位讨厌我的老师之间，处处谨小慎微，循规蹈矩，力不胜任地扮演一架天平上的小砝码的角色。扮演这种角色，对于一个小学生的心理，无异于扭曲，对我以后的性格形成不良影响，使我如今不可救药地成了一个忧郁型的人。

我心中暗暗铭记语文老师对我的教诲，学习努力起来，成绩渐好。

班主任老师却不知为什么对我愈发冷漠无情了。

四

四年级上学期期末考试，我的语文和算术破天荒地拿了“双百”，而且《中国少年报》选登了我的一篇作文，市广播电台“红领巾”节目也广播了我的一篇作文，还有一篇作文用油墨抄写在儿童电影院的宣传栏上。同学对我刮目相待了，许多老师也对我和蔼可亲了。

校长在全校师生大会上表扬了我的语文老师，充分肯定了在我这个一度被视为坏学生的转变和进步过程中，她所付出的种种心血，号召全校老师向她那样对每一个学生树立起高度的责任感。

受到表扬有时对一个人不是好事。

在她没有受到校长的表扬之前，许多师生都公认，我的“转变和进步”，与她对我的教育是分不开的。而在她受到校长的表扬之后，某些老师竟认为她是一个“机会主义者”了。“文革”期间，有一张攻击她的大字报，赫赫醒目的标题——“看机会主义者 ×× 是怎样在教育战线进行投机和沽名钓誉的！”

而我们班的几乎所有同学，都不知掌握了什么证据，断定我那三篇给自己带来荣誉的作文，是语文老师替我写的。于是流言传播，闹得全校沸沸扬扬。

四年级二班的梁绍生，

是个逃学精，

老师替他写作文，

《少年报》上登，

真该用屁崩！

一些男同学，还编了这样的顺口溜，在我上学和放学的路上，包围着我讥骂。班主任老师亲眼看见过我被凌辱的情形，没制止。

班主任老师对我冷漠无情到视而不见的地步。她教算术。在她讲课时，连扫也不扫我一眼了。她提问或者叫同学在黑板上解答算术题时，无论我将手举得多高，都无法引起她的注意。

一天，在她的课堂上，同学们做题，她坐在讲课桌前批改作业本。教室里静悄悄的。

“梁绍生！”她突然大声叫我的名字。

我吓了一跳，立刻怯怯地站了起来。

全体同学都停了笔。

“到前边来！”班主任老师的语调中隐含着一股火气。

我惴惴不安地走到讲桌前。

“作业为什么没写完？”

“写完了。”

“当面撒谎！你明明没写完！”

“我写完了，中间空了一页。”

我的作业本中夹着印废了的一页，破了许多小洞，我写作业时随手翻过去了，写完作业后却忘了扯下来。

我低声下气地向她承认是我的过错。

她不说什么，翻过那一页，下一页竟仍是空页。

我万没想到我写作业时翻得匆忙，会连空两页。

她拍了一下桌子：“撒谎！撒谎！当面撒谎！你明明是没有完成作业！”

我默默地翻过了第二页空页，作业本上展现出了我接着做完了的作业。

她的脸倏地红了：“你为什么连空两页？！想要捉弄我一下是不是？！”

我垂下头，讷讷地回答：“不是。”

她又拍了一下桌子：“不是？！我看你就是这个用意！你别以为你现在是个出了名的学生了，还有一位在学校里红得发紫的老师护着你，托着你，拼命往高处抬举你，我就不敢批评你了！我是你的班主任，你的小学鉴定还得我写呢！”

我被彻底激怒了！我不能容忍任何人在我面前侮辱我的语文老师！我爱她！她是全校唯一使我感到亲近的人！我觉得她像我的母亲一样，我内心里是视她为我的第二个母亲的！

我突然抓起了讲台桌上的红墨水瓶。班主任以为我要打在她脸上，吃惊地远远躲开我，喝道：“梁绍生，你要干什么？！”

我并不想将墨水瓶打在她脸上，我只是想让她知道，我是一个人，在忍无可忍的情况下我是会愤怒的！

我将墨水瓶使劲摔到墙上。

墨水瓶粉碎了，雪白的教室墙壁上出现了一片“血”迹！

我接着又将粉笔盒摔到了地上。一盒粉笔尽断，四处滚去。

教室里长久的一阵鸦雀无声，直至下课铃响。

那天放学后，我在学校大门外守候着语文老师回家。她走出学校时，我叫了她一声。

她奇怪地问：“你怎么不回家？在这里干什么？”

我垂下头去，低声说：“我要跟您走一段路。”

她沉思地瞧了我片刻，一笑，说：“好吧，我们一块儿走。”

我们便默默地向前走。

她忽然问：“你有什么事要告诉我吧？”

我说：“老师，我想转学。”

她站住，看着我，又问：“为什么？”

我说：“我不喜欢我们班级！在我们班级我没有朋友，曲老师讨厌我！要不请求您把我调到您当班主任的四班吧！”

我说着想哭。

“那怎么行？不行！”她语气非常坚决，“以后你再也不许提这样的请求！”

我也非常坚决地说：“那我就只有转学了！”眼泪涌出了眼眶。

她说：“我不许你转学。”

我觉得她不理解我，心中很委屈，想跑掉。

她一把扯住我，说：“别跑。你感到孤独是不是？老师也常常感到孤独啊！你的孤独是穷困带来的，老师的孤独……是另外的原因带来的。你转到其他学校也许照样会感到孤独的。我们一个孤独的老师和一个孤独的学生不是更应该在一所学校里吗？转学后你肯定会想念老师，老师也肯定会想念你的。孤独对一个人不见得是坏事……这一点你以后会明白的。再说你如果想有朋友，你就应该主动去接近同学们，而不应该对所有的同学都充满敌意，怀疑所有的同学心里都想欺负你……”

我的小学语文老师她已成泉下之人近二十年了。我只有在这篇纪实性的文字中，表达我对她虔诚的怀念。

教育的社会使命之一，就是应首先在学校中扫除嫌贫谄富媚权的心态！

而嫌贫谄富，在我们这个国家，在我们这个国家的小学、中学乃至大学，在 21 世纪的今天，依然不乏其例。

因为我小学毕业后，接着进入了中学，而后又进入过大学，所以我有理由这么认为。

我诅咒这种现象！鄙视这种现象！

我和橘皮的往事

多少年过去了，那张清瘦而严厉的、戴六百度黑边近视镜的女人的脸，仍时时浮现在我眼前，她就是我小学四年级的班主任老师。想起她，也就使我想起了一些关于橘皮的往事……

其实，校办工厂并非是今天的新事物。当年我的小学母校就有校办工厂，不过规模很小罢了。专从民间收集橘皮，烘干了，碾成粉，送到药厂去，所得加工费，用以补充学校的教学经费。

有一天，轮到我和我们班的几名同学，去那小厂房里义务劳动。一名同学问指派我们干活的师傅，橘皮究竟可以治哪几种病？师傅就告诉我们，可以治什么病，尤其对平喘和减缓支气管炎有良效。

我听了暗暗记在心里。我的母亲，每年冬季都为支气管炎所苦，经常喘作一团，憋红了脸，透不过气来。可是家里穷，母亲舍不得花钱买药，就那么一冬季又一冬季地忍受着，一冬季比一冬季气喘得厉害。看着母亲喘作一团，憋红了脸透不过气来的痛苦样子，我和弟弟妹妹每每心里难受得想哭。我暗想，一麻袋又一麻袋，这么多这么多橘皮，我何不替母亲带回家一点儿呢？……

当天，我往兜里偷偷揣了几片干橘皮。

以后，每次义务劳动，我都往兜里偷偷揣几片干橘皮。

母亲喝了一阵子干橘皮泡的水，剧烈喘息的时候，分明地减少了，起码我觉着是那样。我内心里的高兴，真是没法儿形容。母亲自然问过我——从哪儿弄的干橘皮？我撒谎，骗母亲，说是校办工厂的师傅送给的。母亲就抚摸我的头，用微笑表达她对她的一个儿子的孝心所感受到的那一份儿欣慰。那乃是穷孩子们的母亲们普遍的最由衷的也是最大的欣慰啊！……

不料想，由于一名同学的告发，我成了一个小偷，一个贼。先是在全班同学眼里成了一个小偷，一个贼，后来是在全校同学眼里成了一个小偷，一个贼。

那是特殊的年代。哪怕小到一块橡皮，半截铅笔，只要一旦和“偷”字连起来，也足以构成一个孩子从此无法刷洗掉的耻辱，也足以使一个孩子从此永无自尊可言。每每的，在大人们互相攻讦之时，你会听到这样的话——“你自小就是贼！”——那贼的罪名，却往往仅由于一块橡皮，半截铅笔。那贼的罪名，甚至足以使一个人背负终生。即使往后别人忘了，不再提起了，在他或她内心里，也是铭刻下了。这一种刻痕，往往扭曲了一个人的一生，改变了一个人的一生，毁灭了一个人的一生……

在学校的操场上，我被迫当众承认自己偷了几次橘皮，当众承认自己是贼。当众，便是当着全校同学的面啊！……

于是我在班级里，不再是任何一个同学的同学，而是一个贼。于是我在学校里，仿佛已经不再是一名学生，而仅仅是，无可争议地是一个贼，一个小偷了。

我觉得，连我上课举手回答问题，老师似乎都佯装不见，目光故意从我身上一扫而过。我不再有学友了。我处于可怕的孤立之中。我不敢对母亲讲我在学校的遭遇和处境，怕母亲为我而悲伤……当时我的班主任老师，也就是那一位清瘦而严厉的、戴六百度近视镜的中年女教师，正休产假。她重新给我们上第一堂课的时候，就觉察出了我的异常处境。放学后她把我叫到了僻静处，而不是教员室里，问我究竟做了什么不光彩的事。我哇地哭了……第二天，她在上课之前说：“首先我要讲讲梁绍生（我当年的本名）和橘皮的事。他不是小偷，不是贼。是我嘱咐他在义务劳动时，别忘了为老师带一点儿橘皮。老师需要橘皮掺进别的中药治病。你们再认为他是小偷，是贼，那么也把老师看成是小偷，是贼吧！……”

第三天，当全校同学做课间操时，大喇叭里传出了她的声音。说的是她在课堂上所说的那番话……从此我又是同学的同学，学校的学生，而不再是小偷不再是贼了。从此我不想死了……我的班主任老师，她以前对我从不曾偏爱过，以后也不曾。在她眼里，以前和以后，我都只不过是她的四十几名学生中的一个，最普通的最寻常的一个……

但是，从此，在我心目中，她不再是一位普通的老师了。尽管依然像以前那么严厉，依然戴六百度的近视镜……

在“文革”中，那时我已是中学生了，没给任何一位老师贴过大字报。我常想，这也许和我永远忘不了我的小学班主任老师有某种关系。没有她，我不太可能成为作家。也许我的人生轨迹将彻底地被扭曲、改变，也许我真的会变成一个贼，以我的堕落报复社会。也许，我早已自杀了……

以后我受过许多险恶的伤害，但她使我永远相信，生活中不只有坏人，像她那样的好人是确实存在的……因此我应永远保持对生活的真诚热爱！

父母是最朴素的人文

一年一度，又逢母亲节、父亲节。

我的意识中，母亲像一棵树，父亲像一座山。他们教育我很多朴素的为人处世道理，令我终身受益。我觉得，对于每一个人，父母早期的家教都具有初级的朴素的人文元素。我作品中的平民化倾向，同父母从小对我的教育和影响密不可分。

我出生在哈尔滨市一个建筑工人家庭，兄妹五人，为了抚养我们五个孩子，父亲在我很小的时候就到外地工作，每月把钱寄回家。他是国家第一代建筑工人。母亲在家里要照顾我们五个孩子的生活，非常辛劳。母亲给我的印象像一棵树，我当时上学时看到的那种树——秋天不落叶，要等到来年春天，新叶长出来后枯叶才落去。

当时父亲的工资很低，每次寄回来的钱都无法维持家中的生活开支，看着我们五个正处在成长时期的孩子，食不饱腹，鞋难护足，母亲就向邻居借钱。她有一种特别的本领，那就是能隔几条街借到熟人的钱。我想，这是她好人缘所起的作用。尽管这样，我们因为贫困还是生活得很艰难，五个孩子还是经常挨饿。

一次，我小学放学回家走在路上，肚子饿得咕咕叫，正无精打采往家赶时，看到一个老大爷赶着马车从我面前走过。一股香喷喷的豆饼味迎面扑来，我立即向老大爷的马车看过去，发现马车上有一块豆饼。我本来就饿，再加上豆饼香味的刺激，当时只有一个念头，拿着豆饼填饱肚子。我趁着老大爷不注意，抱起他身旁唯一的一块豆饼，拔腿就跑。

老大爷拿着马鞭一直在后面追我，我跑进家里，他不知道我一下子跑入了哪间房子。我心惊胆战地躲在家里，可没想到他还是找到了我家。

“你看到一个偷我豆饼的小孩儿吗？”老大爷问我母亲。

母亲对发生的事全然不知。老大爷就把事情的经过给母亲详细说了一遍，然后蹲在地上沮丧地说：“我是农村的庄稼人，专门替别人给城里的人家送菜，每次送完菜，没有工钱，就得到四分之一块豆饼，可没想到半路上豆饼被一个学生娃给抢了，可怜我家里还有妻子和孩子，就靠这点豆饼充饥……”

母亲听完后，立即命令我把豆饼还给了老大爷。他走了十几米远后，母亲突然喊住了他。母亲将家中仅剩的几个土豆和窝头送给了他，老大爷看到玉米面做的窝头时，就像一个从未见过粮食的人一样，眼睛放亮，一边不停地说着感谢的话一边流着眼泪。

母亲回到家时，我以为她会打骂我，可她没有，她要等所有的孩子都回来。晚饭后，她要我将自己的行为说了一遍，然后她才严厉地教训我：“如果你不能从小就明白一个人绝不可以做哪些事，我又怎么能指望你以后是一个社会上的好人？如果你以后在社会上都不能是一个好人，当母亲的又能从你那里获得什么安慰？”这些道理不在书本里，不在课堂上，却使我一生受益。

当时我家虽然非常穷，但母亲还是非常支持我读书，穷日子里的读书时光对我来说是最快乐的。当时家中买菜等事都由我去做，只要剩两三分钱，母亲就让我自己留着。现在两三分钱掉到地上是没人捡的，那时五分钱可以去商店买一大碟咸菜丝，一家人可以吃上两顿，两分钱可以买一斤青菜，有时五分钱母亲也让我自己拿着。我拿着这些钱去看小人书。《红旗谱》在同学那里借来读过后，才知道还有下集，上下两部加起来一块八毛多一点，我还清楚地记得书的封面是浅绿色的，画有红缨枪，颜色很鲜红，我很喜欢，非常想看这本书的下集。当时正读中学，我下了很大的决心才鼓起勇气去找母亲要钱。

那天下午两点多，我来到母亲做工的小厂。进去一看，原来母亲是在一个由仓库改成的厂房里做工。厂房不通风，也不见阳光，冬天冷夏天热，每个缝纫机的上方都吊着一个很低的灯泡。因为只有灯泡瓦数很高，才能看得见做活。厂房很热，每个人都戴着厚厚的口罩，整个车间像一个纱厂一样，空中飞舞着红色的棉絮，所有母亲戴的口罩上都沾满了红色的棉絮，头发上、脸上、眼睫毛上也都是，很难辨认哪位是我母亲。

我一直不知道母亲是在这样的环境下工作，后来还是母亲的同事帮我找到了她。见到母亲，本来找她要钱的我，一时竟说不出话来。

母亲说："什么事说吧，我还要干活。"

"我要钱。"

"你要钱做什么呀？"

"我要买书。"

"梁嫂，你不能这样惯孩子，能给他读书就不错了，还买什么书呀。"母亲的工友纷纷劝道。

"他呀，也只有这样一个爱好，读书反正不是什么坏事。"母亲说完把钱掏给了我。

拿着母亲给的钱，我的心情很沉重，本来还沉浸在马上拥有新书的喜悦中，现在一点儿买书的念头都没有了。当时我心里很内疚，因为母亲在那里工作了两年多，我一直不知道她在那里。我一次都没有看望过她，我也没有钱孝敬她，我怀着这样的心情去用母亲给的钱给她买了罐头。

母亲看到我买的罐头反而生气了，然后又给了我钱去买书。那时我就拥有了完整的《红旗谱》和《播火记》，我非常喜欢这两本书。这件事给我的印象很深，以致后来参加工作后我的第一件事就是花了二三十元钱，给母亲买回所有款式的罐头和点心。母亲看着我买的礼物，泪流满面。她把这些罐头擦得很亮，整整齐齐地摆在桌子上。

母亲最令我感动的事是发生在三年自然灾害期间的那件事。当时因为我们家里小孩儿多，所以政府给了我们家一点粮食补贴，补了五至十斤粮食吧。月底的最后一天，家里一点粮食都没有了，揭不开锅，母亲就拿着饭盆将几个空面粉袋子一边抖一边刮，终于刮出了一些残余的面粉。母亲把它做成了一点疙瘩汤，然后在小院子里摆上凳子。

正在我们吃饭的时候，来了一个讨饭的。那是一个留着长胡子的老人，衣服穿得很破，脸看上去也有几天没洗。他看着我们几个孩子喝疙瘩汤的时候，显得非常馋。母亲给他端来洗脸水后，又给他搬凳子，把她自己的那份疙瘩汤盛给了他而自己却饿着肚子。

然而这件事被邻居看到后，不知是谁开居委会时把这个事讲出来了，说我们家粮食多得吃不完，还在家中招待要饭的人。从这以后，我们家就再也没有粮食补贴了。可我母亲对这件事并没有后悔，她对我们说你们长大后也要这样。我觉得有时母亲做的某些小事对儿童和少年都具有早期人文教育的色彩。我现在教育我的学生时也经常这样讲，少写一点初恋、郁闷，少写一点流行与时尚，多想一下自己的父母，如果连自己的父母都不了解，谈何了解天下。

我们这一代人的父母，几乎没有过过一天幸福的晚年。老舍在写他的母亲时说，我母亲没有穿过一件好衣服，没有吃过一顿好饭，我拿什么来写母亲。我能感受到作者当时的心情。萧乾在写他母亲时说，他当时终于参加工作并把第一个月的工资拿来给母亲买罐头，当他把罐头喂给病床上的母亲时，她已经停止了呼吸。季羡林在回忆他母亲时写道，我后悔到北京到清华学习，如果不是这样，我母亲也不会那么辛苦培养我读书。我母亲生病时，都没有告诉我，等我回到家时，母亲已经去世，我当时恨不得一头撞在母亲的棺木上，随她一起去……这样的父母很多，如果我们的父母也长寿，到街心公园打打太极拳，提着鸟笼子散散步，过生日时给他们送上一个大蛋糕，春节一家人到酒店吃一顿饭，甚至去旅游，我们心中也会释然。如果我们少一点粗声粗气地对母亲说话，惹她生气。如果我们能多抽出一点时间来陪陪母亲，那就好了。我想全世界的儿女都是孝的，只要我们仔细看一下“老”字和“孝”字，上面都是一样的，“老”字非常像一个老人半跪着，人到老年要生病，记性不好，像小孩儿，不再是那个威严的教育你的父母，他变成弱势了，在别人面前还有尊严，在你面前却要依靠……

最后我想说，爱是双向的。只有父母对孩子的爱，没有孩子对父母的爱，这种爱是不完整的。父母养育孩子，子女尊敬父母，爱是人间共同的情怀和关爱。

我与儿子

一

我曾以为自己是缺少父爱情感的男人。

结婚后，我很怕过早负起父亲的责任，因为我太喜爱安静了。一想到我那十二平方米的家中，响起孩子的哭声，有个三四岁的男孩儿或女孩儿满地爬，我就觉得简直等于受折磨，有点儿毛骨悚然。

妻子初孕，我坚决主张“人流”。为此她倍感委屈，大哭一场——那时我刚开始热衷于写作。哭归哭，她妥协了。妻子第二次怀孕，我郑重地声明：三十五岁之前绝不做父亲，她不但委屈而且愤怒了，我们大吵一架——结果是我妥协了。

儿子还没出生，我早说了无穷无尽的抱怨话。倘他在母腹中就知道，说不定会不想出生了。妻临产的那些日子，我们都惴惴不安，日夜紧张。

那时，妻总在半夜三更觉得要生了。已记不清我们度过了几个不眠之夜，也记不清半夜三更，我搀扶着她去了几次医院。马路上不见人影，从北影到积水潭医院，一往一返慢慢地小心地走，大约三小时。

每次医生都说："来早了，回家等着吧！"妻子哭，我急，一块儿哀求。哀求也没用。始终是那么一句话——"回家等着，没床位。"有一夜，妻看上去很痛苦。但她咬紧牙关，一声不吭。她大概因为自己老没个准儿，觉得一次次折腾我，有点儿对不住我。可我看出的确是"刻不容缓"了——妻已不能走。我用自行车将她推到医院。医生又训斥我："怎么这时候才来？你以为这是出门旅行，提前五分钟登上火车就行呀！"反正我要当父亲了，当然是没理可讲的事了。总算妻子生产顺利，一个胖墩墩的儿子出世了。而我半点喜悦也没有，只感到舒了口气，卸下了一种重负。好比一个人被按在水盆里的头，连呛儿口之后，终于抬了起来……

儿子一回家，便被移交给一位老阿姨了。我和妻住办公室，一转眼就是两年。两年中我没怎么照看过儿子，待他会叫"爸爸"后，我也发自内心地喜爱过他，时时逗他玩一阵。但那从所谓潜意识来讲是很自私的——为着解闷儿，但心里总是有种积怨，因为他的出生，使我有家不能归，不得不栖息在办公室。

夏天，我们住的那幢筒子楼，周围环境肮脏。一到晚上，蚊子多得不得了。点蚊香，喷药，也是起不了多大作用的。蚊子似乎对蚊香和蚊药有了很强的抵抗力。

有一天早晨，我回家吃早饭，老阿姨说："几次叫你买蚊帐，你总拖，你看孩子被叮成什么样了？你真就那么忙？"

我俯身看儿子，见儿子遍身被叮起至少三四十个包，脸肿着。可他还冲我笑，叫"爸……"我正赶写一篇小说，突然我认识到自己太自私了。我抱起儿子落泪了……当天我去买了一顶五十多元的尼龙蚊帐。

上海文艺出版社的编辑修晓林初次到我家，没找到我，又到了办公室，才见着我。我挺兴奋地和他谈起我正在构思的一篇小说，他打断我说："你放下笔，先回家看看你儿子吧，他发高烧呢！"

我一愣，这才想起——我已在办公室废寝忘食地写了两天。两天内吃妻子送来的饭，没回过家门。

从这些方面讲，我真不是一位好父亲。人们都说儿子是个好儿子，许多人非常喜欢他。我的生活中，已不能没有他了。我欠儿子的责任和义务太多，至今我觉得对儿子很内疚。我觉得我太自私。但正是在那一二年内，我艰难地一步步地向文坛迈进。对儿子的责任和自己的责任，于我，当年确是难以两全之事。

儿子爱画画，我从未指导过他。尽管我也曾爱画画，指导一个十几岁的孩子，那点儿基础还是够用的。

儿子爱下象棋，我给他买了一副象棋，却难得认真陪他“杀一盘”。他常常哀求：“爸爸，和我杀一盘行不行啊？”结果他养成了自己和自己下象棋的习惯。

记得我有一次到幼儿园去接儿子，阿姨对我说：“你还是作家呢，你儿子连‘一’都写不直，回家好好儿下功夫辅导他吧！”

从那以后，我总算对儿子的作业较为关心。但要辅导他每天写完幼儿园的两页作业，差不多也得占去晚上的两个小时，而我尤视晚上的时间更为宝贵——白天难得安静，读书写作，全指望晚上的时间。

儿子曾有段时间不愿去幼儿园。每天早晨撒娇撒赖，哭哭啼啼，想留在家里。我终于弄明白，原来他不敢在幼儿园做早操。他太自卑，太难为情，以为他的动作，定是极古怪的，定会引起哄笑。

我便答应他，做早操时，到幼儿园去看他。我说话算话。他在院内做操，我在院外做操。有了我的奉陪，他的胆量壮了。

事后我问他：“如果你连当众伸伸胳膊踢踢腿都不敢，将来你还敢干什么？比如看见一个小偷在公共汽车上扒人家腰包，你敢抓住他的手腕吗？”

他沉吟许久，很严肃地回答：“要是小偷没带刀，我就敢。”

我笑了，先有这点胆量也行。

我又对他说：“只要你认为你是对的，谁也别怕，什么也别怕！”

我希望我的儿子在这一点上将来像我一样。谁知道呢？

总而言之，我不是位尽职的父亲。儿子天天在长大，我深知我对他的责任将更大了。我要学会做一位好父亲，去掉些自私，少写几篇作品，多在他身上花些精力。归根到底，我的作品，也许都微不足道。但我教育出怎样一个人交给社会，那不仅是我对儿子的责任，也是我对社会的责任。

我不希望他多么有出息——这超出我的努力及我的愿望。

二

现在，儿子是一点儿良好的自我感觉也没有了，稍微的一点儿也没有了。起码我这个父亲是这么看他的。

由小学生到中学生，他已算颇经历了一些事，或直白曰是一些挫折。在学业竞争中呛了几次水，品咂了几次苦涩。

儿子自小就受到邻居的喜爱，"干妈"不少。"干妈"们认他这个"干儿子"，绝非冲着我认的。一个写作者的儿子没有什么稀罕的，在人际关系中对谁都不可能有实际的帮助，犯不着走"干儿子"路线，迂回巴结。当然也绝非冲着他亲妈认的，他亲妈我的"内人"乃工人阶级之一员，更是谁都犯不着讨好的。别人喜爱他，纯粹是因为他自己有招人喜爱之处。长得招人喜爱，虎头虎脑，一副憨样儿。性情招人喜爱，不顽不闹，循规蹈矩，胆子还有些小，内向又文静。

在小学六年里，他由"一道杠"而"两道杠"，由小组长而班委，连续三年是"三好生"。这方面那方面，奖状获了不少。而优于我的一点是"群众关系"极佳，同学们都乐于跟他交朋友。小学中的儿子，是班里的一个小"首领"，不是靠了争强好胜，而是靠了随和亲善。

六年级下学期，他顶在乎的一件事，是能否评上"三好生"。评上了，据他自己讲，就可以被"保送"。然而儿子小学的最后一次考试，亦即毕业考试，却并没有考好。在我印象中，似乎数学九十六分，语文八十五分，平均九十点五分。结果可想而知，他在全班的名次排到了第二十几名。儿子终于意识到，"保送"是绝无希望了！

"但是我们老师说，一百二十三中也不错！以后可能升格为区重点中学呢！"

他这么安慰他自己，也希望他的父亲能从这番话中获得安慰。

我当然有些沮丧，但主要是替他感到的。

我说："儿子，好学生不只出在重点中学里，你能自己往开了想，这一点爸爸赞成。"

在我印象中，一百二十三中是我们那一市区普通得不能再普通的一所中学，然而儿子连这一所中学也没去成。两天后他回到家里，表情从来没有过的那么抑郁。他说："爸，老师说去一百二十三中的同学，名次必须在二十名以前。"我说："那，你如果连一百二十三中也去不成的话，能去哪一所中学呢？"

"老师悄悄告诉我，推荐我去北医大附中。"听来倒好像老师们格外惠顾着他似的。而北医大附中，据我想来，已属"最后的退却"了。

我问："你们老师不是说，考卷要发给家长们看看的么？"——我这么问，是因为我凭着大人的社会经验，开始起了些疑心的。

"又不发了。"

"为什么？"

"不知道。"

"你自己怎么想？"

"我……怎么想也没用了……"

我说："儿子，听着。如果你希望进一所较好的中学，爸爸是可以试着办一办的，只不过太违反爸爸的性格。但爸爸从来没给你开过一次家长会，觉得很愧疚，也是肯在你感到需要时……"

"爸你别说了！我不怪你。我去北医大附中就是了。"

看得出，儿子是不愿使我这个"老爸"做什么违心求人之事的。

然而儿子连北医大附中也没去成。第二天他接到同学打来的一个电话后，伤心地哭了。他被分到了一所仿佛是全市最差的中学。我说："别哭，也许是不一定的事儿呢！"发榜那一天，结果却正是那么一回事儿。只不过他拿回了小学的最后一份"三好学生"证书。于是该轮到我安慰他了。我说："哪怕最差的中学，只要学生自己努力，也是有可能考上最好的高中的。你难道没有信心做一名这样的中学生？"

他流着泪说："有的……"

于是开学那一天，我亲自送他去报到……

但是他的"干妈"们，和一直关心着他升学去向的我的朋友们，获知消息后，一个个都感到十分意外，纷纷登门——有的严厉地批评我对子女之不负责任，有的"见义勇为"地向儿子保证着什么……

在正式开学的第三天，儿子转入了一所重点中学——这是我根本没有能力扭转，也不知究竟该怎么去办的事，全靠别人的热心……

如今，上了重点中学的儿子，仅仅一年，性情彻底变了，也成了家中最没有“业余时间”的成员——早晨我还在梦乡之中，他已经离开家骑着自行车去上学了。晚上，妻子都已经下班了，儿子往往还没回到家里。一回到家里，就一头扎入他自己的小房间，将门关起来。吃过晚饭，搁下饭碗就又回到他的小房间……

有次我问他：“在同学中有新朋友了吗？”

他摇头。摇过头说：“都只顾学习，谁跟谁都没时间建立友谊。”

倒是他小学的同学们，星期天还常一伙一伙地来找他玩儿。瞧着些小学的学友们在一起那股子亲密劲儿，我真从内心里替孩子们感到忧伤——缺乏友谊，缺少愉悦的时光，整天满脑子是分数、名次和来自于家长及学校双方的压力。这样的少年阶段，将来怕是连点儿值得回忆的内容都没了吧？几分之差，往往便意味着名次排列上前后的悬殊。所以为了几分乃至一分半分，他们彼此间的竞争态势，绝不比商人们在商场上的竞争性缓和……

由我的儿子，我也很是体恤中国当代的所有上了中学的孩子们。他们小小年纪，也许是活得最累的一部分中国人了……

致老师

翁老师：

您好！老师的来信，学生收到已半月余。本想郑重地给老师写一封长信，呈生活、身体、思想、创作“全方位”的汇报，然年终之际，诸事多多，竟不能够。

老师的信，字里行间充满着对学生的关怀，亦流露着替学生感到的忧虑，令学生读来顿觉温馨一片。老师谆谆所嘱，学生自将牢记。老师所虑，亦可释怀——学生自离开复旦二十二年，从未敢忘老师及母校厚望，为文难免常有不当，为人却是恪守原则的。世事纷纭，人际乖张，老师教诲不无道理，学生个性也过刚愎，也过自信。甚而，有时也显教条。学生已有反思，老师可从此欣然。

此信既不能是“汇报”，那么就给老师讲些轻松话题、有趣之事，以博老师开心一笑罢。

我妻焦丹，现在一家国营电脑软件公司任办公室职员。收入尚可，每月千元。今年颇走“财运”，以往所购股份一万元，据言公司股份上市后，可翻数倍。于是得意。

她觉嫁我最值得的方面是——虽“无为而治”，放任不加管束，却也基本省心。最亏的方面是——我心里装着不少人，似乎唯独替她着想的少。其实我也替她着想的，表现是我爱干家务，而且爱干连妻子都不怎么喜欢干的家务，比如擦窗子，拖楼道。但她说透过现象看，那本质还是自私的，无非是写累了换换脑的方式。我便暗暗要求自己以后表现得更好，比如除了擦窗子，拖楼道，似乎也还应将她的生日记在挂历上，至日买束花取悦之。反正我在家的时光长，就当是给我自己买的……

我子梁爽，今年高三矣，明年该考大学了。相貌端庄，接近英俊。学习努力，成绩一般。但只要发挥正常，考上一所大学当是没什么问题的。他的智力原本是朝着文科发展的，入中学后，被我的意志硬扭向了理科。每自思之，惴惴不安。我不望子成龙，所幸梁爽的人生观也极朴素。他的最大理想，乃是以后能到他妈妈的电脑公司去，每月二三千元，一生相当于这个水平的收入，于愿足矣。我爱他这一点，但每提醒——以后大学生择业必难，他得明白，他若真能实现愿望，乃是幸运，非是什么最低人生“构想”。无论任何社会，对于绝大多数青年而言，其实是以十分的努力，争取二三分的人生保障。给他讲这些，他半懂不懂。我也急不得，容他渐懂罢。

我家所在小街，宽仅二十余米，且是一条早市街。每日六点至九点，极为热闹。我常逛早市。此乃我贴近市民生活，感受市民生活气息的一种方式。几乎每一摊主，都有一大篇人生故事。我从他们身上，发现人生的顽强和乐观。没有这两点的人，在一处摊位是不能年复一年地坚持下去的……

横跨小街，登上元大都遗址的土坎，择阶而下，有小河、小桥、小片树林。我常在其间散步，与人聊天，听退休老人们唱京剧。四顾无人，自己也每扯开嗓子“引吭高歌”……

老师，学生老矣。二十几年前，我入复旦时，老师还不到我现在这年龄呢！而我只不过二十五六岁青年。人生苦短，昨日如梦，今日如梦，明日亦如续梦。在享受生命和勤奋写作之间，我更迷惘。而且，除了写作，怎样才算享受着生命了，也至今没太搞明白。别种享受生命的方式，比如狂欢一夜吧，对我则是比写作还累的。饭局对我也是“牺牲”式的应酬。一个星期内若有两次，胃病就犯了。当然，和女孩子们聊天是愉快的。敬爱的焦丹同志虽“理解万岁”，并不“横加干涉”，但女孩子们一称我“老师”，我又顿觉索然。于是焦丹同志嘲问——那你想她们叫你什么？叫你“宝贝儿”？——我哪儿敢那么奢望呢。叫我“梁兄”也比叫我“老师”受用啊！焦丹同志便又嘲曰：那“您”就只能跟四十岁以上的“祝英台”们去聊了，自重点儿，别往二十多岁的女孩儿们跟前凑。在她们跟前，要么“您”是“老师”，要么“您”是“老花心”，还有剩给“您”的第三种角色吗？——于是不但索然，而且愀然了。我的老，是焦丹同志非常之幸灾乐祸的……

有次我在街头付十元钱，接受一位五十余岁的妇女颈肩按摩。

忽问：“这位老师傅，退休几年了？”

我心一酸，几乎泪出，凄然曰：“才退休三四年。”

又说：“您这病，得引起重视啦，否则脑供血不足，会得老年痴呆呢！”

按摩后，我就真的有点儿痴痴呆呆的了。心里受那么大打击，也还是有公益责任的呀！见一五六岁男孩儿折桃树枝，忍不住驻足制止：“小孩子，要爱护树木呀！”——孩子他妈，三十七八岁的一位母亲，瞥我一眼，淡淡地说：“别折了，你看有老爷爷管闲事儿了吧？”

竟不但是爷爷，而且是“老爷爷”了。

一回家，简直就禁不住地照镜子，就又受焦丹同志的嘲笑。我将遭遇的“伤害”一讲，她同情地叹了口气，说：“以后出门前，我给你化化妆吧！”——我说还有救吗？能年轻几岁啊！她说——那得我出钱，她去学化妆术，学成了在我脸上实践，或许能将“老爷爷”化妆成“爷爷”辈儿的男人。

还有次某报记者为我拍照，忽言我脸上“反光”。我好生的奇怪，一没擦粉，二没戴镜，怎么会“反光”呢？他说：“是您刚长出来的白胡茬反光。”于是一阵头昏，倘不刮胡子，哪天会被叫作“白胡子老爷爷”了吧？

再有次坐出租车，三十几岁的出租汽车司机主动与我闲聊，问我“贵庚”——犹豫片刻，答“六十六岁”，渴望获得这样的惊喜：“哇，您看起来可真年轻！”

司机没“哇”，却“客观”地承认我看起来是挺年轻的。惊喜虽未获得，也心怀侥幸地急问——年轻到什么程度？人家说：“也就六十二三岁的样子吧。”心内又是一阵戚戚然大为失意，大为沮丧。焦丹同志一针见血地指出——我是患上了男人的“年龄心理恐惧症”了。其实没她断言的那么严重，只不过更加惜时如金了。心里的创作愿望比从前更多——长篇、中篇系列，还打算创作电视连续剧，关于大学生题材的；出一本诗集，关于爱情的；一本童话集，寓言式的，成人读了也能引起点儿感想的那一种……

对话剧剧本也发生了兴趣。

最主要的一点是，心内竟产生了尝试唯美创作倾向的念头。在几年前，我却是公开嘲讽这一种创作倾向的……

这一切都和年龄有关吗？我不知道。

至于针砭时弊的文章，自然还是要写的，没什么批评和假批评之名的攻击能够动摇我这一点。

迄今为止全部对我的攻击中，其实最轻佻的乃是对我人格的挑衅和攻击。因为自青年时期至今，它总是多少经历了些较为特殊的检验的。而我又是那么清楚地知道，攻击者们本身的人格，是特别地经不起公开评说的。何况某些攻击性的文字，其炮制和产生的过程就是摆不到桌面上的，只不过我虽清楚地知道却实在懒得说。何况某些攻击，以及借我之名获钱钞之利的行径，并不能真正达到什么伤害我之目的……

老师您看，话一转到写作，我又不免严肃。

而我给您写此信，更为清除您心中替学生感到的忧虑，更为使您看了开心一笑。我愿此信在元旦前后发出，那么就几乎所有的老师都能同时看到了。果而如此，若老师们彼此打电话一谈，我愿电话线互通的是老师们忍俊不禁的笑语，而这也就等于送达了我对老师们的祝福。我觉得似乎胜过“近况汇报”，胜过贺卡，胜过元旦问候……

昨晚我刚从京郊开会回来，今天上午信写至半，下午去北京少管所与少年犯们座谈——我编剧的一部电影《成长》在那里放映过，回到家天已黑。晚饭后接着给老师写此信，然心情竟大为不同。少年犯过失，上帝都该原谅。但少年如果犯罪，如果犯邪恶之罪，那么就连上帝也会感到震惊，甚而会感到难过了。

我却依然希望，我的信所送达的主要是愉快。

几天前有几位编辑到我家来，我为他们一人沏了一杯茶。十几分钟内他们谁也不碰杯，茶凉了。我就用托盘端着所有的杯去厨房——得将凉茶水倒掉才能再对热水呀。其中一位客人跟至厨房，要自己为自己服务。他目视眈眈地见我一杯杯倒掉了凉茶水，又一杯杯直接从自来水龙头接满了水……

茶杯再放至每人面前，谁也不喝。

我说：“大家别这么客气嘛！”

还是谁也不碰杯。搞得我好生困惑。

客人走后，儿子问：“爸，你没发现那个叔叔直对大家使眼色呀？”

我反问：“没有哇，他使眼色干什么？”

儿子说：“你从自来水龙头往大家茶杯里放满水，客人们会怎么想？”

我说：“是吗？！……那你干吗当时不说？！”

儿子说：“你一本正经地那么干，我也不明白你究竟什么意思啊！”

我则只有发呆——每每怀疑，是否真的如医院诊断的那样，我已因颈椎病而开始脑萎缩了？……

我的写作，或许带给人们的严肃和沉重太多了？那么，就让我在生活中多带给人们开心一笑吧！尤其愿我，在新年前带给老师们的是灿烂的开心一笑……

又来客人了，打住。

代我问师母好！

过几天，我会有新书寄给老师和师母。

千年之交，祝万事顺遂！

学生 梁晓声

我所站在的弧上

有些现象是相似的——比如树的年轮、比如靶环、比如影碟和音碟细密的纹，甚至比如声波……于是我常想，以上种种，正好比社会群体之构成和排列吧？

在我的主观中，越来越认为社会是环状的。某环之外，一环又一环，环环相吻。反之，某环之内，亦是如此。

环的正中，是实心的。就像圆的中心一样，是一个点。这个点非常重要，没有此点，圆不成其为圆。因而这个点，在中国的政治术语中，又叫“核心”。“核心”只能有一个，若居然有两个或几个，圆就不圆了。

社会人群，一环一环地围绕此“核心”而自然分布，以其差不多的生存状态，聚集为同一环链。

社会的阶层越细密，环越多。

那么，我就常问自己——我这位作家，站在社会之哪一环的哪一段弧上呢？

在中国，作家是可以站在离“核心”较近的某一环的某一段弧上的。如果此时作家的眼还向内圈看，那么他或她一定是短视的，因为这是由视野的半径所决定着的。

所以，我一向要求自己向外圈闪退，站在能离外圈较近的某一环的某一段弧上。

这样，对于作家的创作有一个好处——向内圈看，能看明白中国的大举措是怎么酝酿、怎么成熟、怎么发生的，便较为可能地对中国形成可靠的大感觉。而转身向外圈看，则能较清楚地看到芸芸众生的生存形态。我们都知道的，芸芸众生一向生存在社会构成的外圈……

我出自于他们之中，我自认为相当熟悉他们。我不愿远离了他们，因为除了这一种熟悉，另外的熟悉不太能引起我创作的直接冲动。比如对当代文人的熟悉，对演艺圈的熟悉，对某几类官员以及某几类商人的熟悉……

其实，我已经被我所熟悉的群体排除于外了。但是，对于其他的群体，我又实在不愿跻身其中……

所以，我常觉我的处境是尴尬的。

我站在一段并不容纳我的弧上。尽管如此，以我的眼向社会最边缘的几环上看，仍能较清楚地看到一群群疲惫的人们。他们的疲惫，我认为绝非我的夸张。我相信我的眼的可靠，因而，我不禁地同情疲惫的人们……

疲惫的人们不是不想潇洒，不是不愿潇洒，而是没起码的前提潇洒，便只有疲惫下去。